国外食品药品法律法规编译丛书

FDA

行政管理指南

主　编　濮恒学　樊一桥

中国医药科技出版社

图书在版编目（CIP）数据

FDA行政管理指南 / 濮恒学,樊一桥主编. — 北京：中国医药科技出版社,
2017.12

（国外食品药品法律法规编译丛书）

ISBN 978-7-5067-9234-9

Ⅰ. ①F… Ⅱ. ①濮… ②樊… Ⅲ. ①食品卫生 – 卫生管理 – 行政执法 –
美国 – 手册 ②药品管理 – 行政执法 – 美国 – 手册 Ⅳ. ①D971.221–62

中国版本图书馆CIP数据核字(2017)第080626号

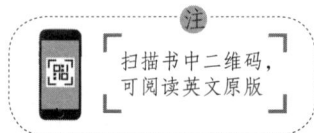

注

扫描书中二维码，
可阅读英文原版

美术编辑　陈君杞

版式设计　大隐设计

出版　中国医药科技出版社

地址　北京市海淀区文慧园北路甲 22 号

邮编　100082

电话　发行：010-62227427　邮购：010-62236938

网址　www.cmstp.com

规格　710 × 1000mm $^{1}/_{16}$

印张　31 $^{1}/_{2}$

字数　365 千字

版次　2018 年 1 月第 1 版

印次　2018 年 1 月第 1 次印刷

印刷　三河市国英印务有限公司

经销　全国各地新华书店

书号　ISBN 978-7-5067-9234-9

定价　69.00 元

本书编委会

主　编　濮恒学　樊一桥

副主编　虞菊萍　韩果红

编　委（按姓氏笔画排序）

刘　玮（中国药科大学）

韩果红（中国药科大学）

虞菊萍（中国药科大学）

樊一桥（中国药科大学）

濮恒学（中国药科大学）

序

食品药品安全问题，既是重大的政治问题，也是重大的民生问题；既是重大的经济问题，也是重大的社会问题。十八大以来，我国坚持以人民为中心的发展思想和"创新、协调、绿色、开放、共享"的五大发展理念，全力推进食品药品监管制度的改革与创新，其力度之大、范围之广、影响之深，前所未有。

党的十九大再次强调，全面依法治国是国家治理的一场深刻革命，是中国特色社会主义的本质要求和重要保障。法律是治国之重器，良法是善治之前提。全面加强食品药品安全监管工作，必须坚持立法先行，按照科学立法、民主立法的要求，加快构建理念现代、价值和谐、制度完备、机制健全的现代食品药品安全监管制度。当前，《药品管理法》的修订正在有序有力推进。完善我国食品药品安全管理制度，必须坚持问题导向、坚持改革创新、坚持立足国情、坚持国际视野，以更大的勇气和智慧，充分借鉴国际食品药品安全监管法制建设的有益经验。

坚持食品药品安全治理理念创新。理念是人们经过长期的理论思考和实践探索所形成的揭示事物运动规律、启示事物发展方向的哲学基础、根本原则、核心价值等的抽象概括。理念所回答的是"为何治理、为谁治理、怎样治理、靠谁治理"等基本命题，具有基础性、根本性、全局性、方向性。理念决定着事物的发展方向、发展道路、发展动力和发展局面。从国际上看，食品药品安全治理理念主要包括人本治理、风险治理、全程治理、社会治理、责任治理、效能治理、能动治理、专业治理、分类治理、平衡治理、持续治理、递进治理、灵活治理、国际治理、依法治理等基本要素。这些要素的独立与包容在一定程度上反映出不同国家、不同时代、不同阶段食品药品安全治理的普遍规律和特殊需求。完善我国食品药品安全管理法制制度，要坚持科学治理理念，体现时代性、把握规律性、富于创造性。

坚持食品药品安全治理体系创新。为保障和促进公众健康，国际社会普遍建立了科学、统一、权威、高效的食品药品安全监管体制。体制决定体系，体系支撑体制。新世纪以来，为全面提升药品安全治理能力，国际社会更加重视食品药品标准、审评、检验、检查、监测、评价等体系建设，着力强化其科学化、标准化、规范化建设。药品安全治理体系的协同推进和持续改进，强化了食品药品安全风险的全面防控和质量的全面提升。

坚持食品药品安全治理法制创新。新时代，法律不仅具有规范和保障的功能，而且还具有引领和助推的作用。随着全球化、信息化和社会化的发展，新原料、新技术、新工艺、新设备等不断涌现，食品药品开发模式、产业形态、产业链条、生命周期、运营方式等发生许多重大变化，与此相适应，一些新的食品药品安全治理制度应运而生，强化了食品药品安全风险全生命周期控制，提升了食品药品安全治理的能力和水平。

坚持食品药品安全治理机制创新。机制是推动事物有效运行的平台载体或者内在动力。通过激励与约束、褒奖和惩戒、动力和压力、自律和他律的利益杠杆，机制使"纸面上的法律"转化为"行动中的法律"，调动起了各利益相关者的积极性、主动性和创造性。机制的设计往往都有着特定的目标导引，在社会转型期具有较大的运行空间。各利益相关者的条件和期待不同，所依赖的具体机制也有所不同。当前，国际社会普遍建立的食品药品分类治理机制、全程追溯机制、绩效评价机制、信用奖惩机制、社会共治机制、责任追究机制等，推动了食品药品安全治理不断向纵深发展。

坚持食品药品安全治理方式创新。治理方式事关治理的质量、效率、形象、能力和水平。全球化、信息化、社会化已从根本上改变经济和安全格局，传统的国际食品药品安全治理方式正在进行重大调整。互联网、大数据、云计算等正在以前所未有的方式改变着传统的生产、生活方式，而更多的改变正在蓄势待发。信息之于现代治理，犹如货币之于经济，犹如血液之于生命。新时期，以互联网、大数据、云计算等代表的信息化手段正在强力推动食品药品安全治理从传统治理向现代治理方式快速转轨，并迸发出无限的生机与活力。

坚持食品药品安全治理战略创新。战略是有关食品药品安全治理的全局性、长期性、前瞻性和方向性的目标和策略。国家治理战略是以国家的力量组织和落实食品药品安全治理的目标、方针、重点、力量、步骤和措施。食品药品安全治理战略主要包括产业提升战略、科技创新战略、行业自律战略、社会共治战略、标准提高战略、方式创新战略、能力提升战略、国际合作战略等。食品药品管理法律制度应当通过一系列制度安排，强化这些治理战略的落地实施。

坚持食品药品安全治理文化创新。文化是治理的"灵魂"。文化具有传承性、渗透性、持久性等。从全球看，治理文化创新属于治理创新体系中是最为艰难、最具创造、最富智慧的创新。

食品药品安全治理文化创新体系庞大，其核心内容为治理使命、治理愿景、治理价值、治理战略等。使命是组织的核心价值、根本宗旨和行动指针，是组织生命意义的根本定位。使命应当具有独特性、专业性和价值性。今天，国际社会普遍将食品药品安全治理的是使命定位于保障和促进公众健康。从保障公众健康到保障和促进公众健康，这是一个重大的历史进步，进一步彰显着食品药品监管部门的积极、开放、负责、自信精神和情怀。

中国的问题，需要世界的眼光。在我国药品安全监管改革创新的重要历史时期，法制司会同中国健康传媒集团组织来自监管机构、高等院校、企业界的专家、学者、研究人员陆续翻译出版主要国家和地区的食品药品法律法规，该丛书具有系统性、专业性和实用性、及时性的特点，在丛书中，读者可从法条看到国际食品药品治理理念、体系、机制、方式、战略、文化等层面的国际经验，期望能为我国食品药品监管改革和立法提供有益的参考和借鉴。

焦 红

2017 年 12 月

内容简介

　　本书为《国外食品药品法律法规编译丛书》之一，是以 FDA 执行的《管理程序指南》（Regulatory procedures manual,RPM）为蓝本进行编译的，本次编译在充分尊重原文的基础上，结合中文阅读的习惯对内容分章节进行了重新编排，并根据内容的侧重分成两册出版。本册为《FDA 行政管理指南》，全书共分为 6 章，主要内容包括 FDA 监管机构及其职能和权限、FDA 的执法依据及权限、FDA 委任官员的政策及程序、FDA 的几种行政执法行为，例如警告信、传讯、行政扣押、留置扣押召回销毁和停止使用特殊产品（指与人类细胞、组织或以细胞、组织为主要成分生产的产品）、取消或暂扣许可证照、没收、禁令、诉讼、民事罚款等行为的程序性规定，包括法律依据、目的、程序、期限、执法人员的职责、文件格式等。

　　FDA 在食品、药品及化妆品监管方面建立了一套完整、规范的行政执法规制程序体系，每个程序都具有十分详实的内容，堪称是世界上最为完善和最为严格的管理制度，具有极高的国际声望，也广为各国借鉴。我们通过对其进行编译，旨在汲取美国 FDA 在食品、药品监管方面的先进工作程序与流程规范，为不断完善中的我国食品药品监管机制提供帮助。

　　本书涉及到食品、药品、化妆品、医疗器械、放射性电子产品、生物制品、用于移植的人体组织、烟草制品等领域，可作为相关职能部门工作人员的参考书、医药高等院校教学和科研人员的辅助用书，也可为我国制定食品、药品相关监管政策提供参考。

编译说明

　　FDA 是美国专门从事食品、药品及化妆品管理的最高执法机构，以其专业化的执法方式和公认的监管效果在食品、药品和化妆品安全方面及保护和促进公众健康方面做出了巨大的贡献，树立起了集健康保健专家和强有力的执法者于一身的公众形象，在美国及全球都具有极其重大的影响力，成为最负盛名的食品药品监督管理权威机构。

　　在食品、药品及化妆品监管方面 FDA 建立了一套完整、规范的行政执法规制程序体系，每个程序都具有十分详实的内容，大到法律授权、职责要求，小到文书撰写与递交、会议组织安排等都有详尽的要求和描述，堪称是世界上最为完善和最为严格的管理制度，具有极高的国际声望，也广为各国借鉴。

　　其执行的《监管程序手册》（Regulatory Procedures Manual, RPM）是 FDA 在处理境内和进口监管及执法事项的规制程序，目前在国内尚无完整的中文版本，我们通过对其进行编译，旨在汲取美国 FDA 在食品、药品监管方面的先进工作程序与流程规范，为不断完善中的我国食品药品监管体制提供帮助。

　　本次编译在充分尊重原文的基础上，结合中文阅读的习惯对内容分章节进行了重新编排，并根据内容的侧重分成两册出版。第一册为《FDA 行政管理指南》，主要包括 FDA 监管机构及其职能和权限，以及行政监管行为的实施规范，共 6 章。第一章概述了 FDA 内部涉及合规性相关职能的组织机构，并分别陈述各机

FDA

第一章
监管机构

第一节 | **简介**

本章的目的是对美国食品药品管理局（以下简称 FDA）内部涉及合规性相关职能的办公室的组织机构的概述，而不是一个关于其组织机构的完整叙述。美国食品药品管理局的每一个办公室和部门的职能陈述可见于 FDA 工作人员手册指南（SMG）的不同章节。指南可以从相关的内部网站或者因特网的网页上获得。

第二节 | 监管事务处（ORA）

监管事务处在 2012 年进行了机构重组的努力，在监管事务处总部设立了具有新的和综合职能的办公室和部门，有助于适应 FDA 监管产品的快速现代化和全球化，以及有助于维护国会授予的新的立法权威。

监管事务助理专员（ACRA）

监管事务处在监管事务助理专员的指导下工作。监管事务助理专员直接向食品药品监管专员汇报工作。

一、监管事务助理专员组织机构

下列办公室和高级官员向监管事务助理专员汇报工作：

1. 监管事务副助理专员；

2. 执行秘书处工作人员；

3. 信息技术工作人员；

4. 对外关系工作人员；

5. 资深科学家；

6. 资源管理办公室；

7. 运行办公室；

8. 刑事调查办公室。

二、监管事务助理专员临时性办公室

此办公室包括：

1. 执行秘书处工作人员；

2. 信息技术工作人员；

3. 对外关系办公室；

4. 资深科学家。

此办公室的职能陈述见工作人员手册指南 1121.1a（监管事务助理专员办公室部分）。

三、监管事务副助理专员

下列办公室向副助理专员汇报工作。

（一）政策和风险管理办公室

政策和风险管理办公室由风险和政策管理工作人员和一个部门组成。

1. 风险管理工作人员；

2. 食品和饲料政策工作人员；

3. 医药产品和烟草政策工作人员；

4. 计划评估和管理部门。

（二）通信和质量管理办公室

通信和质量管理办公室包括：

1. 质量管理工作人员；

2. 内部通信工作人员；

3. 项目协调工作人员。

（三）合作关系办公室

合作关系办公室包括：

1. 合同和许可工作人员；

2. 标准实施工作人员。

上述办公室和部门的职能陈述见工作人员手册指南：SMG 1121.70（政策和风险管理办公室），SMG 1121.71（计划评估和管理办公室），SMG 1121.50（通信和质量管理办公室）和 SMG 1121.60（合作关系办公室）。

四、资源管理办公室

资源管理办公室包括以下三个部门：

1. 人力资源开发部门；

2. 管理运行部门；

3. 预算方案和执行部门。

资源管理办公室和所属三个部门的职能陈述见工作人员手册指南：SMG 1121.10（资源管理办公室），SMG 1121.13（人力资源开发部门），SMG 1121.14（管理运行部门）和 SMG 1121.15a（预算方案和执行部门）。

五、运行办公室

下列办公室和人员向运行办公室汇报工作。

1. 稽查工作人员

2. 执法和进口管理办公室

执法和进口管理办公室内设三个部门：

（1）执法部门；

（2）进口管理部门；

（3）合规制度部门。

3. 食品和饲料监管办公室

内设两个部门：

（1）食品防御目标部门；

（2）食品和饲料监管和检验部门。

4. 医药产品和烟草监管办公室

内设两个部门：

（1）医药产品和烟草项目监管部门；

（2）医药产品和烟草检验部门。

5. 管理科学办公室

该办公室包括科学工作人员和支持工作人员：

（1）食品和饲料科学工作人员；

（2）医药产品和烟草科学工作人员；

（3）实验室监管和支持工作人员。

6. 监管事务地区机构

监管事务处现场机构划分为五个地区性办公室。地区性办公室在地区食品药品的管理负责人领导之下开展工作，负责人向监管事务助理专员汇报工作。五个地区性办公室如下。

（1）东北地区办公室：纽约州的牙买加市；

（2）中部地区办公室：伊利诺伊州的芝加哥市；

（3）东南地区办公室：佐治亚州的亚特兰大市；

（4）西南地区办公室：德克萨斯州的达拉斯市；

（5）太平洋地区办公室：加利福尼亚州的奥克兰市．

每个地区办公室设立 2~7 个区办公室，总计有 20 个区办公室。每个区办公室通常由 3~4 个包括合规部门和执行部门在内的部门组成，主要负责与区办公室的监管联络。监管事务现场办公室还包括地区实验室、温彻斯特工程和分析中心、化学司法鉴定中心。

运行机构办公室的职能陈述见工作人员手册指南：SMG 1121.80（运行办公室），SMG1121.81（执法和进口管理办公室），SMG 1121.811（执法部门），SMG1121.812（合规制度部门），SMG1121.813（进口监管部门），SMG1121.82（食品和饲料监管办公室），SMG 1121.821（食品防御目标部门），SMG1121.822（食品和饲料项目监管和检验部门），SMG1121.83（医药产品和烟草项目监管部门），SMG 1121.831（医药产品和烟草检验部门），SMG1121.832（医药产品和烟草项目监管部门），SMG1121.84（管理科学办公室）。

监管事务现场机构的职能陈述见于：SMG1311.1（地区现场办公室，东北地区—纽约州的牙买加市），SMG1311.2（区办公室—纽约州的纽约市），SMG1311.4（区办公室—新英格兰市），SMG1311.6（东北地区实验室），SMG 1311.7（温彻斯特工程和分析中心），SMG1312.1（地区现场办公室，中部地区—伊利诺伊州的芝加哥市），SMG 1312.2（区办公室—马里兰州的巴尔的摩市），SMG1312.3（区办公室—俄亥俄州的辛辛那提市），SMG1312.4（化学司法鉴定中心），SMG1312.5（区办公室—新泽西州），SMG 1312.6（区办公室—宾夕法尼亚州的费城），SMG1312.7（区办公室—伊利诺伊州的芝加哥市），SMG1312.8（区办公室—密西根州的底特律市），SMG1312.9（区办公室—明尼阿波利斯），SMG1313.1（地区现场办公室—东南地区的佐治亚州亚特兰大市），SMG1313.2（区办公室—加州的亚特兰大市），SMG1313.4（区办公室—佛罗里达州），SMG1313.5（区办公室—路易斯安那州的新奥尔良市），SMG1313.6（区办公室—波多黎各的圣胡安），SMG1313.7（东南地区实验室—佐治亚州的亚特兰大市），SMG1315.1（地区现场办公室—西南地区德克萨斯州的达拉斯市），SMG1315.2（区办公室—德克萨斯州的达拉斯市），SMG1315.3（区办公室—密苏里州的堪萨斯市），SMG 1315.4（区办公室—科罗拉多州的丹佛市），SMG1315.5（阿肯色地区实验室），SMG1315.6（西南地区进口办公室—德克萨斯州的达拉斯市），SMG1316.1（太平洋地区现场办公室—加州的奥克兰市），SMG1316.2（旧金山区办公室—加州的阿拉米达市），SMG1316.3（洛杉矶区办公室—加州的欧文市），SMG1316.4（西雅图区办公室—华盛顿州的博塞尔市），SMG1316.5（太平洋地区西南实验室—加州的欧文市），以及 SMG 1316.6（太平洋地区西北实验室—华盛顿州的博塞尔市）。

六、刑事调查办公室

刑事调查办公室包括：

1. 主管办公室；

2. 内务办公室；

3. 中大西洋地区办公室；

4. 东北地区办公室；

5. 西南地区办公室；

6. 东南地区办公室；

7. 中西部办公室；

8. 太平洋地区办公室。

刑事调查办公室的职能陈述见工作人员手册指南：SMG 1121.40
（刑事调查办公室）

七、监管事务处职能陈述

1. 为监管事务专员和其他主要官员在对政策制定、实施和长期计划目标有影响的法规和合规性事务上提供建议和帮助。

2. 协调、解释和评估机构的总体合规工作，如有必要，制定合规政策或者向专员提出政策建议。

3. 促进机构意识到为保证监管行业的合规采取迅速和积极的行为的必要性；开展工作确保在自觉遵守法规和机构回应消费者需求之间的有效的、统一的平衡。

4. 评价和协调所有建议的法律行为，以确保监管政策和执行目标得到遵守。

5. 对所有机构的现场活动进行直接的线性管理；制定、发布、批准、阐明影响现场活动的建议和指导；作为总部办公室获得现场支持服务的机构内部的中心点。

6. 为地方食品药品主管（RFDDs）在实施形成机构现场活动管理框架的政策和操作指南方面提供指导和法律服务。

7. 对于专员关于机构和州立机构、当地机构之间的活动提出的政策、方案和计划提供建议；执行机构总体性的联邦—州方案和政策；协调机构与州立机构、当地对口机构之间的契约方案方面事务。

8. 评估机构现场组织的整体管理和能力；采取措施改进现场活动的管理，协调职业培训计划的制定和管理。

9. 指导和协调机构的应急预案和国民防范计划。

10. 为机构实施联邦医药产品质量保护计划。

11. 为监管事务副专员在有关监管事务处的信息技术需求、制度制定和预算事务的所有事项方面提供建议。

12. 协调监管事务处的工作人员、地方办公室、地区办公室、实验室以及监管事务处外部的办公室和工作人员，制定和评估有关当前的和已计划的信息技术系统的业务需要，建立联系促进监管事务处的信息技术工作。

13. 为监管事务处的信息技术内部结构和系统制定长期战略计划。

14.协调方案和程序，征求终端用户的建议，实现信息技术系统的效率，确保客户的需求得到满足。

15.评估新的政策和法规对信息技术系统的影响。

第三节 | 生物制品审评与研究中心（CBER）

一、合规和生物制品质量办公室（HFM-600）

合规和生物制品质量办公室（HFM-600）的功能陈述如下。

1. 通过销售前的检查检验，销售后的检查、监督、检验、推广和合规，保证生物制品审评与研究中心（CBER）监管产品在其整个产品周期中的质量。

2. 通过监督、检验、合规程序、检查、评估，并且与其他机构一起采取适当的合规行为，监控市场中生物制品的质量。

3. 对生产企业（血液和血浆生产企业除外）提交的制造品进行审查、评估和作出相关行为。作为生物制品审评与研究中心（CBER）管理评审过程的一部分，主导为了支持生物制品许可申请的提交和补充，进行前置审批和许可前的检查。

4. 在生物制品新发现的和重大的合规问题上给中心主任和其他机

构官员提供建议，并且作为生物制品审评与研究中心（CBER）监督和执行政策的重点。

5. 协调生物制品审评与研究中心（CBER）参与生物制品生产设施的检查。

6. 与其他的机构组成部门一起，制定有关生物制品的政策和合规标准，包括现行良好生产规范（cGMP）的规则；确保标准解释的一致性，评估行业的生物制品生产是否符合 cGMP 标准。

7. 配合其他的机构组成部门，指导生物制品审评与研究中心（CBER）生物学研究的监测计划，并采取适当的合规行为。

8. 针对生物制品审评与研究中心（CBER）监管的产品制定合规和监督计划，协调和指导其现场实施，并给其他生物制品审评与研究中心（CBER）组成部门在这些计划上提供建议。

9. 为总部和现场人员在支持执法的证据形成方面提供指导。

10. 与监管事务处协调所有生物制品审评与研究中心（CBER）的合规行为，包括计划的和现场的作业。

11. 协调生物制品审评与研究中心（CBER）的进出口方案。

12. 配合其他生物制品审评与研究中心（CBER）组成部门，负责生物制品的批签发，包括审查制造企业提交的签发协议。

13. 审查和评估所有的行政行为建议，包括暂停、撤销、拒绝许可，剥夺临床研究人员资格；建议采取民事和刑事措施，包括基于检查和调查的结果采取的扣押、禁令、起诉等行为。

14. 审查和评估所有的扣留命令的建议、召回建议、销毁和中止生产涉及人体细胞、组织、基于细胞和组织的产品的建议（HCT/Ps）。

15. 协调生物制品审评与研究中心（CBER）的适用的完整性策略。

16. 配合其他的机构组成部门，制定、审查和分析适用于受生物制品审评与研究中心（CBER）监管的产品的政策，包括程序、指令、指导性文件、法规和其他书面政策声明。

17. 对生物制品审评与研究中心（CBER）监管产品的广告和促销的标识材料进行审查、评估和采取适当的合规行为，以保证关于监管产品在风险和益处方面的信息表达真实、准确、有科学依据、不误导和方式适当，并且符合相关的联邦法律和法规。

18. 协调其他机构和生物制品审评与研究中心（CBER）组成部门，为机构工作人员、行业、卫生专业人员和消费者，计划、制定和实施关于生物制品审评与研究中心（CBER）监管产品的教育方案。

19. 管理生物制品审评与研究中心（CBER）的产品短缺方案。

20. 与其他的中心组成部门合作，制定和支持解决用于生物制品检测控制的美国官方参考制剂的配制和分配的科学方案。与国内和国际卫生机构进行合作，开展对于国际参考制剂的评价研究，兼起世界卫生组织／泛美卫生组织（WHO／PAHO）典范实验室的作用。

合规和生物制品质量办公室有四个部门：

1. 案件管理部门；

2. 检查和监督部门；

3. 生产和产品质量部门；

4. 生物标准和质量控制部门。

二、案件管理部门（HFM-610）

案件管理部门的功能陈述如下。

1. 审查和评估行政行为的建议，包括暂停、撤销、拒绝许可。对建议的民事和刑事措施进行审查，包括扣押、禁令、起诉，准备这些执法行为所需文件及管理行为采取后的案件管理。

2. 审查和评估所有的扣留命令的建议、召回建议、销毁和中止生产涉及人体细胞、组织、基于细胞和组织的产品的建议（HCT/Ps）。

3. 协调首席顾问办公室和司法部支持正在进行的诉讼和有争议的案件，包括专家证人的鉴定和准备。

4. 协调其他机构和生物制品审评与研究中心（CBER）组成部门，

计划和实施对机构工作人员进行关于为合规行为提供证据支持的教育方案。

5. 针对涉及生物制品审评与研究中心（CBER）监管产品相关联的产品、企业或其他个体提出的执法建议，在合规和生物制品质量办公室内部，为特设的委员会会议提供首要的支持。

6. 为监管事务处发布警告信制定作为直接引用依据的执行标准，审查和评估未批准直接引用权限的警告信发布的建议。

7. 协调生物制品审评与研究中心（CBER）的申请完整性策略。

8. 指导和协调生物制品审评与研究中心（CBER）的进出口方案，包括对未经批准的生物产品出口请求和出口证书请求的审查。

9. 在生物制品审评与研究中心（CBER）的范围内提供受监管企业合规状况的评估（合规状况检查）。

10. 对生物制品审评与研究中心（CBER）监管产品的广告和促销的标识材料进行审查、评估和采取适当的合规行为，以保证关于监管产品在风险和益处方面的信息表达真实、准确、有科学依据、不误导和方式适当，并且符合相关的联邦法律和法规。

三、检查和监督部门（HFM-650）

检查和监督部门的功能陈述如下。

1. 协调区办公室的调查和监督检查工作并为其提供支持和指导。

2. 协同监管事务处（ORA）工作，准备检查工作计划，为生物制品审评与研究中心（CBER）的检查方案分配资源。

3. 和生物制品审评与研究中心（CBER）组成部门协力制定指导和培训方案，促进行业合规，并用于培训涉及生物制品审评与研究中心（CBER）监管产品的机构工作人员、行业、卫生专业人员和消费者。

4. 制定和更新生物制品审评与研究中心（CBER）的合规方案。

5. 指导生物制品审评与研究中心（CBER）生物制品偏差报告的方案（包括 HCT/P 偏差报告和医疗设备报告）、证实是致命的采血或输血并发症的报告的方案。适当的情况下，协调由医务人员组成的委员会对案件的审查。

6. 计划和指导在回应有关产品缺陷、不良事件、投诉、生物制品偏差和指控违法活动的报告所做的调查和监督工作。对有关的检查和调查报告进行评估。

7. 指导生物制品审评与研究中心（CBER）的生物学研究监测计划，包括临床研究者的监督、机构审查委员会的监督、生物制品临床研究申办者的监督。计划和指导检查工作，评估企业检查报告，配合其他的机构组成部门采取适当的合规行为，包括无标题信件、警告信和启动剥夺临床研究者资格。

8. 协调办公室跟进和回应有关研究的产品和临床试验的投诉。

9. 与其他的机构组成部门一起开展工作，为涉及生物学研究监测政策和法规的行业、消费者和其他政府官员提供指导。

10. 促进生物制品审评与研究中心（CBER）和 ORA 在进行检查和贯彻现行良好生产规范（cGMPs）政策上的一致性。

11. 为生物制品检查工作组提供支持，协调有资格的产品专家的参与。在检查过程中作为生物制品工作组问题的联系人。

12. 支持生物制品审评与研究中心（CBER）前置审批检查方案。

13. 为生物制品审评与研究中心（CBER）和其他与检查、监督和执行事项有关的联邦机构提供联系，视情况与其他的机构组成部门协同审查以上事项。

四、生产和产品质量部门（HFM–670）

生产和产品质量部门的功能陈述如下。

1. 作为管理评审过程的一部分，对提交给生物制品审评与研究中心（CBER）的研制新药的申请（INDs）、许可证的申请、补充和修改进行审查、评估和做出相关行为。为生物制品审评与研究中心（CBER）监管产品进行化学、生产和控制（CMC）以及现行良好生产规范（cGMP）的审查。

2. 配合其他生物制品审评与研究中心（CBER）组成部门，制定和执行生物制品批签发方案；审查制造商生物制品批量许可的申请；接受、保存和分发提交的供检测的生物制品样本。

3. 作为生物制品审评与研究中心（CBER）管理评审过程的一部分，主导对支持生物制品许可申请的提交和补充进行许可前的和前置审批的检查。作为检查组的一部分，准备检查报告，评估公司的改进措施。

4. 在检查是由其他生物制品审评与研究中心（CBER）组成部门或现场部门完成的情况下，通过评估检查报告和改进措施支持执法行为。

五、生物制品标准和质量控制部门（HFM-680）

生物制品标准和质量控制部门的功能陈述如下。

1. 在安全可控的环境中，使用适当的确认和验证方法，制定产品检测方案，生成支持生物制品审评与研究中心（CBER）监管活动的数据。

2. 以符合国际公认标准的方式维持产品的检测方案。

3. 根据批准的检测方案，通过对提交的样本进行检测、批签发协议的审查，来参与批签发活动。

4. 通过对检测方法的评估、测定方法验证包的可接受性评价、产品规格的适当性评价提供专家意见，参与监管审查活动。

5. 为行业、其他的机构组成部门、国际和学术组织在生物制品检测和方法验证相关问题上提供专家科技方面的建议和帮助。

6. 准备、校准、保存和分发用于生物制品控制检测的美国官方参考制剂。

7. 配合其他的中心组成部门，为试剂检测工具和相关设备的评估和标准化，制定并维持科学的方案。

第四节 | 美国药品审评与研究中心（CDER）

一、合规办公室

合规办公室确保安全有效的药物提供给美国人民。

办公室的功能陈述如下。

1. 通过最大程度降低消费者接触到不安全的、无效的、质量差的药物的战略和行动，促进和保护公众健康。

2. 主动向中心主任和其他机构官员提出 FDA 监管和执法责任、与人类药物相关的可能性风险、申请完整性、保护人类主体的建议。

3. 战略性地实施方案和项目，对药品生命周期中出现的违法行为进行确定、评价和优先考虑公众健康的重要性。

4. 制定和利用创新的实施策略和基于风险的决策，通过确保上市药品的高质量和完整性、适当的标记、安全、纯净，并满足适用的药品批准的要求，来降低公共健康风险。

5. 协调中心与现场的关系，对现场办公室在案件开发和监管行为方面提供支持和指导，并确保标准的统一解释。

作为 2011 年重组努力的结果，合规办公室内创建了以下四个办公室：

1. 未经批准的药物和标签合规办公室；

2. 生产和产品质量办公室；

3. 药品安全、完整性和召回办公室；

4. 科学调查办公室。

二、未经批准药物和标签合规办公室

该办公室的首要职责是保护公众健康,当涉及到非处方药（OTC）、处方药（Rx）和医疗欺诈领域内的药物时，确保遵守联邦食品、药品和化妆品法案的新药和错标要求。

办公室由两个部门组成，处方药部门和非处方药及医疗欺诈部门。

办公室功能陈述如下。

1. 制定政策和合规性策略，通过确保遵守联邦食品、药品和化妆品法案的新药和错标要求，保护公众健康。

2. 采取风险评估和战略性的实施行为，确认并处理与未经批准的和错标的药物有关的给消费者带来重大风险的的产品。

三、生产和产品质量办公室

该办公室是机构的重点，它对人类药品制造业进行全面监督管理，确保美国市场不会出现联邦食品、药品和化妆品法案中定义下的掺假药品。

办公室有国内药品质量部门、良好生产规范评估部门、国际药品质量部门以及政策、协作和数据操作部门。

办公室的功能陈述如下。

1. 制定政策、监督活动与合规性策略，通过确保遵守联邦食品、药品和化妆品法案（FD&C Act）中现行良好生产规范（cGMP）的要求保护公众健康。

2. 采取风险评估和战略性的实施行为，确认和处理与药品生产或产品质量相关的非常重大的违法行为。

3. 审查现场建议和调查结果，并对违法生产者采取适当的监管行动。

4. 制定、促进和规范监管策略、指导和政策，包括制定法规、行业指导、合规程序指导手册、合规政策指导、政策及程序手册

（MaPPs）以及工作人员指导手册，以促进遵守现行药品生产质量管理规范（cGMP）。

5. 在生产和产品质量领域提供科学和技术的支持。

四、药物安全、完整性和召回办公室

该办公室的主要职责是促进和保护在药物的生命周期中全球供应链的完整性，最大程度地减少消费者接触到不安全的、无效的、质量差的药物。

办公室包括供应链完整性部门和进口管理和召回部门。

办公室的功能陈述如下。

1. 制定政策和合规性策略，通过保证药物产品的完整性和供应链的安全保护公众健康。

2. 协调药品召回的评估和分级，协调中心与现场办公室实施召回，监督相关合规性问题的解决。

3. 保证进口药物产品的完整性，确认其符合适当的法律要求。

五、科学调查办公室

该办公室的主要职责包括：核实提交给美国食品药品管理局的支持新药申请的疗效和安全性方面数据的完整性，确保人类研究对象的权利和福利得到保护，确保责任方提交所需的上市后的不良事件和报告，并确保申办者遵守风险评估和缓解策略（REMS）的要求。

办公室由三个部门组成，即良好临床规范合规部门、安全合规部门、生物等效性和良好实验室规范部门。

办公室的功能陈述如下。

1. 制定政策、监督活动、有关非临床和临床药物产品研究、生物等效性研究、人类主体的保护、上市后的药物不良反应报告的要求、风险评估和缓解策略、上市后的要求和安全标签的义务的合规策略。

2. 在联邦食品药品和化妆品法案、公共健康服务法案、食品药品修正案、其他联邦法令和适用性法规下，制定和实施机构的人类药物生物学研究监控方案。

3. 制定、促进和规范监管策略及指导，包括政策及程序手册（MaPPs）、工作人员指导手册、合规程序指导手册，促进在研究、人类主体保护、良好实验室规范、生物等效性、药物预警、风险评估和缓解策略以及安全标记等方面遵守良好临床规范（GCP）。

第五节 | **器械与放射卫生中心（CDRH）**

一、合规办公室

合规办公室（OC）制定、指导、协调、评估和监控受监管行业的合规方案。合规办公室在必要时为监管目的进行现场测试和检查，评估行业的质量控制和检测方案以确保遵守规范，向机构的现场办公室提供建议，并管理中心有关法律行为、案件开发、有争议案件的协助等方面的活动，协调所有现场的计划活动和为中心分配所有的现场作业。

合规办公室有四个部门：

1. 风险管理业务部门；

2. 生物学研究监控部门；

3. 执法部门 A；

4. 执行部门 B。

二、风险管理业务部门

部门功能陈述如下。

1. 为办公室的官员和工作人员在和行政支持活动有关的所有政策和程序方面提供建议和支持。

2. 为办公室、中心和机构高管在风险监管和执法活动的制定和实施方面提供分析活动。

3. 为办公室的官员和工作人员在管理信息系统方面提供建议，作为和其他中心和机构组成部门在所有这些事项上的办公室联络人，规划、协调和实施办公室信息技术战略计划。

4. 为来源于外部和内部的请求提供信息。协调和处理信息公开（FOI）的请求，在联邦食品药品和化妆品法案 801（e）条款下为出口批准和未批准的医疗器械请求签发证书。

5. 与现场办公室协调中心的行政活动以及内部监管行为。

6. 配合其他中心和机构组成部门，为现场人员和州及地方机构制定、协调、并且 / 或者实施医疗器械和电子产品培训方案。

7. 开发、处理医疗器械注册和产品上市制度信息，并维持医疗器械注册和产品上市制度；开发和监控数据处理合同；通过认证程序确保行业遵守报告要求；开发并维护文档跟踪系统。

部门有三个分支机构:

1. 现场业务处;

2. 风险管理和分析处;

3. 监管政策和制度处。

三、生物学研究监控部门

部门功能陈述如下。

1. 执行 1976 年的医疗器械修正案、1990 年和 1992 年的医疗器械安全法、1972 年的为了健康和安全的辐射控制法案中涉及检查方面的事项。

2. 管理和协调机构的生物学研究监测方案中医疗器械的行政和监管责任;准备相关的警告信和其他信件;确保公司的整改行为在经过生物学研究监控合规方案的检查后是可以接受的。

3. 与该机构的现场组织合作,分配、指导、协调临床前和临床器械产品研究的申办者和调查者、机构审查委员会、商业临床试验设备、非临床毒理学实验室的现场检查。

4. 为现场和行业提供知情同意书、机构审查委员会、调查设备豁免规定的监管指导和解释。

5. 在临床前和临床研究的器械产品调查领域，设计、实施和评估监督及合规方案。管理售前许可数据审核方案，以确保提交给机构的数据的完整性。

6. 协调和实施机构的医疗器械申请完整性政策。

在生物学研究监控部门有三个分支机构：

1. 项目执行部门 A 和 B；

2. 专项调查部门。

四、执行部门 A

执行医疗器械法规，其涉及到一般外科手术器械，牙科；耳科、鼻科、喉科（ENT）;眼科器械;泌尿科、消化科;产科 / 妇科（OB/GYN）器械和一般医院器械。

部门有四个分支机构：

1. 牙科、喉科、眼科器械处；

2. 一般医院器械处；

3. 一般外科手术器械处；

4. 妇科 / 产科、消化科、泌尿科器械处。

五、执行部门 B

执行医疗器械法规，其涉及到心血管、影像学、矫形、物理医学、麻醉学、神经系统器械。

部门有四个分支机构：

1. 心脏节律和电生理器械处；

2. 血管和循环支持器械处；

3. 骨科和物理治疗器械处；

4. 放射科、麻醉科、神经系统器械处。

执行部门 A 和执行部门 B 的功能陈述如下，它们涉及到每个部门的专业领域。

1. 管理和协调与行政和监管行为相关的活动。

2. 制定、解释和发布针对来自医疗器械、行业协会、其他联邦机构、其他国家、州机构和一般公众的具体要求的政策指导；制定、审查、修改新修订的包括生产实践管理规范（GMP）在内的法规。

3. 计划、启动、协调，并进行医疗器械检查以及对生产商及其产品的调查。

4.确定需求和指导制定合规政策指南和方案，以促进生产商遵守；制定、协调、审查、修改医疗器械行业的 GMP 法规；制定和实施方案，以确保统一的解释和 GMP 适用，在适当的时候建议监管行为。

六、交流、教育和辐射项目办公室

乳腺放射成像质量和辐射项目部门

实施乳腺放射成像质量标准法案和联邦食品药品和化妆品法案中电子产品辐射控制条款，其涉及到医学诊断和治疗设备和非医学辐射发光电子产品。

1.部门有六个分支机构

（1）信息管理处；

（2）认可认证处；

（3）辐射项目处；

（4）检查和合规处；

（5）电子产品处；

（6）X 射线诊断设备处。

2. 部门功能陈述

（1）管理和协调与辐射发光电子产品和乳腺放射成像设备行政和监管行为有关的活动。

（2）针对来自医疗设备、电子产品行业、乳腺放射成像设备、专业和行业协会、其他联邦机构、其他国家、州机构和一般公众的具体要求，制定、解释、发布政策指导。

（3）制定、审查、修改新修订的包括生产实践管理规范（GMP）在内的法规、辐射发光电子产品的性能标准和乳腺放射成像设备的质量标准。

（4）计划、启动、协调，并进行对于生产商和某些特定的辐射发光诊疗设备、非医学电子产品用户的检查和调查，还包括乳腺放射成像设备的检查和调查。

（5）审查和评估辐射发光医疗设备和非医学诊疗设备生产商的设计、测试、生产的数据和报告，确保遵守颁布的标准和规范。

（6）确定需求和指导制定合规政策指南和方案，促进辐射发光医疗设备、非医学诊疗设备和乳腺放射成像设备的生产商遵守。

（7）制定、协调、审查、修改医疗器械行业关于辐射发光诊疗设备的 GMP 法规。

（8）制定和实施方案，以确保统一的解释和 GMP 适用，在适当的时候建议监管行为。

七、体外诊断设备评估和安全办公室

体外诊断设备评估和安全办公室执行有关体外诊断设备的医疗器械法规，涉及到体外诊断设备合规和执行活动的办公室功能陈述如下。

1. 管理和协调与行政和监管行为相关的活动。

2. 制定、解释和发布针对来自体外诊断设备行业、行业协会、其他联邦机构、其他国家、州机构和一般公众的具体要求的政策指导；制定、审查、修改新修订的体外诊断设备规范和标准。

3. 计划、启动、协调并进行体外诊断设备生产商及其产品的检查和调查；审查和评价生产商的的设计、测试、生产的数据和报告，以确保遵守规范。

4. 确定需求和指导制定合规政策指南和方案，促进生产商遵守。制定和实施方案，以确保统一的解释和 GMP 适用，在适当的时候建议监管行为。

第六节 | 食品安全与应用营养中心（CFSAN）

一、合规办公室（HFS-600）

（一）主任办公室

1. 作为中心和 FDA 现场组织之间的主要联系人，包括现场食品委员会。

2. 对合规方案、现场作业和工作计划负主要管理责任。

3. 发起和 / 或协调计划、制定、发布和推广用于食品安全和应用营养中心（CFSAN）监管的食品和化妆品的现场指导文件，以实施合理的公共卫生行为、食品安全干预、合规 / 执行策略以及监管方案；为实施指导和规范提供信息、培训和技术支持。

4. 审查建议监管行为，审查召回在证据上的充分性和程序上的一致性。监督为应对新出现的合规性的挑战制定合规和执行策略。

5. 监控和挖掘来源于内部或外部的信息，识别可能会影响中心监管责任范围的趋势或新兴的合规及执行问题。提供现场履行的数据和其他信息，支持中心对于项目和任务、新任务的开发、行业或其他任何相关机构的目标评价进行评估。

6. 监督、监控、评估食品设备注册数据库。

7. 计划和制定在执行州际旅行方案监管职责上的方法，在此方案上为机构和外部组织提供信息的、解决问题的和技术的支持。

合规办公室有两个部门：即执行部门和现场项目和指导部门。

（二）执行部门（HFS-605）

1. 作为中心与其他机构单位、行业及其他方在执行政策和优先查询（包括召回）上的联系点。

2. 管理由现场办公室和其他机构组成部门建议的监管行为的审查。指导现场办公室的行动，必要时，指导现场办公室开发可获得科学上和法律上支持的行为。应现场和其他机构组成部门要求，参与案件开发战略。

3. 与其他中心和机构单位一起，制定合规和执行战略，处理跨领域监管问题或新兴的合规性挑战。对于一些新型的、复杂的和首开先例的监管问题制定创新的执法措施。

4. 对进口的和国产的产品的检查、调查和分析证据进行评估，决定是否采取监管行为或补救措施。

5. 对召回的建议进行评估，获得科学和技术方面的支持，以证明与召回产品相关的健康风险，并确保召回行为与机构和中心的政策相一致。

6. 协助机构的法律办公室和现场单位以及司法部制定包括声明在内的法律文件、获得专家、回应质询、提供审判或其他请求的支持。代表中心执行谈判。

7. 作为外国产品合规的专家资源，并对进口和有关外国、产品、行业评价的国际问题，参与机构的讨论、决策和事实认定。

8. 作为中心处理消费者投诉、日常可疑食品登记（RFR）/风险控制审查活动的重点。维护中心的可疑食品登记数据库和指导现场对可疑食品登记报告的跟进。

执法部门内有两个团队和一个分支机构：

（1）召回和产品修复团队；

（2）标签和膳食补充剂合规团队；

（3）食品掺假评价部门。

（三）现场项目和指导部门（HFS-615）

1. 作为中心内部在合规方案、现场作业和工作计划上的重要联系点。与机构的现场组织和中心办公室密切合作，计划和实施这些活动，思考一种基于风险的方法。

2. 积极管理合规方案和现场作业，基于监测和数据报告活动，向其他中心办公室提供信息，以支持中心的方案和作业评估。

3. 为合规政策指南提供中心的领导和协调，与其他中心办公室、机构总部和现场办公室密切合作，制定和发布合规政策指南。

4. 维护合规管理和参考系统，和机构的信息技术办公室以及现场组织密切合作，提供有效的关于食品和化妆品的合规信息管理。实施和提供食品设施注册数据库的监测和评估。

5. 计划和制定管理州际旅行方案监管职责的方法。向机构和此方案内的外部组织提供信息的、解决问题的、技术的援助，在州际旅行行业维持一个有效的和一贯的州际旅行方案。

6. 监控和挖掘来源于内部和外部的信息，确定可能会影响中心监管责任范围的趋势或新兴的合规及与执行相关的问题。将信息提供给其他中心办公室加以关注，必要时予以考虑和行动。

7. 计划和协调外国食品检验方案的策略。管理公司的选择、接触过程和数据采集程序。移交和跟踪提交给现场组织的材料。

现场项目和指导部门有两个分支机构：

（1）现场项目处；

（2）合规信息处。

二、化妆品和色素办公室（HFS-100）

（一）主任办公室

1. 制定化妆品和色素添加剂的指南、规章、政策。

2. 为化妆品和色素添加剂提供专家科学和技术支持。

3. 把这些信息传递给公众、受影响的行业与国际监管团体。

4. 在化妆品及成分和色素添加剂方面提供专家科学和技术方面的建议和支持。

5. 管理色素的认证方案，包括方法研究和质量控制。

6. 管理化妆品自愿注册方案。

7. 提供领导并与其他机构单位在纳米技术领域密切合作。

化妆品和色素办公室有工作人员和一个部门：即化妆品工作人员和色素认证和技术部门。

（二）色素认证和技术部门（HFS-105）

1. 管理机构的色素认证项目，包括方法研究和质量控制。

2. 在色素添加剂方法上提供专家科学和技术方面的建议和支持。

3. 对于认证的色素添加剂及其原料，确定关乎安全的物质和安全问题。

色素认证和技术部门有一个团队和一个分支机构：

（1）色素技术团队；

（2）色素认证处。

（三）化妆品工作人员（HFS-125）

1. 制定化妆品和色素添加剂的指南、规章和政策。

2. 对于化妆品和色素添加剂提供专家科学和技术方面的支持。

3. 管理化妆品自愿注册方案。

4. 为化妆品和色素添加剂的认证传达政策、指导和信息，支持其他单位在这方面的工作。

化妆品工作人员有一个工作团队：即化妆品行动团队。

三、食品添加剂安全办公室（HFS-200）

（一）食品添加剂安全办公室

1. 作为中心的重点，为制定由机构发起的属于食品和联邦食品药品和化妆品法案中关于食品和色素添加剂的条款所规定事项的法规提供科学和政策支持。

2. 管理中心的食品和色素添加剂申诉审查过程（无论是在机构内部进行的，还是在机构外合同项下的）以及一般公认为安全的物质（GRAS）、食品接触物质、来源于基因重组生物技术的食品和食品配料的咨询 / 通知过程。评估安全信息，编制支持处理申诉的行为和其他机构行为的行政记录，并准备有关申诉的联邦登记文件。

3. 准备和 / 或审查中心所需实施国家环境政策法案（NEPA）的文件记录。协调中心审查其他联邦机构在国家环境政策法案(NEPA)下准备的文件。

4. 作为机构在评估食品原料的安全性和监管决定的其他方面所需安全测试方法和协议标准上的主要联络人。

5. 制定有关食品添加剂的安全使用、食品接触物质、色素添加剂、一般公认为安全的物质、来源于生物技术的食品、在先批准使用的物质方面问题的合规政策、意见书、程序规范、监管指南、咨询意见。回应利益相关者咨询，及时有效地处理信息公开的申请。和美国食品药品管理局实验室商议有关食品、色素添加剂和食品配料监管的研究。

6. 管理机构对于正在使用的食品添加剂、色素添加剂、食品接触物质、一般公认为安全的物质的身份信息、人类接触可能的信息、毒性信息的审查和监控。在需要时建议执法行为或者监管变更。

在需要时向其他办公室、中心和机构组成部门提供专家科学和技术建议。

7. 提供评估和参与非临床实验室研究和设备的生物学研究监控，以保证提交给机构的数据在质量和完整性上符合良好实验室规范。

8. 作为该中心的重点机构，为由机构发起的属于联邦食品药品和化妆品法案中关于食品添加剂和色素添加剂部分的条款的事项的法规制定提供科学和政策支持。

9. 确保中心在食品添加剂和色素添加剂申诉审查过程上的科学完整性和一致性（无论是内部进行还是在机构外合同项下的），确保中心在关于一般公认为安全的物质、食品接触物质和来源于重组基因生物技术的食品和食品配料的咨询 / 通知过程上的科学完整性和一致性。

10. 和美国食品药品监督管理局实验室商议有关食品和色素添加剂和食品配料监管研究的问题。

11. 确保机构有关食品添加剂、食品接触物质、色素添加剂、一般公认为安全的物质、来源于生物技术的食品、在先批准使用的物质的安全使用问题的合规政策、意见书、程序规范、监管指南、咨询意见是一致的和基于合理科学的。

12. 确保机构对于正在使用的食品添加剂、色素添加剂、食品接触物质、一般公认为安全的物质的身份信息、人类接触可能的信息、毒性信息的审查和监控。在需要时向其他办公室、中心和机构的组成部门提供专家科学和技术建议。

13.向中心提供毒理学、化学、病理学专业知识，制定毒理学研究、创建食品添加剂的身份和纯度说明、评价膳食接触的指南，并监控新开发的可能在新的食品添加剂和其他食品配料的毒理学评价上证明是有用的和有助于机构食品配料整体性安全评价的测试方法。

14.提供评估和参与非临床实验室研究和设备的生物学研究监控，以保证提交数据的质量和完整性符合良好实验室规范。

食品添加剂安全办公室设有政策工作人员、支持团队和三个部门：

（1）资深科学与政策工作人员；

（2）利益相关者支持团队；

（3）生物技术与一般公认为安全的通知审查部门；

（4）申诉审查部门；

（5）食品接触通告部门。

（二）资深科学与政策工作人员（HFS-205）

1.制定法规、指南、政策、方案、意见书、咨询意见，建议食品和色素添加剂、食品接触物质、一般公认为安全（GRAS）的配料和生物工程食品的研究重点。

2. 为食品安全与应用营养中心（CFSAN）官员、其他的机构组成部门、联邦和州政府官员和行业提供涉及食品和色素添加剂、食品接触物质、一般公认为安全（GRAS）的配料和生物工程食品的法规要求及其实施的专家指导。

3. 审查包括合规办公室提出的执法行为建议信息在内的监管行为，以确定这些在食品添加剂安全办公室范围内的行为是否得到相关的科学支持和已确立的项目优先、政策、指导的支持。在政策或指导不存在的地方，决定办公室是否可以提供专家的科学证据来支持这些行为。提供实验室分析的技术审查支持建议的执法行为。

4. 开发和维护食品添加剂安全办公室的知识管理系统（例如信息技术、生物信息学，计算机毒理学）。

5. 向食品安全与应用营养中心（CFSAN）提供动物病理学服务。

（三）利益相关者支持团队（HFS-206）

1. 为食品添加剂安全办公室提供行政支持。

2. 准备自由销售证书。

3. 跟踪和落实信息公开的请求和书面咨询。

4. 维护食品添加剂安全办公室外网和内网网站。

5. 管理和维护中心的食品安全与应用营养分类词典。

（四）生物技术与一般公认为安全的通知审查部门 （HFS-255）

1. 提供中心指导，协调有关食品添加剂、一般公认为安全的（GRAS）物质、其他食品配料、生物工程食品的监管和科学问题的技术评估，包括协调行业行为。

2. 评估毒理学、营养和微生物学数据和信息，评估提交给机构的关于食品配料、一般公认为安全的（GRAS）物质和生物工程食品安全的化学数据（包括人类接触可能的数据）和信息。制定指南，监控新开发的属于食品添加剂、一般公认为安全的（GRAS）物质与生物工程食品安全性评估方面的技术。

3. 与提交前可能通知人在涉及食品添加剂、一般公认为安全的物质与生物工程食品的建议使用，提交的内容和方法符合法规标准的建议方面进行商讨。就通知人和其他利益方任何可能妨碍本部门对提交进行审查的请求行为的不足之处提出建议。

4. 根据需要制定和修改程序规定、食品配料规定和实施联邦食品药品和化妆品法案的相关条款的指南。

5. 必要时，制定和更改现行政策、合规工作、处理一般公认为安全的物质和生物工程食品问题的研究。

6. 为评价和监控、开发和维护食品添加剂、一般公认为安全的物质、其他食品配料和生物工程食品的信息。回应利益相关者的问询，及时有效地处理信息公开的请求。

（五）申诉审查部门（HFS-265）

1. 提供中心指导，协调有关直接食品添加剂、食品辐射、色素添加剂的监管和科学问题的技术评估，包括协调行业行为。

2. 评估毒理学、营养和微生物学数据与信息，评估申诉人或通过其他来源提交给机构的关于直接食品添加剂、辐射食品、用在食品、药品、医疗器械或化妆品中的色素添加剂安全的化学数据（包括人类接触可能的数据）。

3. 与存档前的可能申诉人，在涉及直接食品添加剂、色素添加剂的建议新用途，在申诉的内容和方法符合法规标准的建议方面进行商讨。就申诉人和其他利益方任何可能妨碍本部门对申诉进行审查的请求行为的不足之处提出建议。

4. 根据需要，制定和修改直接食品添加剂和色素添加剂的规定、程序性规定、实施联邦食品药品和化妆品法案中关于直接食品添加剂和色素添加剂的条款的指南。

5. 必要时，制定和更改现行政策、合规工作、处理直接食品添加剂和色素添加剂问题的研究。

6. 开发和维护直接食品添加剂和色素添加剂安全和使用的信息。回应利益相关者的查询，及时有效地处理信息公开的请求。

（六）食品接触通告部门（HFS-275）

1. 提供中心指导，协调有关食品接触物质的监管和科学问题的技术评估，包括协调行业行为。

2. 评估通知人、申诉人或通过其他来源提交给机构的关于食品接触物质安全方面的毒理学数据和信息、化学数据和信息（包括人类接触可能方面的数据）。

3. 与提交前可能的通知人和申诉人在食品接触物质的建议使用、通知或申诉的内容和方法符合法规标准的建议方面进行商讨。就通知人、申诉人和其他利益方任何可能妨碍本部门对提交进行审查的请求行为的不足之处提出建议。

4. 根据需要，制定和修改程序性规定、执行联邦食品药品与化妆品法案中食品接触物质部分条款的指南。

5. 必要时，制定和更改现行政策、合规工作、处理食品接触物质的研究。

6. 为评价和监控食品接触物质的安全，开发和维护信息。回应利益相关者的查询，及时有效地处理信息公开的请求。

四、食品安全办公室（HFS-300）

（一）主任办公室

1. 制定法规、指导、政策、方案、意见书和咨询意见，在办公室的职责范围内建议有关食品安全问题的研究重点。

2. 进行食品的化学或微生物污染的安全评估。

3. 提供有关食品中存在的工业化学物质、过程中产生的毒物和食物中的有毒元素的毒理学评估和定量风险评价。

4. 给中心主任、中心副主任以及其他中心、机构、政府的官员、行业组织、国际组织和其他组织提供食品安全方案和政策方面的专家建议。

5. 在酸化和低酸性食品技术，包括归档的工艺流程的注册和评估方面提供专业知识。

6. 如有必要，审查行业申诉和监管行为，包括由合规办公室提供的建议执法行为的信息，以确定这些行为在食品安全办公室的范围内是否得到相关的科学和既定的项目优先、政策和指导的支持。在政策或指导不存在之处，决定办公室是否可以提供专家科学证据支持这些行为。并提供实验室分析的技术审查支持建议的执法行为。

在主任办公室、食品安全办公室有一个团队：即食品加工评估团队。

食品安全办公室有两个工作人员和四个部门：

（1）安全生产工作人员；

（2）食品零售和合作项目协调工作人员；

（3）植物和乳类食品安全部门；

（4）海鲜产品安全部门；

（5）海鲜产品科学技术部门；

（6）食品加工科学技术部门。

（二）安全生产工作人员（HFS-317）

1. 开发、收集和解释有关新鲜和鲜切产品微生物安全和防御的数据。

2. 制定政策、法规、监管指南、咨询意见、意见书和有关新鲜和鲜切产品微生物安全的合规策略和政策。

3. 对新鲜和鲜切产品的微生物安全方面的和办公室有关的申诉进行审查。

4. 作为机构的重点，制定和评估方案，实施与办公室有关的关于新鲜和鲜切产品微生物安全方面的法律法规。

5. 作为中心与行业、联邦、州和外国政府及机构以外的其他组织在新鲜和鲜切产品微生物安全方案和政策上的主要联络人。

6. 向中心主任、美国 FDA 高级官员、FDA 现场和外部利益相关者，在新鲜和鲜切产品的微生物安全和防御问题、现场方案、产品计划、包括双边协议制定和实施在内的国际活动的进行以及其他有关活动方面，提供专家方案政策、科学技术的建议和帮助。

7. 为方案政策考虑审查由合规办公室提出的监管行为建议，对有关新鲜和鲜切产品的微生物安全的案件提供技术评估和必要的科学支持。

（三）食品零售和合作项目协调工作人员（HFS-320）

1. 支持联邦和州的合作伙伴之间在三个合作项目领域（贝类安全、牛奶安全、零售食品的保护）的互动和协作，并协调支持食品保护伙伴关系的活动。

2. 维持州际认证的贝类、牛奶托运人目录，以及注册参加国家零售食品监管方案非官方标准的司法管辖目录。

3. 作为机构和州合作伙伴、其他联邦机构和行业协会在执行联邦/州零售食品合作保护方案中的联邦部分的联络人。

4. 制定和促进 FDA 食品法典、国家零售食品监管方案标准、有关良好公共卫生规范的机构政策的采纳和实施。

5. 确定和表述现有的和潜在的与零售层面食品的准备和服务相联系的健康危害。

6. 向 FDA 工作人员以及其他联邦、州和地方官员在与零售食品保护有关的食品法典和其他的机构指导上提供技术支持、地理信息系统能力和拓展。

（四）植物和乳类食品安全部门（HFS-315）

1. 制定法规、引导、政策、方案、意见书和咨询意见，建议有关植物性食品、乳制品、蛋类、野味、饮料的安全、防御、成分和质量问题研究的重点。

2. 向中心主任、其他中心、FDA 和政府官员提供专家建议。作为中心与行业组织、国际组织和其他组织在有关植物性食品、乳制品、蛋类、野味、饮料问题上的主要联络人。

3. 如有必要，审查行业申诉和监管行为，包括由合规办公室提供的建议执法行为信息，以确定这些行为是否在部门的范围内得到有关科学和既定的方案优先、政策和指导的支持。在政策或指导不存在时，决定部门是否可以提供专家科学证据来支持这些行为；并提供实验室分析的技术审查支持建议的执法行为。

4. 审查和接受或拒绝牛奶设备的卫生设计和施工标准。

5. 规范、认证和评估 FDA 和州工作人员，也就是监管事务处地区牛奶专家、有关国家和国际牛奶项目评估的规范和认证的州监管机构和国际第三方。

6. 与该机构的其他部分合作，确定新兴的需求，规划、制定、协调与食品安全有关的合规方案、现场作业和工作计划。

植物和乳类食品安全部门有两个分支机构：

（1）乳制品和蛋类处；

（2）植物产品处。

（五）海鲜产品安全部门（HFS-325）

1. 制定法规、指导、政策、方案、意见书和咨询意见，建议有关海鲜产品安全问题研究的重点。

2. 检查和评价海鲜产品法规、国内外方案和双边协定的实施。

3. 如有必要，审查行业申诉和监管行动，包括由合规办公室提供的建议执法行为信息，以确定这些行为是否在部门的范围内得到有关科学和既定的方案优先、政策和指导方面的支持。在政策或指导不存在时，决定部门是否可以提供专家科学证据来支持这些行为；并提供实验室分析的技术审查支持建议的执法行为。

4. 向主要的利益相关人提供专家建议，作为中心与行业组织、国际组织和其他组织在海鲜食品安全有关问题上的主要联络人。

5. 制定示范规章，为国家和国际贝类方案提供科学技术支持、培训、评估和认证。

海鲜食品安全部门有两个分支机构：

（1）贝类和养殖政策处；

（2）海鲜产品加工和技术政策处。

（六）海鲜产品科学技术部门（HFS-400）

海鲜产品科学技术部门与联邦、州、学术和公众合作机构协作，负责为那些通过确保安全、卫生和可靠的国家海鲜产品供应促进和保护公众健康的机构政策、规章和合规方案提供科学依据。

1. 确定和表述海鲜产品中现存的、新发现的和潜在的健康危害。

2. 确定接触阈值、消费者健康的影响，为海鲜产品中的健康危害建议指导等级。

3. 制定、优化和验证海鲜产品中健康危害检测的监督 / 监控方法。

4. 促进监督 / 监控方法规范化，并对联邦和州的公众健康工作人员在方法的应用和使用上进行培训。

5. 评估减轻海鲜产品健康危害的策略与技术。

6. 为中心的组成部门和其他联邦、州、国际的公众健康机构提供科学信息和技术支持。

7. 对地区、国家和国际的海鲜产品疾病的暴发和紧急情况 / 威胁状况作出反应。

8. 维持一定的科研能力，最大程度地保持新兴技术的应用和与科学界的沟通。

海鲜产品科学技术部门有两个分支机构：

（1）化学危害科技处；

（2）微生物危害科技处。

（七）食品加工科学技术部门（HFS-450）

1. 进行食品加工、食品包装和食品技术上的食品安全、营养和防御研究，其涉及到食品生产和操作原则。

2. 与分析和推广办公室（OAO）及其他部门协力，参与现代食品安全和可靠性问题的教育和信息计划。

3. 对 A 级牛奶实验室进行评估和授权，对州实验室评估人员进行资格认证。

4. 对牛奶、贝类产品、食品应急网络 / 实验室反应网络（FERN/LRN）进行水平测试。

5. 为 FDA 和外部组织在与实验室食品检验相关的实验室设备、装置、方法、设施问题上提供咨询。

食品加工科学技术部门有两个分支机构和一个团队：

（1）加工工程处；

（2）食品技术处；

（3）实验室水平和评估团队。

五、监管科学办公室（HFS–700）

（一）主任办公室

1. 进行支持 FDA 监管议程的实验室科学研究。

2. 制定基于实验室的方法，支持法规和相关政策制定。

3. 在有关政策法规的科学问题上提供技术支持和专家建议。

4. 开创、计划和进行食品加工和包装、食品化学、食品毒物、膳食补充剂成分分析、食品营养分析、食品微生物学、化妆品成分研究等领域的科学研究。

5. 审查监管行动证据的充分性和科学技术程序和结果的准确性。

监管科学办公室有三个部门：

（1）分析化学部门；

（2）微生物学部门；

（3）生物分析化学部门。

（二）分析化学部门（HFS-705）

1. 进行样品的实验室分析，与其他中心和机构组成部门合作提供技术支持和专家建议，以支持研究和政策制定和评价样品是否符合法律、机构实施的法规。

2. 制定、推广、完善并确认对可能存在于或可能污染食品安全和营养中心监管的食品和化妆品的食品防御威胁剂、食品添加剂、杀虫剂、膳食补充剂、海鲜毒素和工业化学物质的基于分析化学的方法，建议在这些化学物质的监控和实施方案上，现场使用这些分析方法。

3. 为机构提供专业的红外、近红外、拉曼、表面等离子体共振、核磁共振和电子自旋共振波谱和质谱分析的支持。

4. 为机构提供专业的蛋白质分析和蛋白质组学的支持。

5. 进行研究，以开发和完善专业的和现场便携式仪器在机构的疑难问题上的应用。

6. 为了风险评价和政策制定的目的，通过环境的和其他的路径，开创、计划和记录确定食品安全与应用营养中心（CFSAN）监管的食品和化妆品化学污染的性质和程度的研究。

7. 制定评估食品包装成分向食品或食品饮料的迁移的分析测试协议，以方便间接食品添加剂的申诉和通知的提交和安全评估。

8. 在有食品威胁的情况下，通过专题研究项目和科学帮助，支持食品防御措施。

9. 通过开发基于 DNA 的对植物和动物物种鉴定的方法，支持食品安全。

分析化学部门有两个分支机构：

（1）方法开发处；

（2）光谱和质谱分析处。

（三）微生物学部门（HFS-710）

1. 开发、优化和确认食品、化妆品中的和加工环境中的病原体和 / 或毒素的复原、检测、鉴定和量化的方法。

2. 完成标准化和 FDA 开发的方法得到现场工作人员在使用和应用上的普遍接受，并支持微生物方法问题出现之处的合规性。

3. 维护进入 PulseNet 系统的 FDA 有关食品的网关；开发和应用分型的方法来进一步提高 PulseNet 系统、菌株鉴定、分子流行病学调查的数据生成。

4. 在有食品威胁的情况下，通过专题研究项目和科学帮助，支持食品安全防御措施。

微生物学部门有两个分支机构：

（1）微生物方法和发展处；

（2）分子学方法和分型处。

（四）生物分析化学部门（HFS-715）

1. 在元素分析、天然毒素、食物中的营养物质、膳食补充剂成分、化妆品成分诸多领域进行实验室调查。

2. 制定分析方法，在部门专业技能领域提供法规和相关政策制定的技术支持。

3. 如有必要，审查监管行为在支持食品安全和营养中心和机构的合规方案上分析性证据的充分性。审查监管行为在支持机构的合规方案上证据的充分性。

4. 在制定和传播食品（包括膳食补充剂）中元素和放射性核素的分析方法方面，作为提供专业知识的重点。

5. 确定有关化妆品及其原料和污染物的物质和安全问题；制定和评估用来确定和量化潜在的有害成分和污染物的方法。

6. 向中心主任、副主任和其他的中心组成部门以及其他 FDA 官员在进行国际海鲜产品活动方面提供专家科学技术建议和支持，包括双边协议的制定和实施；制定技术内容并参与方案设计，通过问题的预防提高行业的合规性。

7. 开创、计划并进行有关办公室职责范围的实验室研究；制定适当的方法分析食品中的营养和膳食补充剂的成分；审查和评估提供在新膳食成分通知和婴儿配方食品通知中的化学信息和数据；维持中心的食品标签合规性的分析能力。

在生物分析化学部门有两个分支机构：

（1）化学污染物处；

（2）生物分析方法处。

六、营养、标签和膳食补充剂办公室（HFS-800）

（一）主任办公室

1. 主要负责食品和营养标签、传统食品、膳食补充剂、特殊营养品（包括婴儿配方食品和医疗食品）方面的政策制定和管理，以及相关的教育举措。

2. 为办公室职责范围内的事项制定法规、合规政策、立场文件、监管指南和咨询意见。

3. 向中心主任、其他重要官员提供专家建议，指导主要机构和部门在营养标签和膳食补充剂上的举措并作为参加国家和国际论坛和会议的代表。

4. 管理并提供对有关婴幼儿配方食品和医疗食品问题（包括申诉和通知）的科学审查，向关键的机构部门以及国际机构提供建议。

5. 对和婴儿配方食品和医疗食品相关的临床试验、风险评价、不良事件报告和教育举措等的设计和实施提供临床的和科学的专业知识。

在营养、标签和膳食补充剂办公室有两个工作人员和一个部门：

（1）膳食补充剂计划部门；

（2）食品标签和标准工作人员；

（3）营养项目工作人员。

（二）膳食补充剂计划部门（HFS-810）

1. 对膳食补充剂计划的政策制定和战略管理负主要责任，包括新膳食成分通知方案的安全评价和合规性战略、实施与执行膳食补充剂的良好生产规范和结构-功能的通知，膳食补充剂政策的出口安全评价认证，对申诉、行业相关的通知、销售后的不良事件评估和有关膳食补充剂安全和营养方面的问题作出反应。

2. 执行 1994 年的膳食补充剂健康和教育（DSHEA）法案和其他相关法规中关于膳食补充剂的要求，确保膳食补充剂的安全和标签的真实。

3. 向官员和其他机构单位在生产实践管理规范（GMP）、现场计划、合规性、实施性问题和相关活动方面提供专家意见，并向联邦和州的机构和行业在涉及监管要求和合规政策上提供帮助。

4. 与机构单位合作，为现场在处理监管行为上提供指导，在执行 / 合规案例的开发、管理和协调上提供帮助。

5. 评估有关膳食补充剂安全的不良事件和其他信号源。

6. 对有关合规行为、申诉的临床上的回应进行的膳食补充剂的风险评价以及对提供在新膳食成分通知中的安全信息进行的评估，提供临床 / 科学 / 监管方面的专业知识。

7. 为机构科研单位及附属科研单位在有关合规及监管行动与策略方面提供指导。

膳食补充剂计划部门有一个分支机构和的一个团队：

（1）膳食补充剂规章执行处（分为一个标签团队和一个 cGMP 团队）；

（2）新膳食成分（NDI）审查团队。

（三）食品标签和标准工作人员（HFS-820）

1. 对传统食品标签项目（而不是营养标签）的政策和规章的制定和管理负主要责任，包括营养标识和教育（NLEA）法案、食品过敏原标签和消费者保护（FALCPA）法案、其他的如食品药品化妆品（FD&C）法案和合理包装和标签（FPLA）法案对标签的要求。还管理一致性标准的项目。

2. 对有关传统食品标签所有方面的申诉和通知提供科学和技术审

查以及作出回应。确定现行食品标准、通用或常用名、规章、发放允许制造商试验市场新食品的临时销售许可的合规性。此外，提供对所有的传统食品（包括婴儿配方食品和医疗食品）的执法和合规材料的科学技术审查，如检查报告、分析报告及其他相关记录。为对于所有国内和进口行为包括婴儿配方食品和医疗食品制造商的冒牌指控提供政策和执行上的决策。

3. 为官员和其他机构单位、联邦和州官员、行业和消费者在涉及传统食品标签（包括婴儿配方食品的、医疗食品的和营养相关的标签）监管要求和合规政策上提供专家指导，审查其他机构单位提出的建议执法 / 合规行为。

4. 为参与国际论坛提供专家技术建议。

5. 审查食品产品标签（包括婴儿配方、医疗食品、营养标签）是否严守法规和声明的适当性，管理小型企业营养标签豁免通知方案。

食品标签和标准工作人员有两个团队：

（1）产品评估和标签审查团队；

（2）标签规范实施团队。

（四）营养项目工作人员（HFS-830）

1. 对于有关营养、营养标签、膳食指导建议和其他营养科学问题的政策、法规、研究重点、意见书、咨询意见作出基于科学的决定的相关信息进行科学审查和分析。

2. 为了健康要求、营养成分要求和为营养和补充剂事实标签提供规范，对健康声明请求、合格健康声明请求、营养成分声明请求、FDA 现代化法案通知进行科学和监管审查。

3. 向重要官员提供专家建议和帮助，和其他国内国际的政府机构以及科研机构协调有关营养和健康的工作。

4. 对于食品消费、食品组成、食品配料、加工包装食品销售、产品标签信息，确定项目的优先顺序、提供内容设计的输入和大型数据库的分析。

5. 制定监控与传统食品和膳食补充剂的使用和安全相关的美国人群和特殊子群的方法。

营养项目工作人员有两个团队：

（1）营养评价和评估团队；

（2）营养科学审查团队。

第七节 | 兽药中心（CVM）

一、监督和合规办公室（HFV-200）

监督和合规办公室功能陈述如下。

1. 向中心主任在有关 FDA 对于兽药、动物食品、食品添加剂、兽用医疗器械和其他兽用医疗产品的监管责任的监督及合规政策方面提供建议。

2. 制定和评估监督和监控方案以确保兽药和动物食品的安全和有效性。

3. 计划、制定、监控、评估中心的监督及合规方案和协调它们的现场实施，确保销售的兽药、动物食品、食品添加剂、兽用医疗器械、和其他兽用医疗产品的安全和有效。

4. 指导和协调中心所要求的支持正式证据听证会的科学证据的开发。

5. 向中心主任建议修改或撤回已批准的新兽药申请。

6. 制定、协调和指导中心的生物学研究监控方案，确保作为新兽药申请和食品添加剂请求的基础信息的可靠性。

7. 如有需要，向中心提供科学和监管方面的专业知识。

监督和合规办公室有四个部门：

1. 监督部门；

2. 动物饲料部门；

3. 合规部门；

4. 兽用产品安全部门。

注：流行病学部（HFV-250）不再存在。它的功能分布在 CVM。信息联络：240-453-6830。

二、监督部门（HFV-210）

监督部门的功能陈述如下。

1. 评估销售的兽药、特殊膳食饲料、兽用医疗器械和其他兽用医疗产品的安全性和有效性，并建议采取措施纠正由于使用、警告和警示信息说明不充分导致的不足。

2. 评估药物产品标签和其他信息来决定新兽药的地位、监管优先事项、可接受的使用条件以及监管行动的需要。维持并制作所有销售的兽药的可用库存清单以确保有足够的信息可用于监管活动和客户支持。协调现场制定执法行为、获取专家证人和进行其他科学和监管案例的开发行动。

3. 审查销售产品标签以对标签的修订、监管的补充、生产的暂停以及新兽药批准的撤回作出建议，确保销售的产品是安全和有效的。

4. 监控和评估销售兽药的促销活动以确保促销声明与批准的声明相一致。

5. 管理涉及监管行业在兽药、兽用医疗器械和其他兽用医药产品上的合规方案，以确保方案的有效性。审查公司企业的检验报告、标签和其他调查结果以确定监管产品是否按照法案、机构法规和政策进行销售。

6. 评估销售的未经批准的兽药、特殊膳食饲料、兽用医疗器械和其他兽用医药产品的安全和有效性以确定关系到动物和公众健康的医疗风险。协调合规部门和其他兽药中心部门确定执法重点和风险缓解策略。

本部门有三个团队：

（1）销售产品信息团队；

（2）批准后的审查团队；

（3）医疗审查团队。

三、动物饲料部门（HFV-220）

动物饲料部门的功能陈述如下。

1. 评估食品添加剂的申请、一般公认为安全的申请和食品添加剂临床试验申请的以下充分性：①对动物安全、实用性和稳定性的数据；②标签；③生产设施和控制。协调人类食品安全和环境影响信息的审查；向中心主任建议食品添加剂和一般公认为安全物质的批准。

2. 对动物（包括宠物）的完全饲料、饲料添加剂和饲料配料的安全性进行评估，提供在动物饲料中的有害污染物的风险评价。

3. 评估安全数据、生产和使用信息以及完全动物饲料和添加到动物饲料中的非药物物质的标识来确定它们的法律地位。

4. 为定义在美国饲料管理官员协会（AAFCO）的官方出版物中的新饲料配料提供技术的和科学的评估。与州饲料控制办公室协调监管活动，并参与 AAFCO 委员会和工作小组以及 AAFCO 董事会的活动。

5. 协调对动物饲料问题的科学审查和政策建议的制定（例如污染物、转基因植物、未经批准的饲料配料）。

6. 对转基因植物通知中关于组分和动物安全数据的充分性进行评估；与在备忘文件上进行合作，并建议监督和合规办公室（OSC）

主任在给企业有关饲料问题的 FDA 结论性意见的信件上签署同意。对牵涉转基因植物饲料的问题提出政策建议，并与食品安全与应用营养中心（CFSAN）、FDA 其他中心和办公室、其他联邦机构参加制定牵涉到转基因植物一般问题的政策建议。

7. 在确保被许可人能够遵守机构法规制造和标识加药饲料后，批准饲料厂的许可。

8. 保存经销商的兽药饲料指令药品的库存清单。

9. 通过实施和评估设备的合规方案的检查结果，确保得到许可的设备遵守加药饲料许可法规。

10. 向新兽药评估办公室（ONADE）提供加药饲料标签（包括加药宠物食品标签）的咨询审查。

11. 制定、监控和评估兽药中心（CVM）关于加药饲料、A 型加入药物条款和饲料污染物（如疯牛病、病原微生物、霉菌毒素、农药、重金属、工业化学物质）的合规方案或现场作业。向州机构、FDA 现场机构和其他利益方报告方案的结果。

12. 为对动物食品和加药动物饲料的监管行为提供科学支持。

13. 建议并可参与由调查办公室进行或协调的内部和外部的调查项目，以获得关于污染物、药物和食品添加剂的进一步信息。
部门有四个团队：

（1）动物饲料安全团队；

（2）配料安全团队；

（3）加药饲料团队；

（4）营养和标签团队。

四、合规部门（HFV-230）

合规部门功能陈述如下。

1. 协调有关批准兽药的撤回／拒绝和正式的证据听证会所需文件方面的证据准备；协调为听证会准备执法记录和证据记录。

2. 制定、监控和评估中心的生物学研究监控方案及对其调查和监管的跟进。管理应用完整性策略。

3. 制定、监控和评估中心的关于组织残留和国家牛奶药物残留监控方面的合规和监督方案。

4. 与中心合作，监控和处理许多涉及动物食品、药品和动物传染疾病需要兽药中心（CVM）立即反应和协调的新兴问题。

5. 评估对人类食品安全问题的监管方法，包括根据由美国农业部（USDA）／食品安全和检查服务（FSIS）报告给食品药品管理局（FDA）／兽药中心（CVM）的调查结果，监测肉类和家禽中有害药物和化学物质违规水平现况，制定有计划的防止和病原体以及残留有关的食品安全问题的策略。

6. 协调和准备以合规性和执行为导向的来自消费者、州和联邦政府、议会、行业等询问的答复。

7. 在监管和行政的政策问题上提供建议，制定涉及兽药、动物食品、食品添加剂、兽用医疗器械和其他兽药产品的执法策略；准备和发布对现场办公室的指导。

8. 初步审查企业检验报告、调查、投诉和其他有关监管产品的信息。通过和管理、法律和科学顾问的磋商，协调调查和监管的跟进。审查现场办公室提交的建议监管行为，为机构是否应该进一步继续这些行为提出建议。

本部门有五个团队：

（1）进口 / 投诉 / 应急 / 召回团队；

（2）上市后的合规团队；

（3）药物残留合规团队；

（4）上市前的合规和行政行为团队；

（5）项目和业务支持团队。

五、兽用产品安全部门（HFV-240）

兽用产品安全部门的功能陈述如下。

1. 监控药物不良事件数据库，识别有关的安全信号和有效性问题。

2. 评估不良事件报告，确保标签包含当前准确的安全简介，识别不安全的产品和不安全的产品使用。

3. 与其他从事类似活动的机构和组织保持联系，确定产品的相互作用和协调活动。

4. 为涉及宠物食品消费的不良事件提供监督。作为宠物食品预警系统的一部分，进行数据的科学和流行病学评估，帮助合规性部门认识到潜在的安全性问题和确立产品召回的需要。

5. 配合 FDA 地区办公室接收并评估产品缺陷报告，识别产品的安全性问题。与其他 FDA 中心互相配合，确保机构采取适当的调查措施和风险缓解措施。通过分析数据和相关信息，评价产品召回的需要。

6. 向兽药中心（CVM）审查部门提供销售前、销售后的药物产品用药错误的监督。

7. 参与推广计划，鼓励兽医参与药物警戒计划，对兽医、动物的主人和公众进行关于兽药产品的医疗风险和收益的教育。

本部门有三个团队：

（1）药物不良事件审查团队；

（2）不良事件审查团队；

（3）数据管理和分析团队。

第八节 | 烟草制品中心（CTP）

一、合规和执行办公室

目前有三个部门：

（1）执行和生产部门；

（2）宣传、广告和标签部门；

（3）州计划部门。

合规和执行办公室功能陈述如下。

1. 在涉及机构有关烟草制品合规性和执法责任的法律、执行、监管的方案和政策上，向中心主任和其他机构官员提出建议。

2. 协调、解释和评估中心的总体的合规和执行工作。

3. 在有关合规和执行的标准、规范和指导的制定和审查方面提供技术支持和指导。

4. 制定、指导、协调、评估和监控覆盖监管行业的合规和执行方案。

5. 协调、制定和指导州合规和执行方案。

6. 为联邦、州和地方的合规性工作人员提供培训。

7. 为监管目的和评估监管行业活动的需要，进行现场测试和检查，确保法规的遵守。

8. 向机构现场办公室和授权的官员提供建议，管理中心的有关法律行为、案件开发和有争议的案件帮助方面的活动。

9. 设计、制定并实施中心的烟草企业和产品目录登记方案。

10. 协调所有的现场计划活动，为中心发布所有现场作业。

11. 在有关合规和执行的标准、规范和指导的制定和审查方面提供技术支持和指导。

12. 向现在的或潜在的制造商、经销商、零售商和进口商在法律、法规的遵守和执行的有关要求方面提出建议。

第九节 | **执法政策目录**

该目录的最新版本可在 FDA 的内部网站获得。

一、监管事务处——总部	电话号码
1. 监管事务助理专员（ACRA）	
ACRA	301-796-8800
监管事务副助理专员（DACRA）	301-796-8310
2. 执法和进口管理办公室（OEIO）	301-796-5270
办公室主任	空缺
副主任	301-796-5723
进口管理部主任（DIO）	301-796-0356
进口管理和维护处主管	空缺
进口方案制定和实施处主管	301-796-6677
合规制度部门（DCS）/执行制度处（ESB）	
主任	空缺
执行制度处主管	301-796-3240
进口合规制度部门主管	301-796-8997
执法部门（DE）	
主任	301-796-8203
副主任	301-796-8206

（续表）

进口管理部门	
进口通知和公告	
进口报关评价方案	
外国供应商验证方案	
合规制度 / 执法制度处	
电子监管信息质量保证	
政府层面质量保证计划	
联邦医药产品质量保证计划	
监管事务处（ORA）系统（CMS，MARCS，引文数据库，COMSTAT）	
合规信息和报告	
Turbo 企业检查报告（EIR）	
健康信息	
执行部门	
案件的审查和管理	
民事罚款（合规）	
检验许可证	
召回	
生物制剂团队（合规）	
警告信数据库	
医疗欺诈	
禁令	
3. 运行办公室（OO）	
运行助理专员	空缺
稽查人员主管	空缺
4. 政策和风险管理办公室（OPRM）	
合规政策委员会	
合规政策指南	
监管程序手册证词	
联邦登记条例	
机构内的执法政策	
方案规划和评价	
方案评价	

（续表）

工作计划	
政策（食品和饲料）	
政策（医疗产品和烟草制品）	
风险管理	
政策助理专员	301-796-8211
副主任	301-796-8805
5.刑事调查办公室（OCI）	
OCI 主任	240-276-9460

二、监管事务处——现场	电话号码
1.东北地区	
地方食品药品主管，HFR-NE1	781-587-7533
传真	781-587-7556
地方食品药品副主任，HFR-NE2	718-662-5610
传真	718-662-5434
纽约地区办公室	718-340-7000
地区主任，HFR-100	718-662-5447
传真	781-662-5665
合规处主任，HFR-NE340	716-551-4461 分机 3116
传真	716-551-4499
新英格兰地区办公室	781-587-7500
地区主任，HFR-NE200	781-587-7490
传真	781-587-7556
合规处主任，HFR-NE 240	781-587-7488
传真	781-587-7556
温彻斯特工程和分析中心	781-756-9700
主任，HFR-NE400	781-756-9701
传真	781-756-9757
东北地区实验室	
主任，HFR-NE500	718-662-5450
传真	718-662-5439

（续表）

2. 中部地区	
地方食品药品主任，CHI-FO, HFR-CE1	312-596-6501
传真	312-886-1682
地方食品药品副主任，PHI-FO, HFR-CE2	215-717-3701
传真	215-597-5798
巴尔的摩地区办事处	
地区主任，HFR-CE200	410-779-5424
合规处主任，HFR-CE 240	410-779-5417
传真	410-779-5707
芝加哥地区办公室	
地区主任，HFR-CE 600	312-596-4200
合规处主管，HFR-CE640	312-596-4220
传真	312-596-4187
辛辛那提地区办事处	
地区主任，HFR-CE 400	513-679-2775
合规处主管，HFR-CE 440	513-679-2700 分机 160
传真	513-679-2775
底特律地区办事处	
地区主任，HFR-NE 700	313-393-8106
合规处主管，HFR-NE 740	313-393-8110
传真	313-393-8139
法律化学中心	
主任，HFR-NE 500	513-679-2700 分机 180
传真	513-679-2761
明尼阿波利斯地区办事处	
地区主任，HFR-NE 800	612-334-4100
合规处主管，HFR-NE 840	612-758-7112
传真	612-334-4134
新泽西地区办事处	
地区主任，HFR-NE 300	973-331-4901
合规处主管，HFR-NE 340	973-331-4902
传真	973-331-4969

（续表）

费城地区办公室	
地区主任，HFR-NE 100	215-717-3001
合规处主管，HFR-NE 140	215-717-3071
传真	215-597-8212
3. 东南亚地区	
地方食品药品主任，HFR-SE1	404-253-1171
传真	404-253-1207
亚特兰大地区办公室	
地区主任，HFR-SE 100	404-253-1161
合规处主管，HFR-SE 140	404-253-1163
传真	404-253-1201
佛罗里达地区办公室	
地区主任，HFR-SE 200	407-475-4701
合规处主管，HFR-SE 240	407-475-4734
传真	407-475-4769
新奥尔良地区办事处	
地区主任，HFR-SE 400	615-366-7803
合规处主管，HFR-SE 440	615-366-7988
传真	615-366-7805
圣胡安地区办公室	
地区主任，HFR-SE 500	787-474-9565
合规处主管，HFR-SE 540	787-474-9565
传真	787-729-6658
东南亚地区实验室	
主任，HFR-SE 600	404-253-1170
传真	404-253-1208
4. 西南地区	
地方食品药品主任，HFR-SW1	214-253-4904
传真	214-253-4965
阿肯色州地区实验室	
主任，HFR-SW 500	870-543-4099
传真	870-543-4002

（续表）

达拉斯地区办事处	
地区主任，HFR-SW 100	214-253-5201
合规处主管，HFR-SW 140	214-253-5215
传真	214-253-5314
丹佛地区办事处	
地区主任，HFR-SW 200	303-236-3016
合规处主管，HFR-SW 240	303-263-3019
传真	303-236-3551
堪萨斯市办公室	
地区主任，HFR-SW 300	913-752-2144
合规处主管 HFR-SW 340	913-752-2101
传真	913-752-2111
西南进口办公室	
主任，HFR-SW 600	214-253-5283
合规处主管，HFR-SW 640	214-253-5284
传真	214-253-5316
5. 太平洋地区	
地方食品药品主任，HFR-PA1	510-637-3960 分机 118
传真	510-637-3976
洛杉矶地区办事处	
地区主任，HFR-PA 200	949-608-4414
合规处主管，HFR-PA 240	949-608-4426
传真	949-608-4415
旧金山地区办事处	
地区主任，HFR-PA 100	510-337-6783
合规处主管，HFR-PA 140	510-337-6769
传真	510-337-6703
西雅图地区办事处	
地区主任，HFR-PA 300	425-483-4950
传真	425-483-4989
合规处主管，HFR-PA 340	425-483-4912
传真	425-483-4760

（续表）

西北太平洋地区实验室	
主任，HFR-PA 360	425-486-8788
传真	425-483-4996
西南太平洋地区实验室	
主任，HFR-PA 260	949-608-2907
传真	949-608-3567

三、FDA 中心	电话号码
1. 生物制品审评与研究中心（CBER）	
合规和生物制品质量办公室主任，HFM-600	301-827-6190
合规和生物制品质量办公室副主任，HFM -600	301-827-6190
案件管理部门主任，HFM -610	301-827-6201
检查和监督部门主任，HFM -650	301-827-6220
生产和产品质量部门主任，HFM -670	301-827-3031
生物制品标准和质量控制部门主任，HFM -680	301-594-6299
2. 美国药品审评与研究中心（CDER）	
合规办公室主任	301-796-3100
副主任	301-796-3100
主任助理	301-796-3100
未经批准药物和标签合规办公室主任	301-796-3100
副主任	301-796-3100
助理主任	301-796-3100
处方药部门	301-796-3110
非处方药部门	301-796-3110
生产和产品质量办公室主任	301-796-3120
副主任	301-796-3120
监管政策和合作处	301-796-3120
良好生产规范评估部门	301-796-3120
新的药物制造评价处	301-796-3120
国际药品质量部门	301-796-3120

（续表）

生物制造评价处	301-796-3120
国内药品质量处	301-796-3120
药物监测和数据报告处	301-796-3120
仿制药制造评价处	301-796-3120
政策、协作和数据业务部门	301-796-3120
药物安全、完整性和召回办公室主任	301-796-3130
副主任	301-796-3130
副董事	301-796-3130
进口管理和召回部门	301-796-3130
供应链完整性部门	301-796-3130
科学调查办公室主任	301-796-3150
副主任	301-796-3150
良好临床规范合规部门	301-796-3150
安全合规部门	301-796-3150
生物等效性和良好实验室规范部门	301-796-3150
计划管理与组织战略部门	301-796-3150
风险科学、情报和优化部门	301-796-3150
推广和协作团队	301-796-3150
政策执行团队	301-796-3150
3. 器械与放射卫生中心（CDRH）	
合规办公室主任，WO66，3521	301-796-5500
合规办公室监管事务副主任	301-796-5500
合规办公室医疗事务副主任	301-796-5800
风险管理业务部门主任，WO66，3521	301-796-5530
风险管理业务部门副主任	301-796-5530
召回处主管	301-796-5792
现场业务处主管	301-796-5812
监管政策和制度处主管	301-796-5615
生物学研究监控部门主任，WO66，3446	301-796-5490
项目执行部门 A 主管	301-796-5654
项目执行部门 B 主管	301-796-6054
专项调查部门主管	301-796-6561

（续表）

执法部门 A 主任，WO66，3512	301-796-5770
执法部门 A 副主任，	301-796-5770
主要消费者安全官员（CSO）	301-796-5770
一般外科手术器械处主管	301-796-5462
牙科、五官科、眼科设备处主管	301-796-5770
妇科/产科、消化科和泌尿科器械处主管	301-796-5484
一般医院器械处主管	301-796-5770
执法部门 B 主任，WO66，3656	301-796-5540
执法部门 B 副主任	301-796-5540
主要消费者安全官员（CSO）	301-796-5593
软件专家	301-796-5543
心脏节律和电生理器械处主管	301-796-5540
血管和循环支持器械处主管	301-796-5540
骨科和物理治疗器械处主管	301-796-5588
放射科、麻醉科、神经系统器械处主管	301-796-5540
体外诊断设备评估和安全办公室主任，WO66，5680	301-796-5453
患者安全和产品质量副主任	301-796-6225
新产品评价副主任	301-796-5454
交流、教育和辐射项目办公室主任，WO66 4312	301-796-5716
乳腺放射成像质量和辐射项目部门主任，WO66 4680	301-796-5713
电子产品处主管	301-796-5863
X 射线诊断设备处主管	301-796-5895
检查和合规处主管	301-796-5911
4. 食品安全与应用营养中心（CFSAN）	
合规办公室（OC）主任，HFS-600	240-402-2359
副主任（OC），HFS-600	240-402-1364
执行部门，HFS-605	240-402-1750
召回和产品修复团队，HFS-605	240-402-1742
食品掺假评价部门，HFS-607	240-402-1611

（续表）

标签和膳食补充剂合规团队，HFS-608	240-402-2148
现场项目和指导部门，HFS-615	240-402-1988
现场项目处	240-402-2774
合规信息处	240-402-1910
化妆品和色素办公室（OCAC）主任，HFS-100	240-402-1130
化妆品工作人员，HFS-125	240-402-1124
色素认证和技术部门，HFS-105	240-402-1108
营养、标签和膳食补充剂办公室主任，HFS-800	空缺
副主任（ONLDS），HFS-800	240-402-1761
食品标签和标准工作人员，HFS-820	240-402-2371
营养项目工作人员，HFS-830	240-402-1450
膳食补充剂计划部门，HFS-810	240-402-1850
婴儿配方食品和医疗食品工作人员，HFS-850	240-402-1459
食品安全办公室主任（OFS），HFS-300	240-402-1700
副主任（OFS），HFS-300	空缺
食品加工评估团队，HFS-302	240-402-1781
海鲜产品科学技术部门，HFS-400	251-690-3368
食品加工科学技术部门，HFS-450	708-728-4154
植物和乳类食品安全部门，HFS-315	240-402-1488
食品零售和合作项目协调工作人员，HFS-320	240-402-2149
生产安全工作人员，HFS-317	240-402-1636
海鲜产品安全部门，HFS-325	240-402-1422
监管科学办公室（ORS）主任，HFS-700	空缺
副主任（ORS），HFS-700	240-402-1908
分析化学部门，HFS-705	240-402-1898
微生物学部门，HFS-710	240-402-2020
生物分析化学部门，HFS-715	240-402-1786
5. 兽药中心（CVM）	
监督和合规办公室主任，HFV-200	240-453-6830

（续表）

副主任，HFV-200	240-453-6830
监督部门主任，HFV-210	240-276-9062
销售产品信息团队负责人，HFV-212	240-276-9075
未经批准的危险和司法审查团队负责人，HFV-214	240-276-9063
医疗审查批准后的审查团队负责人，HFV-216	240-453-6802
动物饲料部门主任，HFV-220	240-453-6864
动物饲料安全团队负责人，HFV-222	240-453-6851
配料安全团队负责人，HFV-224	240-453-6879
加药饲料团队负责人，HFV-226，	240-453-6858
营养和标签团队负责人，HFV-228	240-453-6866
合规部门主任，HFV-230	240-276-9200
进口/投诉/应急/召回团队负责人，HFV-231	240-276-9237
上市后的合规团队负责人，HFV-232	240-276-9204
药物残留合规团队负责人，HFV-233	240-276-9209
上市前的合规和行政行为团队负责人，HFV-234	240-276-9238
计划和业务支持团队负责人，HFV-235	240-276-9209
兽用产品安全部门主任，HFV-240	240-453-6844
药物不良事件审查团队负责人，HFV-241	240-276-9068
不良事件审查团队负责人，HFV-242	240-276-9056
数据管理和分析团队负责人，HFV-243	240-276-9071
6. 烟草制品中心（CTP）	
合规和执行办公室（OCE）主任	301-796-9295
副主任	301-796-8569
监管事务处联络、一般查询	301-796-9338
执行和生产部门主任	301-796-5533
宣传、广告和标签的合规部门	301-796-9235
州计划部门主任	301-796-9297

FDA

第二章
食品药品管理局权限

第一节 | 美国联邦司法系统

一、美国地区法院

美国 50 个州共有 89 个地区，区域划分列于美国法典 28 条 81-144 节。波多黎各、维尔京群岛、哥伦比亚特区、关岛及北马里亚纳群岛也设有地方法院。美国地区法院总计 94 个。一些州，如阿拉斯加由单个司法区域构成。其他州，如加利福尼亚由多个司法区域构成。分配到每个地区法院的法官数量详见美国法典 28 条 133 节。美国地区法院的目录及相关规定详见网站 http://www.uscourts.gov/rules/distr–localrules.html.

二、美国巡回上诉法院

美国司法巡回区共 13 个，每个区均有一个上诉法院。其中最小的法院是第一巡回法院，拥有 6 名法官，最大的法院是第九巡回法院，拥有 28 名法官。每个设有巡回法院的州目录详见美国法典 28 条 41 节，每个巡回法院拥有的法官数量详见美国法典 28 条 44 节。巡回法院的规定可见于网址：

http://www.uscourts.gov/RulesAndPolicies/rules/current-rules.aspx.

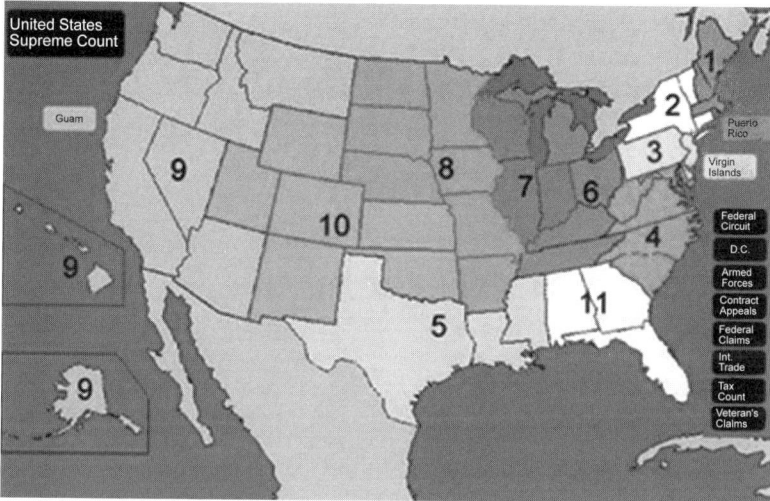

美国巡回上诉法院分布图

加上美国联邦巡回上诉法院和哥伦比亚特区巡回法院，使巡回法院的总数达到 13 个。其他的信息可见于下面的网站：http://www.loc.gov/law/guide/usjudic.html.

三、美国最高法院

美国最高法院由首席法官和 8 名大法官组成。最高法院在国会确定的指导原则范围内，根据其自由裁决权，每年只审理和决定数量有限的案件。这些案件可能来源于联邦法院或州立法院，通常这些案件涉及宪法或者联邦法律方面的重大问题。更多关于最高法院的信息请访问网址：http://www.supremecourt.gov.

第二节 | 《联邦食品药品及化妆品法》的选择性修正条款

以下列出的是对《联邦食品、药品及化妆品法》(FD&C Act) 的选择性修正条款。这些修正条款按字母顺序排列，注有相应的颁布日期。

这些修正条款也可与《联邦食品、药品及化妆品法》的重大修正案一起在 http://www.fda.gov/RegulatoryInformation/Legislation/FederalFoodDrugandCosmeticAct FDCAct/SignificantAmendmentstotheFDCAct 网站中列出。

序号	法案名称和日期	网页标题	网址
一	动物仿制药使用者付费法案(ADUFA)，2008年8月14日	兽药中心（CVM）的 ADUFA 页面	http://www.fda.gov/ForIndustry/UserFees/AnimalDrugUserFeeActADUFA
二	动物治疗用药品使用说明法案(AMDUCA)，1994年10月22日	CVM 的法案及规章制度页面	http://www.fda.gov/AnimalVeterinary/GuidanceComplianceEnforcement/ActsRulesRegulations/

（续表）

序号	法案名称和日期	网页标题	网址
三	禁止毒品滥用法案，2008 年 8 月 14 日	CVM 的 ADUFA 页面	http://www.fda.gov/ForIndustry/UserFees/AnimalDrugUserFeeActADUFA
四	儿童最佳药品法案（BPCA），2002 年 1 月 4 日。BPCA 是对 1997 年的 FDA 现代化和责任法案（FDAMAA）中的儿科研究条款的重新授权。	儿科产品开发页面	http://www.fda.gov/drugs/developmentapprovalprocess/developmentresources/ucm049867.htm
五	食品添加剂及非处方药品消费者保护法（DSNPDCPA），2006 年 12 月 22 日	非处方药品及食品添加剂页面	http://www.fda.gov/Safety/Med Watch/HowToReport/ucm085680.htm.
六	食品添加剂健康与教育法案（DSHEA），1994 年 10 月 25 日	食品添加剂页面	http://www.fda.gov/food/dietary supplements.
	注意：DSHEA 不适用于动物用途的产品。有关这些动物使用产品合适的指导应向 CVM 的合规办公室电话咨询：240–276–9200	FDA 的 CVM 的合规办公室（OCE）	http://www.fda.gov/AnimalVeterinary/GuidanceComplianceEnforcement/ComplianceEnforcement
七	药品价格竞争及专利期限恢复法案（DPCPTRA），1984 年 9 月 24 日	DPCPTRA 在美国政府出版局页面上	http://www.gpo.gov/fdsys/pkg/STATUTE-98/pdf/STATUTE-98Pg1585.pdf
	DPCPTRA 包含两个标题：标题 1：授权仿制药在简化新药审批程序 (ANDA) 下进行审批。	该法案的信息见托马斯政府的法案摘要	http://thomas.loc.gov/cgibin/bdquery/z?d098:SN01538:@@@D&summ2=m&|TOM:/bss/d098query.html

（续表）

序号	法案名称和日期	网页标题	网址
	标题 2：授权延长获批新药产品的专利期限，包括抗生素、生物药品、某些医疗器械、食品添加剂和着色剂。	专利信息可见 FDA 橙皮书页面	http://www.accessdata.fda.gov/scripts/cder/ob/default.cfm

八、动物药品使用者费用法案（ADUFA）

动物药品使用者费用法案(ADUFA)，2008 年 8 月 14 日，可在 http://www.fda.gov/ForIndustry/ UserFees/AnimalDrugUserFee ActADUFA 网站兽药中心（CVM）的 ADUFA 页面获得。

九、动物治疗用药品使用说明法案（AMDUCA）

动物治疗用药品使用说明法案（AMDUCA），1994 年 10 月 22 日，可在 http://www.fda.gov/AnimalVeter inary/GuidanceComplianceEnfo rcement/ActsRulesRegulations/ 网站 CVM 的法案及规章制度页面获得。

十、禁止毒品滥用法案

管制药品法案，1988 年 11 月 11 日，有关该法案的相关信息可在 http://www.fda.gov/regulatoryinformation/legislation/ucm148726.htm 上获得。它包括禁止毒品滥用法案，该法案由 FDA 监管，并可在 http://www.gpo.gov/fdsys/pkg/STATUTE102/pdf/STATUTE–102–Pg4181.pdf 上获得。

十一、儿童最佳药物法案（BFCA）

儿童最佳药物法案，2002 年 1 月 4 日。BPCA 是对 1997 年的 FDA 现代化和责任法案（FDAMAA）中的儿科研究条款的重新授权。相关信息可从 http://www.fda.gov/drugs/developmentapprovalprocess/develo pmentresources/ucm049867.htm 网站的儿科产品开发页面获得。

十二、食品添加剂及非处方药品消费者保护法（DSNPDCPA）

食品添加剂及非处方药品消费者保护法，2006 年 12 月 22 日，相关信息可从 http://www.fda.gov/Safety/Med Watch/HowToReport/ucm085680.htm 网站的非处方药品及食品添加剂页面获得。

十三、食品添加剂健康与教育法案（DSHEA）

食品添加剂健康与教育法案，1994 年 10 月 25 日，有关信息可从 http://www.fda.gov/food/dietary supplements 网站的食品添加剂页面获得。

注意：该法案不适用于动物用途的产品。有关这些动物使用产品合适的指导应向 CVM（http://www.fda.gov/AnimalVeterinary）的合规部门（http://www.fda.gov/AnimalVeterinary/GuidanceComplianceEnforcement/ComplianceEn forcement）电话咨询：240-276-9200。

十四、药品价格竞争及专利期限恢复法案（DPCPTRA）

药品价格竞争及专利期限恢复法案 (http://www.gpo.gov/fdsys/pkg/STATUTE-98/pdf/STATUTE-98-Pg1585.pdf)，1984 年 9 月 24 日，这部法案包含两个标题：

标题 1：授权仿制药在简化新药审批程序（ANDA）下进行审批。

标题 2：授权获批新药产品的专利期限延长（包括抗生素、生物药品）、一些医疗器械、食品添加剂和着色剂。

有关信息可从 http://thomas.loc.gov/cgibin/bdquery/z?d098:SN01538:@@@D&summ2=m&|TOM:/bss/d098query.html 网站的托马斯政府的法案摘要和 http://www.fda.gov/newsevents/testimony/ucm115033.htm 网站的 FDA 的法案陈述获得。专利信息可从 http://www.accessdata.fda.gov/scripts/cder/ob/default.cfm 网站的 FDA 橙皮书页面（http://www.fda.gov/Orange Book）获得。

十五、药品质量和安全法案（DQSA）

药品质量和安全法案 (https://www.congress.gov/bill/113th-congress/housebill/3204/text)，2013 年 11 月 27，该法案包含两个标题：

标题 1：http://www.fda.gov/drugs/GuidanceComplianceRegulatoryInformation/PharmacyCompounding 网站的合成质量法案，陈述了人用药品的合成。有关信息可从 http://www.fda.gov/drugs/GuidanceComplianceRegulatoryInformation/PharmacyCompounding 网站的 FDA 合成页面上获得。

标题 2：http://www.fda.gov/Drugs/DrugSafety/DrugIntegrityandSupplyChainSecurity 网站的药品供应链安全法案 (DSCSA)，概述了可互操作的电子系统对在美国流通的某些处方药进行识别和跟踪的步骤。

其他信息可从 http://www.fda.gov/Drugs/DrugSafety/DrugIntegrityandSupplyChainSecurity 网站的药品完整供应链页面获得。

十六、电子产品辐射控制法案（EPRCA）

1990 年的电子产品辐射控制法案（21 U.S.C. 360hh−360ss），是 1968 年 10 月 18 日辐射控制健康安全法案 (http://www.gpo.gov/fdsys/pkg/STATUTE−82/pdf/STATUTE82−Pg1173.pdf)

的新名称（以前在 42 U.S.C. 263c−263n）。所作的修改作为 1990 年安全医疗器械法案 (SMDA) (http://www.gpo.gov/fdsys/pkg/STATUTE−104/pdf/STATUTE−104−Pg4511.pdf) 的一部分，而安全医疗器械法案本身通过 FDA 修正案（http://www.fda.gov/regulatoryinformation/legislation/federalfooddrugandcosmeticactfdca ct/significantamendmentstothefdcact/foodanddrugadministrationamendmentsactof2007/ default.htm）修改。其他信息可从 http://www.fda.gov/radiationemittingproducts/electronicproductradiationcontrolprogram/lawsandregulations/ucm118 156.htm 网站的电子产品辐射控制规定概述页面获得。

十七、家庭吸烟预防及烟草控制法案（烟草控制法案）

家庭吸烟预防及烟草控制法案（烟草控制法案）(http://www.accessdata.fda.gov/scripts/tobaccocontrol/index.cfm)，2009 年 6 月 22

日，可从 http://www.fda.gov/TobaccoProducts/GuidanceComplianceRe
gulatoryInformation/ucm2 98595.htm 网站的烟草控制法案页面获得。

十八、食物过敏原标记及消费者保护法案（FALCPA）

关于食物过敏原标记及消费者保护法案 (http://www.fda.gov/food/
guidanceregulation/guidancedocumentsregulatoryinformation/allergens/
ucm106187.htm)，2004 年 8 月 2 日，其他的相关信息可从 http://
www.fda.gov/Food/GuidanceRegulation/GuidanceDocumentsRegulatory
Information/Allergens 网站的食物过敏原指导文件和监管信息页面
获得。

十九、2007 年的食品和药品管理局修正法案（FDAAA）

食品和药品管理局修正法案，2007 年 9 月 27 日，可从 http://www.
fda.gov/regulatoryinformation/legislation/federalfooddrugandcosmeticact
fdcact/significantamendmentstothefdcact/foodanddrugadministrationame
ndmentsactof2007 获得。

经 FDAAA 修正的与设备相关的立法的信息可从 http://www.gpo.
gov/fdsys/pkg/STATUTE–104/pdf/STATUTE–104–Pg4511.pdf 网站的
1990 年的医疗器械安全法案（SMDA）（1990 年 11 月 28 日），以
及 http://www.gpo.gov/fdsys/pkg/STATUTE–106/pdf/STATUTE–106–
Pg238.pdf 网站的 1992 年的医疗器械修正法案（1992 修正法）（1992
年 6 月 16 日）获得。

二十、食品和药品管理局出口改革和促进法案（FDAEREA）

食品和药品管理局出口改革和促进法案，1996 年 4 月 26 日，相关信息可从 http://www.fda.gov/RegulatoryInformation/Legislation/FederalFoodDrugandCosmeticAct FDCAct/SignificantAmendmentstotheFDCAct/ucm148005.htm 获得。

二十一、1997 年的食品和药品管理局现代化法案（FDAMA）

食品和药品管理局现代化法案（FDAMA），1997 年 11 月 21 日，相关信息可从 http://www.fda.gov/regulatoryinformation/legislation/federalfooddrugandcosmeticactfdcact/significantamendmentstothefdcact/fdama 获得。

二十二、食品和药品管理局安全和创新法案（FDASIA）

食品和药品管理局安全和创新法案（http://www.gpo.gov/fdsys/pkg/PLAW-112publ144/pdf/PLAW112publ144.pdf），2012 年 7 月 9 日，其相关信息可从 http://www.fda.gov/RegulatoryInformation/Legislation/FederalFoodDrugandCosmeticActFDCAct/SignificantAmendmentstotheFDCAct/FDASIA 网站的 FDASIA 页面获得。

二十三、食品质量保护法案（FQPA）

食品质量保护法案，1996 年 8 月 3 日，相关信息可从 http://www.fda.gov/RegulatoryInformation/Legislation/FederalFoodDrugandCosmeticActFDCAct/SignificantAmendmentstotheFDCAct/ucm148008.htm 获得。

二十四、食品安全现代化法案（FSMA）

食品安全现代化法案，2011 年 1 月 4 日，相关信息可从 http://www.fda.gov/RegulatoryInformation/Legislation/FederalFoodDrugandCosmeticActFDCAct/SignificantAmendmentstotheFDCAct/ucm148008.htm 获得。

二十五、仿制药物实施法案（GDEA）

仿制药物实施法案 (http://www.gpo.gov/fdsys/pkg/STATUTE106/pdf/STATUTE-106-Pg149.pdf)，1992 年 5 月 13 日，关于该法案的其他信息可从 http://www.fda.gov/ICECI/EnforcementActions/FDADebarmentList 网站的禁止页面获得。

二十六、健康促进和疾病预防修正案（HPDPA）

健康促进和疾病预防修正案，1984 年 10 月 30 日，相关信息可从 http://www.gpo.gov/fdsys/pkg/STATUTE-98/pdf/STATUTE-98-Pg2815.pdf 获得。

二十七、婴儿配方食品法案（IFA）

婴儿配方食品法案 (http://www.gpo.gov/fdsys/pkg/STATUTE-94/pdf/STATUTE-94-Pg1190.pdf)，1980 年 9 月 26 日，随后的 1986 年修正案（412 部分）规定了婴儿配方食品的营养需求量。相关信息可从 http://www.fda.gov/Food/GuidanceRegulation/GuidanceDocumentsRegulatoryInformati on/InfantFormula/ucm169730.htm 网站的关于婴儿配方食品的通告和检测的指南页面，以及从 http://www.fda.gov/

ohrms/dockets/ac/02/briefing/3852b1_01.htm 网站的婴儿配方食品咨询委员会会议简报页面上获得。

二十八、医疗器械修正案

医疗器械修正案，1976 年 5 月 24 日，相关信息可从 http://www.fda.gov/MedicalDevices/DeviceRegulationandGuidance/Overview 网站的器械管理概述页面，以及 http://www.fda.gov/AboutFDA/CentersOffices/OfficeofMedicalProductsandTobacco/CDRH/CDRHTransparency/ucm378714.htm 网站的医疗器械分类和再分类概述页面获得。

二十九、医疗器械使用者费用和现代化法案 (MDUFMAI,II 和 III) MDUFMA III

（ http://www.gpo.gov/fdsys/pkg/PLAW112publ144/html/PLAW-112publ144.htm ），2012 年 7 月 9 日，相关信息被涵盖在 FDASIA 中。其他信息可从 http://www.fda.gov/medicaldevices/deviceregulationandguidance/overview/medicaldeviceuserfeeandmodernizationactmdufma 网站的 MDUFMA 页面和 http://www.fda.gov/MedicalDevices/DeviceRegulationandGuidance/Overview/MDUFAIII 网站的 MDUFMA III 页面获得。

MDUFMA III 修订了 2002 年 10 月 26 日的 MDUFMA I（http://www.fda.gov/medicaldevices/deviceregulationandguidance/overview/medicaldeviceuserfeeandmodernizationactmdufma/ucm109133.htm ）。
MDUFMA III

（http://www.fda.gov/medicaldevices/deviceregulationandguidance/
overview/medicaldevic euserfeeandmodernizationactmdufma/
ucm109316.htm）被涵盖在 2007 年的 FDAAA（http://www.fda.gov/
RegulatoryInformation/Legislation/FederalFoodDrugandCosmeticActFD
CAct/SignificantAmendmentstotheFDCAct/FoodandDrugAdministration
AmendmentsActof2007/FullTextofFDAAALaw），2007 年 9 月 27 日。

三十、小用途和小种动物健康法案（MUMS）

小用途和小种动物健康法案，2004 年 8 月 2 日，相关信息可从
http://www.fda.gov/AnimalVeterinary/DevelopmentApprovalProcess/
MinorUseMinorSpecies 网站 MUMS 资源页面获得。

三十一、营养标签与教育法案（NLEA）

营养标签与教育法案（http://www.fda.gov/iceci/inspections/
inspectionguides/ucm074948.htm），1990 年 11 月 8 日，相关信息
可从 http://www.fda.gov/Food/GuidanceRegulation/GuidanceDocume
ntsRegulatoryInformation/LabelingNutrition 网站的标签 & 营养指导
文件 & 监管信息页面，以及 http://www.fda.gov/iceci/inspections/
inspectionguides/ucm074948.htm 网站的 NLEA 要求的检查指南页
面获得。

三十二、罕见病治疗药物法案（ODA）

罕见病治疗药物法案（http://www.fda.gov/regulatoryinformation/
legislation/federalfooddrugandcosmeticactfdcact/significantamendmen
tstothefdcact/orphandrugact），1998 年 4 月 18 日，相关信息可从
http://www.fda.gov/ForIndustry/DevelopingProductsforRareDiseasesCon

ditions/HowtoapplyforOrphanProductDesignation/ucm356481.htm 网站的罕见病治疗药物监管历史页面，和 http://www.fda.gov/forindustry/DevelopingProductsforrareDiseasesConditions 网站的行业要求页面获得。1988 年的 ODA 修订了 1983 年 1 月 4 日的罕见病治疗药物法案（http://www.gpo.gov/fdsys/pkg/STATUTE-96/pdf/STATUTE-96-Pg2049.pdf）。

三十三、流行病和危险预防再授权法案（PAHPRA）

流行病和危险预防再授权法案（http://www.gpo.gov/fdsys/pkg/PLAW-113publ5/pdf/PLAW113publ5.pdf），2013 年 3 月 13 日，相关信息可从 http://www.fda.gov/EmergencyPreparedness/Counterterrorism/MedicalCountermeasures/MCMLegalRegulatoryandPolicyFramework/ucm2007271.htm#PAHPRA 网站的与医疗对策（MCM）相关的立法的页面获得。

PAHPRA 更新并重新授权 2006 年 12 月 19 日的流行病和危险预防法案（PAHPRA）（http://www.gpo.gov/fdsys/pkg/PLAW-109publ417/pdf/PLAW109publ417.pdf）的相关规定；2005 年 12 月 30 日的公众准备和紧急状态预防法案（PREP 法案）（http://www.gpo.gov/fdsys/pkg/PLAW-109publ148/pdf/PLAW109publ148.pdf）和 2002 年 6 月 12 日的公共健康安全和生物恐怖活动预防和应对法案（生物恐怖活动法案）（http://www.fda.gov/RegulatoryInformation/Legislation/ucm148797.htm）的相关规定。医疗对策（MCM）的一般信息、紧急状态预防和应对以及各种近期的反恐怖主义立法可从 http://www.fda.gov/EmergencyPreparedness/Counterterrorism/MedicalCountermeasures/MCMLegalRegulatoryandPolicyFramework/ucm2007271.htm 网站与 MCM 相关的立法页面获得。

三十四、儿科研究公平法案（PREA）

2003 年 12 月 2 日 的 PREA(http://www.fda.gov/downloads/Drugs/
DevelopmentApprovalProcess/DevelopmentResources/UCM077853.pdf)
，已经被随后的立法修订。见 FDASIA 里的儿科规定页面和 2007
年 9 月 27 日的食品药品管理局修正法案（FDAAA）（http://www.
fda.gov/RegulatoryInformation/Legislation/FederalFoodDrugandCosmeti
cActFDCAct/SignificantAmendmentstotheFDCAct/FoodandDrugAdmini
strationAmendmentsActof2007/FullTextofFDAAALaw）页面。

三十五、1987 年的处方药营销法案（PDMA）

有关 PDMA（1988 年 4 月 22 日 ）的信息见 http://www.fda.gov/
RegulatoryInformation/Legislation/FederalFoodDrugandCosmeticActFD
CAct/SignificantAmendmentstotheFDCAct/PrescriptionDrugMarketingA
ctof1987/。

三十六、处方药使用者费用法案（PDUFA）

有关 PDUFA（1992 年 10 月 29 日 ）（http://www.fda.gov/RegulatoryInformation/
Legislation/FederalFoodDrugandCosmeticActFDCAct/SignificantA
mendmentstotheFDCAct/PrescriptionDrugAmendmentsof1992Pres
criptionDrugUserFeeActof1992）的信息可从针对行业的 PDUFA
（http://www.fda.gov/ForIndustry/UserFees/PrescriptionDrugUserFee）
页面和针对小企业的 PDUFA(http://www.fda.gov/Drugs/
DevelopmentApprovalProcess/SmallBusinessAssistance/uc m069943.
htm) 页面获得。

三十七、生物反恐法案

2004 年 7 月 21 日的生物反恐法案（http://www.gpo.gov/fdsys/pkg/
PLAW108publ276/pdf/PLAW-108publ276.pdf），FDA 的紧急状态预
防和应对信息和更多近期的生物反恐立法可从 http://www.fda.gov/
EmergencyPreparedness/Counterterrorism/MedicalCountermeasures/
MCMLegalRegulatoryandPolicyFramework/ucm2007271.htm 网站的与
MCM 相关的立法页面获得。

第三节 | **其他法律**

一、公共卫生服务法案——生物制品（F部分1）

在公共卫生服务法案（PHS法案）的规定下，允许销售生物制品。然而，因为大多数生物制品也符合联邦食品药品和化妆品法案中药品的定义（FD&A法案），所以它们也遵循FD&C法案的条款。

生物制品是一种病毒、治疗血清、毒素、抗毒素、疫苗、血液、血液成分或者衍生物、过敏的产品或类似的产品，或砷凡钠明或其衍生物（或任何其他三价有机砷化合物），用于预防、治疗或治愈人类疾病或健康状况。例如，生物制品包括各种疫苗、类毒素、皮试抗原、变应原提取物、血液和血液制品，以及一定的用于生物制品检测的体外检测试剂盒。PHS法案要求制造进入州际商业的生物制品的个人或公司持有产品许可证，这些许可证由FDA生物制品评估和研究中心（CBER）颁发。用于兽医用途的生物制品受美国农业部制定的独立的法律《病毒、血清和毒素法案》约束。

1996年5月，FDA修订了生物制品规章以取消某些生物技术制品和合成生物制品根据公共卫生服务法案（PHS 法案）需要进行的企业许可申请（ELA）。这些产品的制造商只需要提交生物制品许可申请（BLA），从而使企业投入更多的资源以确保制造过程得到适当的验证，投入较少的资源向机构提交文件。生物制品许可申请（BLA）可用于指定的生物技术产品，如通过重组 DNA 技术和单克隆抗体生产的产品。这种监管的变化将为行业在不减少公共卫生保护的情况下减少不必要的负担。

公共卫生服务法案（PHS 法案）还在存在公众健康危险的情况下，规定立即暂停许可的权限。该法规还允许我们在短缺的情况下和重大的公众健康需求的情况下准备和采购产品，并授权创建和实施规章以防传染性疾病在美国和 / 或国家之间的引入或传播。该法案也在生物技术产品管理方面提供了重要的灵活性，这有利于引进和开发新的药物。

公共卫生服务法案（PHS 法案）规定，制造商必须清楚地标记生物制品的适当名称，制造商的名称、地址和生产许可证编号，以及产品适当的到期日期。任何人不得虚假标注任何含有生物制品的包装。公共卫生服务法案授权对生物制品生产企业进行检查。第 351 节规定了对违法行为民事罚款、罚金和监禁，并规定了生物制品的出口要求。

二、公共卫生服务法案
——传染性疾病的控制（G 部分）

公共卫生服务法案（PHS 法案）的 361 部分授权创建和实施规章，以防传染性疾病从国外进入美国或领地、或在美国和领地之间进行传入、传播或扩散。这些规章规定可以对发现感染或污染以及成为人类危险感染源的动物或物品检查、熏蒸、消毒、卫生、灭虫和销毁。

见公共卫生服务法案 42 U.S.C. 264–272, 42 U.S.C. 264–272, 1944.7.1，并于 1957, 1958, 1960 和 1976 年修订。

三、乳腺 X 光摄像质量标准法案（1992 年）

乳腺 X 光摄像质量标准法案（MQSA）是于 1992 年 10 月 27 日签署成为法律以建立国家乳腺 X 光摄像质量标准。乳腺 X 光摄像质量标准法案（MQSA）要求在 1994 年 10 月 1 日之后提供合法的乳腺 X 光摄像服务，所有的设施，除了退伍军人事务部的设施，必须经批准的认证机构认证并且，由健康与人类服务部或经国家认可的鉴定机构颁发证书。批准认可机构、国家鉴定机构和鉴定设施的职能由卫生部长授权给食品药品监督管理局。

1997 年 10 月 28 日，FDA 在联邦文件公布实施乳腺 X 光摄像质量标准法案（MQSA）的规定。规定（21 CFR 900 部分）在 1999 年 4 月 28 日生效。1998 年 11 月，FDA 编纂所有与乳腺 X 光摄像质量标准法案（MQSA）相关的最终指导到一个计算机化的可搜索的政策指导帮助系统。政策指导帮助系统可见于网址：

http://www.fda.gov/Radiation–EmittingProducts/MammographyQualityStandardsActandProgram/Guidance/PolicyGuidanceHelpSystem/default.htm.

同样可见于 FDA 的网站：

http://www.fda.gov/RegulatoryInformation/Legislation/ucm148794.htm.

四、联邦反篡改法案（1983 年）

1983 年 10 月 13 日，美国总统签署了联邦反篡改法案（P.L. 98-127）。该法案修改了美国法典（U.S.C）第 18 册以确立对篡改消费者产品意图造成伤害或死亡的分级处罚。处罚范围从最高 25,000 美元和 10 年监禁（在企图篡改的情况下）到最高的 100,000 美元和终身监禁（在篡改导致死亡的情况下）。

此外，联邦反篡改法案（FATA）确立对以下的处罚：

1. 篡改或错标消费者产品意图损害一个企业。

2. 故意传播消费产品被污染的虚假信息，如果这种污染发生，将会造成死亡或人身伤害的风险。

3. 威胁要对消费产品进行篡改，以引起死亡或人身伤害的风险。

4. 阴谋篡改消费产品。

"消费产品"是受联邦反篡改法案（FATA）调整的任何物品且美国食品药品监督管理局是调查违法行为的指定机构。

其他的信息见 FDA 网站：

http://www.fda.gov/RegulatoryInformation/Legislation/ucm148785.htm.

五、信息自由法案（1966 年）

信息自由法案（FOIA）（P.L. 104-231）在 1966 年经议会通过并在 1974 年进行修改（5 U.S.C. 552）。信息自由法案（FOIA）创立任何公众成员可以获取联邦政府机构的记录的程序。信息自由法案（FOIA）的 552（a）部分指导政府机构公开某些种类的记录并叙述了要求公开的方式。

信息自由法案（FOIA）仅适用于联邦机构，不产生获取议会、法院或者州或地方政府机构记录的权利。每个州都有自己的公共访问的法律，其应该顾及对州和地方的记录的访问。

像所有的联邦机构一样，食品药品管理局在信息自由法案（FOIA）的要求下，公开任何人以书面方式要求公开的记录。但是，机构可以根据包括在法规中的九免三排除拒绝公开信息。

信息自由法案（FOIA）包括六个部分。前两个部分确定某些必须被联邦机构主动公开的信息种类。信息自由法案（FOIA）的（a）（1）部分要求通过联邦信息文件档进行信息公开，如机构组织、功能、程序、实体规则的叙述和一般政策的陈述。该要求规定有关机构事务处理的最基本信息主动向公众公开。

信息自由法案（FOIA）的（a）（2）部分要求某些类型的记录——呈现案件审理的最后意见、具体的政策声明、某些行政人员手册和一些以前根据法案处理后公开的记录——常规地"供公众查阅和复制"。 在食品药品管理局（FDA），这通常是通过 FDA 的两个"阅览室"完成的。并且作为电子信息自由法案修正案(以下简称 EFOIA）的结果,在阅览室的很多记录同样也存在于 FDA 的"

电子阅览室"里。

FDA 网站的相关链接：

http://www.fda.gov/foi/foia2.htm.

http://www.usdoj.gov/oip/amended-foia-redlined.pdf

http://www.fda.gov/RegulatoryInformation/FOI/ReferenceMaterials/
default.htm.

关于信息自由法案（FOIA）的其他信息和指南，可见美国食品药品管理局内部网站上的信息公开手册。

六、电子信息自由修正案（1996 年）

1996 年的电子信息自由信息修正案 (E-FOIA) 是由信息自由法案 (FOIA) 在 1996 年修订的，增加了一项机构必须建立电子阅览室的要求。阅览室必须包含机构政策手册、案件审理中的意见和信息自由法案 (FOIA) 发布的记录索引，它们有可能会成为后续的信息自由法案 (FOIA) 要求的主题。

此外，电子信息自由信息修正案（E-FOIA）：

1.10 到 20 个工作日内 (节假日除外)，机构须对信息要求作出回应。

2. 要求机构作出合理的努力，使记录以请求者想要的形式获得。

3. 要求机构按照财政年度，提交一份 FDA 信息自由法案报告。

4. 要求机构能让报告通过电脑远程交流或其他电子方式使公众获得。

5. 要求机构列出他们的主要信息系统记录定位系统和参考指南或获取信息指南

6. 要求 E–FOIA 的规定在具体的日期前实施。

七、卫生食品运输法案（1990 年）

卫生食品运输法案（P.L. 101–500）要求运输部（DOT）在和卫生与人类服务部、环境保护机构和美国农业部磋商后，发布规定食品、食品添加剂、化妆品、药品和医疗器械安全运输的规章。这些要求包括发生在用于运输非食品产品或废物的车辆中的安全运输，和使用专用车辆运送危险物质（如石棉或市政废物）的安全运输。卫生食品运输法案（SFTA）在接受的州同意协助执行的情况下，批准将指定的开展机动车安全援助计划的基金用做食品运输检查的资金。运输部（DOT）需要颁布规定

法规见 49U.S.C.5701，更多信息可见 FDA 网站：

http://www.fda.gov/RegulatoryInformation/Legislation/ucm148790.htm.

八、农药监测改进法案（1988 年）

1988 年 8 月 23 日，美国总统签署了综合贸易和竞争力法案（P.L.

100–418）。1988 年的农药监测改进法案包含在其中，此法案旨在改进美国食品药品管理局使用的确定在食品中的农药残留的分析方法。特别是，G 部分要求 FDA 将其农药监测活动电脑化，以汇总通过电脑化的监控活动收集的信息摘要，并将其摘要和报告提供给联邦和州政府机构和其他利益人。

农药监测改进法案（PMIA）还要求健康与人类服务部（HHS）试图达成与美国进口食物来源国的政府间合作协议，以更好地使 FDA 确保农药符合残留量要求，或以其他方式获取协议中不能得到的进口食品使用农药的信息。最后，农药监测改进法案（PMIA）要求健康与人类服务部（HHS）与美国环境保护署（EPA）磋商制定关于开发新的和改进的农药残留检测方法的长远计划，并向合适的国会委员会作出报告和建议。

农药监测改进法案（PMIA）见于 21 U.S.C 1401–1403 节 4702、4703 和 4704 部分，作为综合贸易和竞争法案的一部分被包括在内。

九、艾滋病修正案（1988 年）

艾滋病修正案（P.L. 100–607）建立了广泛的研究、咨询、检测、教育计划和信息计划和获得性免疫缺陷症的病人（艾滋病）的医疗保健。出于美国食品药品管理局的利益，规定了卫生和人类服务部部长的要求。

1. 要求健康与人类服务部鼓励对艾滋病治疗有潜在效果的药物制造商去申请法案下的研究豁免。健康与人类服务部有权通过对制造商、研究者和医师的补助或者协议的方式提供技术支持以加快新药的申请提交和根据治疗用研究新药申请新药的可利用性。

2. 要求健康与人类服务部建立一个包括根据研究新药申请（INDS）而使用的艾滋病药物的临床试验和信息记录、包括治疗用研究新药申请、有关这些药物的替代保密性规定在内的资料库。

3. 授权健康与人类服务部在 1990 年 10 月 1 日之前，增加 780 个公共卫生服务（PHS）的新职位，并要求部长三个月后向国会报告在机构间的分配情况。

4. 要求人事管理办公室、总务管理局（GSA）在请求后的 21 天内，对来自 FDA 和公共卫生服务（PHS）机构的人事和行政支持的优先请求作出回应。

5. 建立国家艾滋病委员会，评估临床试验的充分性，并对简化有关 FDA 批准新药和医疗器械的规定（包括批准发布实验药物的程序）提出建议。

6. 要求部长向国会提交一份有关艾滋病的部门所有支出的年度报告。

7. 要求国家过敏和传染病研究所（NIAID），在咨询 FDA 后，建立艾滋病临床研究审查委员会。委员在临床实践中是医生，他们为国家过敏和传染病研究所（NIAID）在进行适当的研究活动（包括药物的研究，关于艾滋病的临床治疗）方面提供建议。

8. 在咨询 FDA 后，授权国立卫生研究所（NIH），给基于社区的组织进行经 FDA 批准的临床试验提供补助和合同，并要求 FDA 批准财政援助的申请。

9. 要求部长建立一个评估艾滋病患者使用未批准的药物的有效性和风险性的方案。

10. 要求部长在与食品药品管理局磋商后，建立一个关于献血和输血的研究和教育的方案。

11. 要求艾滋病患者的临床护理的补助计划必须为患者提供可利用的治疗方法（无论 FDA 同意的或尚未同意的）方面的信息和咨询服务。

12. 要求部长加快有关艾滋病研究项目的补助、合同和合作协议的授予，并要求向国会提交一份季度报告。

13. 要求部长请求美国科学院和其他研究院报告研究团队疫苗和药物研发的潜在使用。

十、铅基油漆中毒预防法案（1971 年）

铅基油漆中毒预防法案要求健康与人类服务部采取这样的步骤和利用这样的条件在 1971 年 1 月 13 日后禁止使用铅基油漆的任何炊具、酒具或餐具的生产和流通可能是必要的或是适当的。

法规见于 42 U.S.C. 4831。更多信息在 FDA 网站可见：

http://www.fda.gov/RegulatoryInformation/Legislation/ucm148755.htm.

十一、蛋品检查法案（1970 年）

1970 年制定的蛋品检查法案由美国农业部执行，对两大类鸡品——蛋制品和壳蛋提出了具体的检验要求以保证市场上的壳蛋和蛋制品合乎卫生。

该法案赋予了美国农业部和食品药品管理局执法权。联邦农业部官员或州官员代表美国农业部至少每三个月视察蛋品包装和孵化场以查看他们是否符合法律规定。运输、装运或接收壳蛋和蛋制品的企业也可能定期接受检查。根据蛋品检查法案，破碎、干燥和将壳蛋制成液体、冷冻或者干蛋制品的工厂必须根据美国农业部的连续检查程序进行操作。当鸡蛋被加工的时候，必须有一个官方的检查官员一直在场。该法适用于所有的破碎蛋品的工厂（无论其大小）和那些在当地、全国各地以及国外销售的产品。对不良壳蛋的处理进行控制以防止他们进入消费食品渠道。

蛋品检验法案，21 U.S.C 1031 部分，见：

http://www.fda.gov/RegulatoryInformation/Legislation/ucm148752.htm.

十二、公平包装和标签法案（1966 年）

1966 年颁布的公平包装和标签法案，在 1992 进行了实质性修改，禁止包装和标识消费品的任何人销售不按该法要求和实施规定进行包装和标识的消费品，见 15 U.S.C.1452。该法的目的是确保消费者根据消费品包装上的标签获得准确有用的商品信息。消费品包括如联邦食品药品和化妆品法案所定义的食品、药品、设备或化妆品和其他任何通过零售单位生产和销售的供个人使用和消费的物品、产品或商品，见 15 U.S.C. 1459（a）。根据其他法规和方案调整的肉类、家禽、烟草制品和特定的饮料、药品和农产品不包含在消费品的定义内，见 15 U.S.C. 1459（a）（1）–（5）。

法规见 15 U.S.C. 1451，在 FDA 网站上：

http://www.fda.gov/RegulatoryInformation/Legislation/ucm148722.htm.

十三、联邦牛奶进口法案

除了遵循 FFD&C 法案的要求，进口到美国的牛奶和奶油（包括甜炼乳）还应遵循由 FDA 执行的联邦牛奶进口法案（P.L. 69–625）。此类产品只有在一定的卫生条件和其他条件达到后才可能被允许进口。

十四、健康保险的流通与责任法案（1966 年）

1996 健康保险的流通与责任法案（HIPAA），标题 II（精简行政）要求部长发布若干规定，其中之一将保护个人可识别的健康信息的隐私。最终的"隐私"规则于 2000 年 12 月 20 日颁布，并于 2002 年 5 月 31 日和 2002 年 8 月 14 日进行了修改。隐私规则规定：涉及的实体不可使用或公开受保护的健康信息（"PHI"），但规则允许或要求的除外。它允许受保护的健康信息（"PHI"）继续用于治疗、付款或经营的目的。只在两种情况下要求披露：（1）根据个人的访问要求；（2）向部长确认符合规则。涉及实体被定义为健康计划、健康保健所和从事某些电子交易的卫生保健提供者。美国食品药品管理局不是一个被覆盖的实体。PHI 包括个人可识别的健康信息，并以任何形式或在任何介质中被涉及的实体电子化的传输或维护。

隐私规则允许涉及的实体在没有个人的同意或授权的情况下，出于与受 FDA 监管的产品或活动的质量、安全或有效性的公共健康目的，向受美国食品药品管理局管辖的个人或实体披露 PHI，这样的目的包括不良事件或者产品缺陷或问题的报告、FDA 监管产品的跟踪、能够实现产品召回、维修、更换或追踪和进行上市后的监测。隐私规则不是旨在阻止或防止不良事件报告或者否则会中断 FDA 完成其公共卫生活动所需的基本信息的流动。

隐私规则还允许涉及的实体根据在规则中的几个其他豁免，在未经同意或授权的情况下向 FDA 披露受保护的健康信息（PHI）。这些豁免包括：根据法律要求的使用或披露的情况；出于防止或控制疾病、伤害或残疾的目的（包括，但不限于进行公共卫生监督，开展公共卫生调查和公共卫生干预措施）；监督法律授权的活动（包括审计的、民事的、行政的或刑事的调查、检查、纪律处分，民事、行政、或刑事诉讼或其他行为，或其他对医疗保健系统进行适当监督的必要活动的）；在满足一定的条件下出于执法的目的。在这些情形下的信息披露，可能是目的所需的最低限度。在向他们的"事务相关者"公开受保护的健康信息之前，涉及的实体必须订立协议以保证事务相关者将根据隐私规则来维护信息。有时，一些涉及的实体，如医院，会错误地认为美国食品药品管理局是他们的事务相关者，在提供个人可识别的健康信息前要求美国食品药品管理局签署一份保密声明。美国食品药品管理局不是一个事务相关者，并不需要签署这样的声明。

关于健康保险的流通与责任法案（HIPAA）和隐私规则的其他信息见网页：http://www.hhs.gov/ocr/hipaa.

十五、司法平等法案（1980 年）

传统上，胜诉方不需支付诉讼费用。然而，这些费用不包含律师和专家证人的费用和支出。1980 年的司法平等法案（P.L. 96-481）以及后来的 1985 年修正案 (P.L. 96-481) 的目的是防止政府一方对可能没有经济实力去对抗政府不适当行为的个人和小企业的压迫行为。

根据司法平等法案（28 U.S.C. 2412），一方是指其净资产不超过 2,000,000 美元的个人或非法人企业、合伙企业、公司、协会的所有者或净资产不超过 7,000,000 美元和员工数不超过 500 的地方政府单位。合作农业协会和免税组织是可以不用考虑这些因素的各方。

起诉政府获胜的一方有权要求偿还合理的律师费、专家证人的费用和任何研究、分析、工程报告、检测费用或法庭认定的准备该方的案件所必要的项目费用。司法平等法案适用于民事诉讼，但不包含民事侵权行为（民事伤害索赔）。司法平等法案不适用于刑事案件。

根据司法平等法案，费用会被判给私人一方，"除非法院发现，政府的立场上具有实质合理性或那种特别的情况会导致裁决不公平。"

十六、量刑改革法案（1984 年）

1984 的量刑改革法案（1984 的综合犯罪控制法案标题 II）促进了刑罚基本目的指导原则的发展：震慑、取消资格、应得的惩罚和恢复原状。该法案授予委员会审查和合理化联邦量刑程序广泛的职权。

该法案包含了如何作出该决定的详细说明，其中最重要的部分在于指导委员会建立了犯罪行为和犯罪特征的分类。犯罪行为类别可能包括，如"银行抢劫/持枪犯罪/2500美元被抢"。犯罪特征类别可能是"有在先的没有导致监禁的定罪"。委员会需要规定指导范围，详细说明每一类定罪的人通过与犯罪行为类别和犯罪特征类别相一致来确定适当的判决。在指导原则要求监禁的情况下，范围必须要窄：最高范围最大不能超过最低界限的百分之二十五或者六个月。

根据该法案，宣判法庭必须在指导范围内选择量刑。然而，在特定的案件呈现出非典型特征的情况下，该法案允许法院不按照指导的原则，在规定的范围之外宣判。在那样的情况下，法院必须说明不按照指导原则的原因，见18 U.S.C.3553（b）。如果法院在指导范围内判决，上诉法院可以审查判决以确定指导原则被正确适用。如果法庭没有在指导范围内判决，上诉法院可以审查其合理性。见18 U.S.C.3742。该法案还废除了假释，并大幅度减少和重建良好行为的评定。

该指导原则在1987年11月1日生效，并适用于所有发生在当天和以后的犯罪。委员会有权在每年例行的国会会议开始和五月一日之间提交指导原则修正案。修正案在提交的180天后自动生效，除非和某项法律相抵触，见28 U.S.C.994（p）。

十七、犯罪与刑事诉讼程序

标题 18——犯罪

111 部分——攻击、抗拒、或阻碍某些官员或雇员

（一）一般来说，无论谁

1. 强行攻击、抗拒、对抗、阻碍、威胁或妨碍根据该条 114 节指派从事或负责公务执行的任何人。或

2. 强行攻击或威胁任何以前根据 1114 节被指派履行公务执行的人（在其任职期间）

在违反本条的行为只构成简单的攻击行为的情况下，将被处以罚款或不超过一年的监禁，或并处。并在其他所有情况下，将被处以罚款或不超过八年的监禁，或并处。

（二）加重处罚

无论是谁，在上述法案所描述的任何犯罪行为中，使用致命的或危险的武器（包括意图用武器意图造成死亡或危险，但由于武器有缺陷导致未遂的）或造成身体伤害的，应当根据该条处以罚款或不超过 20 年监禁，或者并处。

114 部分——美国官员和雇员的保护

任何人杀害或企图杀害任何美国或美国政府的任一部门（包括任

何穿制服服役的成员）的官员或雇员（当这些官员和雇员从事或履行公务的时候），或者任何协助这些官员或雇员履行公务的人，都应受到处罚。

371 部分——共谋犯罪或欺诈美国

如果两人或以上共谋对美国实行犯罪，或以任何方式为任何目的欺诈美国或其任何机构，并且一个或多个这样的人作出任何影响共谋目的的行为，都应处以罚款或不超过五年的监禁，或并处。

然而，如果共谋的目的是犯罪，但仅仅是一个轻罪，对这种共谋的处罚不应超过规定的对于这样的轻罪的最大处罚。

1001 部分——一般的陈述或记录

（一）除本条另有规定外，无论是谁，在美国政府的执法、立法或司法部门管辖范围内的任何事项上，明知且故意 --

1. 以任何欺骗、阴谋或手段篡改、隐瞒或掩盖重要事实；

2. 作出任何实质上的虚假的、虚构的、欺诈性的声明或陈达；或

3. 提出或使用任何虚假的书面材料或文件，明知其等同于包含任何虚假的，虚构的或欺诈性的陈述或记录。

应处以罚款或不超过 5 年的监禁，或并处。

（二）上面的（a）款不适用于法庭诉讼程序中的一方，或该方的

法律顾问在该程序中向法官或裁判官提交的声明、陈述、书面材料或文件。

（三）就立法部门管辖范围内的任何事项，上述（a）款只适用于——1.行政事务，包括：付款要求、有关财产或服务的采购、员工或雇员行为或后勤服务的事项、或者法律、规则或规章要求的提交到国会或立法部门内任何办公室或官员的文件；或

2.依据任何委员会、小组委员会、国会的委员会或办公室的职权进行的与众议院或参议院的适用规则相一致的任何调查或审查。

1341 部分——欺诈和诈骗

无论是谁，策划或意图策划任何阴谋或诡计以骗取、或以虚假的或欺诈性的借口、陈述或承诺的方式获得金钱或财产，或出售、处置、借出、交换、变更、赠送、分发、供应或者以非法目的提供或获得任何伪造的或虚假的硬币、证券或其他物品，或任何代表或暗示或引申为伪造或虚假的物品（出于实行该阴谋或诡计或意图实行该阴谋或诡计的目的），在任何邮局或委托寄存邮件的地方，放置任何通过邮政服务发送或投递的物品；或者寄存或使之寄存由任何私人的或商业的州际承运人发送或投递的任何物品；或从那里取走或接收任何物品；或故意通过邮件或承运人，根据其上的说明或者指明的收件人地址使之投递任何物品。这样的人将被处以罚款或不超过 20 年的监禁，或并处。如果违法行为对金融机构产生影响，这样的人将被处以罚不超过 1 000 000 美元的罚款或不超过 30 年的监禁，或并处。

1343 部分——电信、电台或电视诈骗

任何策划或意图策划任何阴谋或诡计以骗取或以虚假的或欺骗性的借口、陈述或承诺取得金钱或财产的人，通过洲际、国际商业中的电信、电台、电视通讯发送任何书面文字、标记、信号、图片或声音以实行该阴谋或诡计，应被处以罚款或不超过 20 年的监禁，或并处。如果这个违法行为金融机构产生影响，那么这样的人将被处以不超过 1 000 000 美元的罚款或不超过 30 年的监禁，或并处。

1505 部分——在部门、机构和委员会面前妨碍民事诉讼

无论是谁，企图逃避、规避、阻碍或妨碍整体的或部分的符合反垄断民事诉讼法规定的适时和适当的民事调查要求，故意拒绝提供、不如实陈述、从任何地方删除、隐瞒、掩盖、毁灭、毁损、篡改或以其他方式弄虚作假任何文件材料、书面质询的答复或口头证言；或企图这么做或唆使他人这么做；或

无论是谁，通过收买、威胁或暴力，或以任何恐吓信件或通信影响、妨碍或阻碍，或试图影响、阻碍或妨碍美国任何部门或机构对于任何正在进行的未决诉讼开展的正当和适当的执法活动，或者政府、或者政府或国会的联合委员会的任何委员会对于正在进行的调查或质询行使调查权力的行为。

根据该条应被处以罚款或不超过五年的监禁，或并处。

1905 部分——通常情况下的机密信息披露

无论是美国政府或其任何部门或机构的官员或雇员，任何代表美国联邦住房企业监管办公室的行为人或反垄断民事诉讼法（15 U.S.C. 1311–1314）定义的司法部的代理人，或是根据第 5 册 37 章被指派到机构的私营部门组织的员工，未经法律许可，以任何方式或在任何程度上将其在职业或公务过程中由于这样的部门或机构或其官员或雇员所做任何检查或调查的原因所得到的，或者向这样的部门或机构或其官员或雇员所提交的统计表、报表或记录或备案材料的原因所获得的任何信息公布、泄露、公开、或为人所知，这些信息涉及或有关商业秘密、工艺流程、业务操作、工作方式或设备、或有关身份、机密的统计数据、任何收入的数量或来源、任何个人、企业、合伙企业、公司或协会的利润、损失或支出额；或允许任何收入统计表或其副本、任何包括其摘要或细节的账簿被除法律规定以外的任何人进行查看或检查；违反此项规定的前述任何部门或机构的人员或雇员都应被处以罚款，或者不超过一年的监禁，或并处；并应从办公室或岗位上被开除。

FDA

第三章
委任

第一节 | 引言

本章描述了美国食品药品管理局委任其他政府官员的政策、程序、以及职责。本章还规定了 FDA 官员接受州委任的情况。

食品药品管理局的委任是由食品和药品专员将职权授予代表其行为的个人。任何州、领地或其行政区（此处指的是"州和地方官员"）的卫生、食品、药品官员或雇员出于法案目的，可被委任并代表食品药品管理局进行检查和调查。例如，一个受委任的官员可以根据协议、合作关系或出于其他工作共享协议的目的，代表食品药品管理局开展工作。对州或地方官员来说，在他们进行根据食品药品管理局授权的工作，如执行检查、检验、调查或收集样本和复制并验证记录的情况下，有必要携带证件。在其他情况下，仅需要以证书委任他们去接收和审查信息。

美国食品药品管理局制定其委任方案，使跨机构间的合作更有效，从而增加了为美国消费者提供公共健康保护的数量。美国食品药品管理局通过以下方式实现自己的目标。

1. 允许委任的联邦、州和地方官员根据《联邦食品、药品及化妆品法》（以下称为法案）702（a）（1）（A）的规定做出行为。

2. 使那些委任的官员通过审查 FDA 的信息，如受信息自由法案（FOIA）保护不得向公众披露的政策草案，有效地履行其职责。

由美国食品药品管理局委任的每一个州或地方官员都会获得一份委任证书。此外，某些被委任的在 FDA 授权的领域开展工作的官员将被提供一套证件。

本章重点介绍州和地方官员的委任，以及参考 FDA 的职权，根据 2002 年的公共健康安全和生物恐怖主义预防与应对法案（以下称为 BT 法案），委任来自其他联邦政府部门和机构的官员。

FDA 监管事务办公室合作关系办公室（OP）（HFC–150）对监督 FDA 的委任程序的实施负主要责任。对于州或地方官员，监管事务办公室地方食品药品主管（RFDDS）对实施程序负主要责任。对于联邦官员，美国 BT 法案所要求的机构间谅解备忘录（MOU）应包含有关委任程序实施的条款。基于此原因，那些条款被简要提及。

第二节 | 权限

法案的702（a）（1）（A）条款授权美国食品药品管理局"任何州、领地或其行政区的任何卫生、食品或药品官员或雇员，由部长正式委任为该部门的官员，根据法案的目的进行检查和调查。"

经 BT 法案修正的法案702（a）（2）条款授权美国食品药品管理局依据谅解备忘录，"出于法案的目的，通过其他联邦部门和机构的官员和雇员进行检查和调查"。根据此项规定，美国食品药品管理局可以根据部长和其他联邦部门和机构的负责人达成的谅解备忘录委任其他联邦行政官员。这样的谅解备忘录仅在检查或检验 FDA 和其他联邦机构或部门"共同监管"的设施或场所的情况下，是有效的。

第三节 委任前需考虑的事项

一、启动进程

（一）介绍

无论是 FDA 官员还是州或地方的项目主管都可以通过向地区或地方主管提交书面建议的方式启动委任程序。来自州或地方项目的建议应提交给地方食品药品主管（RFDDs），或者通过州项目主管提交。地方食品药品主管然后决定是否委任候选人。

联邦官员的委任通常开始于美国食品药品管理局和其他机构签署的谅解备忘录指定的时间。

（二）与州和地方官员共享信息的替代程序

在需要共享非公开信息的情况下，合作关系办公室会考虑落实一个 20.88 保密协议代替仅出于信息共享目的的委任，见 21 CFR §20.88（州）下的 3-6-3 部分"共享非公开信息"。20.88 协议并不排除州或地方官员的委任。

二、资格、条件

地方食品药品主管（RFDD）确定州或地方官员的委任条件。监管事务处（ORA）管理人员也会审查被委任候选人的条件。

（一）卫生、食品或药品机构的机构负责人

美国食品药品管理局衡量所有的被州长指定的州卫生、食品和药品管理机构的负责人是有资格的和符合委任条件的。不是由州长直接指定的州管理机构的负责人和地方的机构负责人，如果他们符合条件，则有资格获得委任。考虑的条件因素包含个人的以下方面：

1. 教育成就；

2. 继续培训；

3. 工作经历；

4. 向监管行业和公众展现食品药品管理局的知识和技能；

5. 其他基于根据 FDA 的委任能做出机智、慎重、举止适当和符合最高道德标准的行为，同时能给美国食品药品管理局带来荣誉的个人习性。

FDA 通常建议：当一个机构现有或将有一个或多个由美国食品药

品管理局委任的官员，该机构负责人也应该持有美国食品药品管理局的委任 。也有人建议，获得美国食品药品管理局委任的个人的主管也应被委任。建议具有合理性，可以避免一个被委任的官员无法和他们的非委任主管共享他们根据委任获得的机密信息，从而拒绝共享的情况发生，但是不具有强制性。如果该机构负责人拒绝接受食品药品管理局的委任，委任的副专员、中心主管等可以被机构负责人指派在出现委任问题的时候代替他 / 她的行为。如果这做不到，食品药品管理局可委任一个或多个该机构的业务人员，但此类情况非常罕见，除非需要实现项目目标的时候，才这样做。在具体的情况下，根据需要，FDA 也将确定某些基于委任获得的信息是否可以根据 21 CFR 20.88 与非委任的官员共享。

（二）其他州和地方卫生、食品和药品官员

如果一个项目主管或者下属官员符合条件，有资格接受委任，地方食品药品主管（RFDD）可以要求提供官员的相关信息，包括个人履历（CV）。考虑的因素包括：

1. 个人工作所在机构的负责人的书面推荐；

2. 候选人的培训和经验；

3. 与候选人一起工作过的合适的食品药品管理局现场工作人员和州项目专家的报告；

4. 向监管行业和公众展现食品药品管理局的知识和技能；

5. 其他基于根据 FDA 的委任能做出机智、慎重、举止适当和符合

最高道德标准的行为，同时能给美国食品药品管理局带来荣誉的个人习性。

（三）联邦官员

谅解备忘录明确说明关于委任指定的联邦官员的程序，例如，谁决定根据 BT 法案的所有委任要求（如培训）是否得到满足。

三、背景调查

（一）一般原则

获得食品药品管理局的委任是一个特殊的荣幸，食品药品管理局只委任精挑细选的和有限数量的卫生、食品或药品官员。食品药品管理局将对所有谋求委任的候选人进行背景调查。对于委任候选人仅寻求委任证书，美国食品药品管理局　在其自由裁量权下，可以进行背景调查，如下文所述。如果确定与相关个人利益有冲突，美国食品药品管理局将不会委任任何官员。被委任的官员必须是美国公民。对于联邦官员，谅解备忘录会包含关于背景核实的规定。

如果候选人反对背景调查过程，或者对抗进行这项调查的权利，FDA 会认为个人已经撤回他 / 她的候选资格。如果这种情况出现，谋求委任的个人和他 / 她的主管将被通知不被委任的决定。

（二）证件委任

作为委任过程的一部分，对所有谋求委任的个人，将进行强制性的五级公众信任背景调查。如在卫生和人类安全服务（HHS）人员安全性 / 适合性手册 3-H 部分公众信任状态所概述，公众信任状态是"在什么样的程度上任职者的行为或不作为削弱公众对政府委任活动的忠诚、效率或有效性的信心，无论是否发生实际损害；以及在什么样的程度上被托付的任职者对于卫生和人类服务部有法定和约定的义务不得披露的信息的控制"。

如果个人在任何时间点未能与背景调查合作，他们的委任请求将被拒绝，并且个人和他 / 她的主管将被告知。背景调查将由美国食品药品管理局的安全事务办公室完成。背景调查包括以下内容：

1. 犯罪背景核实——包括通过联邦调查局犯罪数据库查阅的指纹集

2. 信用核实——候选人必须在线完成并提交电子问卷调查处理（E-QIP）表格。信用核实采用自动化系统搜索各大征信所的方法。

3. 人事管理办公室（OPM）调查人员的面试。在犯罪和信用调查满意完成之后，人事管理办公室（OPM）调查人员将联系候选人到现场面谈。

4. 推荐信核实——附随电子问卷调查处理（E-QIP）起始表格，候选人提交三个带有联系信息的推荐人。这些推荐人由安全事务办公室联系。

（三）证书委任

对于所有仅接收委托证书的委任官员，地方食品药品主管（RFDD）可以决定进行背景调查。如果地方食品药品主管（RFDD）决定进行背景调查，地方食品药品主管（RFDD）有选择在调查结果出来之前或在等待调查结果已经做出的情况下颁发委任证书的权利。如果地方食品药品主管（RFDD）要求进行背景调查，他／她会：

1. 在作出是否委任个人的决定之前自主安排、获取和完成背景调查；

2. 要求由安全事务办公室完成背景调查。

四、项目领域与委任活动

（一）项目领域

美国食品药品管理局将委任一个仅在项目领域有资格的卫生、食品或药品官员。食品药品管理局将在与食品药品管理局执行的法律相一致的具体项目领域委任这样一个州或地方官员。可在以下项目领域获得委任：人类食品、药品、药物饲料、贝类、医疗设备、放射卫生、生物制品、化妆品、蛋类、烟草、生物恐怖活动、疯牛病活动、乳制品、州际旅行计划、美沙酮、医用压缩气体、农药残留和组织残留。

（二）委任活动

对于个人来说，除了考虑合适的项目领域，食品药品管理局也将考虑行为的范围。食品药品管理局可以在具体的情况下委任一个州或地方官员进行一个或多个以下四种行为：

1. 进行检查、检验和调查；

2. 收集样本；

3. 复制和核实记录；

4. 接收和审查美国食品药品管理局官方文件。

由于他们的知识和 / 或培训，一些州或地方官员可被委任从事所有项目领域的行为，但是仅出于接收和审查美国食品药品管理局官方文件的目的。

（三）联邦官员

BT 法案授权美国食品药品管理局委任联邦官员在"部长和其他部门或机构共同管理"的领域开展工作。跨机构的谅解备忘录应包括说明委任的项目领域类型、委任的四项活动的范围以及这些活动的培训的规定。

五、委任理由

在审查过有关州或地方官员必要的信息之后，地方食品药品主管（RFDD）可能会得出这样的结论：提供委任给州或地方政府雇员符合该机构的利益。以下是为什么美国食品药品管理局决定委任州或地方官员的例子。

1. 该官员根据其职位、培训和 / 或经验，其在机密或敏感事项上的建议和忠告是受地区、地方或国家层面欢迎的。

2. 该官员根据其职位，须审查被委任的下属的建议，以向美国食品药品管理局确保建议代表州或地方机构的官方意见。由于只有持有美国食品药品管理局委任的人才可以审查某些美国食品食品管理局的文件，因此监督人被委任是必要的。

3. 该官员从事州／美国食品药品管理局的联合调查行为。

4. 该官员从事的是履行由美国食品药品管理局发布的协议，基于此要求适用联邦法律成功完成协议。

5. 该官员要求获得美国食品药品管理局关于调查或其他保密性质的信息。

6. 州或地方官员正在履行美国食品药品管理局的工作，在这些工作中需要有证件。例如，一食品药品管理局行政区可能需要在常规的基础上，从距离食品药品管理局办公室很远的工厂收集样品。因此，为了增加美国食品药品管理局的资源，一个受委任的州官员在位于靠近工厂的位置，可以采集样本。

六、联系候选人

（一）一般原则

美国食品药品管理局在准备委任之前，联系所有已经被提名为食品药品管理局委任候选人的州或地方官员。这是为了确保个人了解获得委任附随的条款和条件，并在提出时愿意接受委任。涵盖的具体要点包括以下方面。

1. 委任程序的一般描述。

2. 该特别委任的目的。

3. 保守美国食品药品管理局分享的非公开信息的机密性的重要性（详细内容见"机密性"部分）。

4. 食品药品管理局对候选人的期望。

5. 利益冲突保障措施和他们意味着什么（详细内容见"利益冲突"部分）。

6. 美国公民身份证明或美国国籍的证明（个人需要在强制性的背景调查过程中提供证明）。

7. 获得证件所需强制性的背景调查和那些仅接受委任证书的酌情行事。

8. 个人服务意愿的评价。

在上述所说内容的结论基础之上，必须明确个人认为接受委任没有任何障碍，并且一旦委任被正式提出时，将接受委任。

（二）合乎条件

如果有理由确信州或地方的委任候选人合乎条件并将接受委任，在下一节中讨论的"委任系列材料"将被发送给候选人完成。完成后，候选人将把完成的文件材料送回到地区的委任联系人。如果候选人未能在 90 日内将所需的文件材料送还给地区的委任联系人，个人将被视为撤回他 / 她的候选人资格。90 日后收到的委任系列材料将不被接受或处理，并且在以后候选人必须重新申请。

（三）不合乎条件

如果美国食品药品管理局确定州或地方的委任候选人是不合乎条件的，候选人和他 / 她的主管将收到通知他们被拒绝委任的理由的信件。

第四节 | **文件与证件**

一、委任州或地方官员的要求

委任州或地方官员的要求包括以下方面。

1. 委任所需的个人的全名、头衔和所在机构。

2. 要求委任的理由。

3. 项目领域或颁发的委任所在的领域（见"项目领域，委任活动"）。

4. 个人将被授权从事的四项活动中的某项（见"项目领域，委任活动"）。

5. 个人是被颁发证书、证件，或两者都是（见"证件"）。

6. 地方食品药品主管（RFDD）同意或不同意的界线。

二、书面保证

美国食品药品管理局仅在官员签署包括关于利益冲突和保密事项的适用性规定在内的"接受委任"的情况下委任州或地方政府官员。此外,任何提供给美国食品药品管理局的信息,包括个人简历、背景调查,必须准确、完整。对于联邦官员,谅解备忘录可以设立有关书面保证的规定。

三、证件

(一)证件的颁发

食品药品管理局为被委任进行不同于"接收和审查美国食品药品管理局官方文件"活动行为的州或地方官员颁发证件(见"项目领域")。证件将确定:

1. 项目领域或包括的领域;

2. 官员工作所在的州;

3. 证件号码和截止日期;

4. 被委任官员的彩色照片。

(二)不颁发证件的情况

美国食品管理局通常因为以下原因不颁布证件。

1. 食品药品管理局委任州或地方官员进行"接收和审查食品药品管理局官方文件"活动。这些个人将收到委任证书。

2. 美国食品药品管理局委任的联邦官员。由于美国食品药品管理局根据谅解备忘录将"委任职权"授予合作的联邦机构，通常情况下，美国食品药品管理局将不会颁发一套单独的委任证件。联邦官员将从他们所在的机构获得身份证明 / 证件。

（三）证件遗失

美国食品药品管理局认为证件遗失是一件很严重的事。食品药品管理局要求委任的州或地方官员立即将证件遗失汇报给地方食品药品主管（RFDD）或指定官员。地方食品药品主管（RFDD）或指派者应该向合作关系办公室提供详细信息。此外，被委任的官员必须把遗失情况报告给当地的警方，并将证件登记到国家犯罪信息中心（NCIC）的系统。如果警方不能将遗失的证件登记到国家犯罪信息中心（NCIC）系统，须存档一份警方报告。在替换的证件颁布之前，须向合作关系办公室发送登记到国家犯罪信息中心（NCIC）系统或警方报告的副本。

食品药品管理局应该清楚地通知被委任的收到证件的州或地方官员，他们不可以保留证件作为纪念品。委任证书可以达到这个目的。如果在离开委任项目两个月内没有将证件返还给美国食品药品管理局，美国食品药品管理局将报告联邦调查局收回证件。

四、委任系列材料

（一）州或地方官员
一经地方食品药品主管（RFDD）确认，州或地方雇员将接受委任，美国食品药品管理局就会给每一位候选人发送委任系列材料，其一般包含以下内容。

1. 一封地方食品药品主管（RFDD）签署的授予候选人委任的信件。

（1）如委任的是机构负责人，信件将引述专员对于候选人获得委任的意愿。

（2）如委任的是项目主管或者项目主管的下级，信件将引述机构负责人的意愿，但是这些信将不会提及专员的意愿。

2. 一份最新的"美国食品药品管理局的委任"手册的复件。

3. 接受委任的表格。

4. 要求一份个人简历（根据地方食品药品主管的具体说明），如果候选人或者委任持有者没有完成一份个人简历，食品药品管理局会向个人要求一份。如果未能基于地方食品药品主管的要求提供一份个人简历，会被认为是撤回委任的提议或者取消此前颁发的委任的理由。

5. 候选人基本信息表。

6. 电子问卷调查处理起始表（E-QIP）。

7. 州证件记录表 2115s。

8. 对候选人的指导说明表。

9. 任何合作关系办公室认为相关的其他信息。

（二）联邦官员

对于联邦官员来说，该谅解备忘录会包含有关委任过程的文件的规定。美国食品药品管理局对联邦官员要求有最低限度的文书工作。由于五级公众信任背景调查对所有政府雇员和订约人是强制性的，所以随后的对联邦官员谋求委任的背景调查是没有必要的。

五、隐私法案

1. 美国食品药品管理局地方办公室和合作关系办公室保守申请委任者的个人的记录（例如背景调查、委任系列材料）。

2. 任何人可以根据隐私法案向地方食品药品主管通过要求获得副本来查阅他 / 她自己的档案。所有其他关于隐私法案记录的问题应向食品药品管理局的信息公开部门提出（具体地址：12420 Parklawn Drive，Rockville，MD 20857）。

六、委任文件

（一）州或地方官员

对于州或地方官员来说，在食品药品管理局核实候选人的信息之后，地方负责委任的联系人将准备和发送以下材料给新被委任的州或地方官员。

1. 一封地方食品药品主管（RFDD）签名的感谢个人接受委任的信件。

2. 是否在证件套中发出证件（由安全事务办公室颁发）。

3. 专员签署的委任证书。

4. 任何合作关系办公室认为相关的其他信息。

（二）联邦官员

对于联邦官员，谅解备忘录可能包含关于委任过程的文件的规定。美国食品药品管理局对联邦官员要求有最低限度的文书工作。

第五节 | 利益冲突

一、书面保证

（一）州或地方官员

谋求委任的州或地方官员和考虑更新的委任官员要求作出书面保证，如通过接受委任表，确认他们没有特定的个人经济利益或与在委任官员授权的特定职权范围内经营的企业有经济或商业关系。

（二）联邦官员

对于联邦官员，谅解备忘录会包含关于利益冲突标准的规定，如由备忘录的另外一方联邦机构规定的标准。

二、委任前利益冲突的考量

（一）一般情况

如果确定他／她存在利益冲突，FDA 不会委任任何官员。在批准委任之前，所有影响候选人的利益冲突必须被解决。

（二）州或地方官员

被推荐委任的州或地方政府官员可以与提议他／她的食品药品管理局官员商量利益冲突问题。如果候选人意识到潜在的经济利益会影响到基于食品药品管理局委任的项目参与，提议的食品药品管理局官员将汇总这些问题，并将他们与其他文件一起提交到FDA 地区办公室和合作关系办公室解决。合作关系办公室将与地方食品药品主管（RFDD）商讨此事项，并达成对个人是否可以委任的决定。合作关系办公室可以联系 FDA 的道德与诚信工作人员（HFA-320）。在委任的是州机构负责人的情况下，应由地方食品药品主管进行现场讨论。如果情况不现实，地区主管、州项目主管或地方执行主管可以就此目的进行一个政府间事务的访问。已经熟悉此项目和该信息无需重复的机构负责人可以通过电话和其联系以确保提供委任时将被接受。

在委任的是项目主管或下属官员的情况下，负责政府间事务的地区主管、地方执行主管或州项目主管应进行这样的讨论。然而，在委任项目正在进行和项目主管充分了解的情况下，讨论可与已经和项目主管一起工作的监督调查员进行。由于了解每一个下属并不现实，所以项目主管可以担保他／她的下属。

三、委任后的利益冲突

（一）一般情况

FDA 委任的官员应当摆脱那些可能会影响其履行 FDA 委任中规定职责的经济利益。如果官员在接受委任后获得经济利益，那么他 / 她必须告知食品药品管理局并不得参与该经济利益的任何分配。

（二）州或地方官员

就州或者地方官员而言，如果出现了有关利益冲突方面的问题，FDA 的提案官员将汇总这些问题并将其与其他文件一起提交给 FDA 的地方办公室和合作关系办公室解决。如果任何官员的委托身份出了问题，FDA 的解决方案将会包括取消其参与涉及企业的任何与委任有关的活动的资格以及撤销委任和归还 FDA 的证件。如果 FDA 认为问题已经解决，它会考虑重新委任该官员。

第六节 | **保密性**

一、书面保证

谋求委任的州或地方官员或考虑重新委任的官员务必要作出书面保证：如通过接受委任表，他们清楚 FDA 提供审查的任何未公开信息有权受到联邦法律的保护。官员进一步清楚如果他们未经任何授权公开这些信息，那么根据联邦法律（21 U.S.C. § 331（j）和 18 U.S.C. § 1905）他们会涉嫌犯罪。

二、接受并审查 FDA 信息

FDA 会向被委任接受并审查 FDA 信息的州或地方官员提供由信息自由法案（见 21 CFR § 20.84）保护不得向公众公开的信息。这些不得向公众公开的信息包括机密商业信息、商业秘密以及其他如个人隐私等的非公开信息。无论何时 FDA 依据法案和相关规章向委任官员提供不公开信息，FDA 都需要指明这些信息是非公开的，如通过在传送信息的信件后附加接收者不得进一步公开信息的警示，文件的封面上应注明"收件人亲启"。

三、依据 21 CFR § 20.88（州）共享非公开信息

FDA 会依据 21 CFR 20.88 与州或者地方官员（包括那些未被委任的官员）共享某一非公开信息。对于 FDA 共享商业机密信息，州机构必须作出书面声明确定州政府机构有权保护商业机密信息不得公开和作出州政府机构将不会进一步公开提供这类信息的承诺，这被称为 20.88 协议。根据 20.88 协议，商业秘密和依据隐私法案不得公开的信息不能被共享。

FDA 监管事务办公室的合作关系办公室已经确立了许多规定有关食品（包括动物饲料）和化妆品信息共享的精简程序的协议。有关 20.88 协议的其他内容可联系 FDA 监管事务办公室的政策和风险管理办公室。

四、依据 21 CFR § 20.85（联邦）共享非公开信息

FDA 会依据 21 CFR § 20.85（联邦）与其他联邦机构共享非公开信息（对其他联邦政府部门及机构公开）。进一步的信息可联系 FDA 监管事务办公室的政策和风险管理办公室（HFC-230）。

第七节 | 委任后需考虑的事项

一、期限

一般来说，每个州或地方的委任都有 5 年的委任期限。对于联邦官员而言，谅解备忘录应包括委任期限，其可能是一个任期，而不是 5 年。

二、背景调查

（一）州或地方官员

除了在委任前进行的背景调查，在其自由决定的范围内，FDA 会在委任官员后对州或地方政府官员进行背景调查（如被重新委托）并应告知该官员这是例行 FDA 的职权。

（二）联邦官员

对联邦官员而言，谅解备忘录会包含关于背景调查的规定。

三、法律限制

（一）一般情况

依据联邦侵权赔偿法（后来经由 1988 年的联邦雇员责任改革及侵权赔偿法案进一步阐释），美国对其雇员的侵权行为负责。雇员的定义包含：代表联邦机构以官方名义行为的人；暂时或者永久为美国服务（无论有无补偿）的人。此定义包括所有根据这个条款被委任的个人。然而，联邦侵权赔偿法案仅在持有委任的个人履行联邦职责时适用。

（二）州或地方官员

FDA 把委任的州或地方官员看作是卫生和人类服务部门的官员。然而，接受委任并不会使州或地方官员受《哈奇法案》中提出的政治活动方面的限制，除非根据委任的联邦服务被实际履行的时候。

（三）联邦官员

对于联邦官员而言，谅解备忘录会包含关于法律限制的规定，如那些由《联邦侵权赔偿法》规定的限制。如果出现了法律限制，联系合作关系办公室。

四、重新委任

（一）州或地方官员

州或地方官员委任在 5 年内有效，地方会在其委任期结束大概 3

个月前审查被委任官员的记录。审查考虑了委任的所有相关事项，包括：检查、样本收集、大范围征求意见、常规及紧急情况下的合作以及任何违反机密保护的行为。对于州或地方官员而言，地区主管、地方执行主管、执行官员、州项目主管或者其他专门负责监督委任项目的官员应向地方食品药品主管（RFDD）递交一份包含细节的建议是否重新委任的备忘录。

如果地方食品药品主管（RFDD）同意重新委任，那么需填写一份新的 FDA 2115s 表格和照片，并且将其和到期的证件一起寄发至安全事务办公室以准备更换新的证件，更换证件必须通过地方负责委任的联系人进行，以便将完整的重新委任的系列材料送至安全事务办公室。如果谋求重新委任的个人工作和委任身份没有间断，那么无需进行背景调查。但是，FDA 有在重新委任过程中的任何时候进行背景调查的选择权。

（二）联邦官员

对于联邦官员而言，谅解备忘录应包含关于委托期限以及重新委任程序的规定。

五、不再委任

（一）一般情况

如果委任持有人在组织 / 机构外已改变职位、辞职或退休，FDA 将不予以重新委任。如果不重新委任，FDA 应向持有委任的个人的主管发送一封有关前述事项相关的信件，信件应简短引述理由，理由包括："改变职位""辞职""退休""不再参与 FDA 的协议工作""不积极""应委任持有人要求"等。

（二）州或地方官员

对于州或地方官员，仅颁发证书的委任无需通过通信表明委任将不再继续，即可被承认失效。代之以给委任人寄一封信感谢他们的工作。对于收到证件的州或地方官员，地方的委任联系人一经委任不再继续的决定作出即行收回证件。地方的委任联系人将按照他们的地方程序规章来销毁过期的证件并在销毁完成以后通知合作关系办公室。不再委任不带有任何偏见，也就是说，应条件的改变，美国食品药品管理局以后也可再次委任那个官员。

（三）联邦官员

对于联邦官员而言，谅解备忘录会包括关于不再委任的规定。

六、中止委任

（一）一般情况

FDA 监管事务办公室可以随时使用自由裁量权撤销或中止该授权官员的委任，如其违反了以下内容。

1. 重罪指控。

2. 轻罪指控，不包括罚金不超过 500 美元的轻微交通违法行为。

3. 重罪或轻罪指控候审，不包括罚金不超过 500 美元的轻微交通违法行为。

4. 有关重罪或轻罪指控的待查，不包括罚金不超过 500 美元的轻微交通违法行为。

撤销或中止食品药品管理局委任的决定将在 30 天内传达给个人和他 / 她的主管。

（二）州或者地方官员

对于委任的州或地方官员，在收到重罪或轻罪指控后的 10 日内，必须将有关指控的各种细节转达给他们的雇主以及 FDA 的地方食品药品主管、地方执行主管、执行官员、州项目主管或其他专门负责监督委任项目的官员。在收到指控细节后的 5 日内，地方食品药品主管（RFDD）必须通知合作关系办公室全国委任协调员。合作关系办公室全国委任协调员将与安全事务办公室和合作关系办公室高级管理人员合作以决定是否需要中止委任。在决定已经达成后，合作关系办公室全国委任协调员将向地方食品药品主管、地方执行主管、执行官员、州项目主管或其他具体负责监督委任项目的官员提供书面的建议作出合适行为的备忘录。

如果不需要中止委任并且地方食品药品主管（RFDD）同意，一封由地方食品药品主管（RFDD）签署并陈述无需采取进一步行为的信件要被送交给机构负责人。

如果需要中止委任并且地方食品药品主管（RFDD）同意，一封由地方食品药品主管（RFDD）签署并陈述中止的具体情况和要求把委任证书、证件（如果有的话）以及任何属于 FDA 的文件收集和归还给合作关系办公室的信件送交给机构负责人。来自地方办公室的文件及所有附加的文件资料必须通过电子邮件（orahqofficeofpartnerships@fda.hhs.gov）发送。

一旦委任已被中止，FDA 将等待最终的判决以决定撤销或恢复委任。如果州或地方官员没有被指控犯有重罪或轻罪，FDA 将使用自由裁量权恢复他们的委任。随后一封声明恢复委任决定并包含官员委任证书和证件（如有的话）的信件由地方食品药品主管（RFDD）签署后送交机构负责人。如果州或地方官员被控犯有重罪或轻罪，则他们的委任将立即被撤销。随后一封声明撤销委任决定的信件由地方食品药品主管（RFDD）签署后送交机构负责人。一旦委任被撤销，那委任人就不再具有 FDA 的委任资格。

如果在地方食品药品主管（RFDD）和其他 FDA 官员之间对于中止个人的委任存在不同意见，请示监管事务助理专员（ACRA）或合适的监管事务办公室高级官员作出最后决定。

七、撤销委任

（一）一般情况

委任的颁发是酌情决定的，监管事务办公室可以随时撤销委任。撤销的原因可能包括以下方面。

1. 滥用或误用委任。

2. 委任的州或地方官员将机密信息传送给非卫生和人类服务部的雇员或委任官员的个人。

3. 利益冲突。

4. 犯罪或信用记录的变化。

5. 犯罪定罪。

6. 物质滥用。

7. 可能败坏机构名声的行为。

撤销 FDA 委任的决定将在 30 天内传达给个人和他 / 她的主管。

（二）州或地方官员

对于州或地方官员而言，导致撤销的违法行为发生后 10 日内，违法的具体情况必须通报给他们的工作地，然后工作地再将具体情况通报给 FDA 地方办公室的地方食品药品主管（RFDD）、地方执行主管、执行官员、州项目主管或其他具体负责监督委任项目的官员。在收到指控具体情况后的 5 天内，该地方必须通知合作关系办公室的全国委任协调人员。合作关系办公室的全国委任协调人员将与安全事务办公室和合作关系办公室的高级管理人员一起决定是否需要撤销委任。在决定已经达成后，合作关系办公室全国委任协调员将向地方食品药品主管、地方执行主管、执行官员、州项目主管或其他具体负责监督委任项目的官员提供一份建议作出合适行为的备忘录。

如果地方食品药品主管（RFDD）同意，一封由地方食品药品主管（RFDD）签署并陈述撤销的具体情况和要求把委任证书、证件（如果有的话）以及任何属于 FDA 的文件收集和归还给合作关系办公室的信件送交给机构负责人。来自地方办公室的文件及所有附加的文件资料必须通过电子邮件（orahqofficeofpartnerships@fda.hhs.gov）发送。一旦委任已被撤销，委任人则不再具有 FDA 的委任资格。如果在地方食品药品主管（RFDD）和另外的 FDA 官员之间对于撤销个人的委任存在不同意见，请示监管事务助理专员（ACRA）作出最后决定。

（三）联邦官员

对于联邦官员而言，谅解备忘录会包含关于撤销委任的规定。

八、与委任官员之间的交往

FDA 与州和地方机构的关系是非常重要的，因为良好的协调和合作为消费者提供了高层次的保护。获得 FDA 委任的州和地方官员帮助 FDA 执行其法律和规章。获得 FDA 的委任，对大多数获得者来说，会带来有形和无形的好处。它不仅可以帮助委任人完成他 / 她的工作，而且 FDA 认为这是对其个人在委任领域的能力、经验和培训的认可。

为了鼓励与州和地方委任官员保持密切联系、使他们了解 FDA 和使 FDA 得益于这些官员的知识和经验，地方食品药品主管（RFDD）应考虑以下选项。

（一）地方会议

计划每年为所有委任的机构负责人举行一次为期一天的会议。活动内容包括：对 FDA 决定优先事项的讨论；高级机构官员有关新的发展、政策事项、州协议和培训所做报告。安排尽可能多的会议时间来征求与会者的意见和建议，包括诸如：有效的州－联邦之间的合作和对那些在联合项目上工作表现突出的个人的褒奖。如果由于其他州的机构负责人的旅行限制或资金短缺不能召开会议，考虑拜访每个委任的机构负责人，或邀请机构负责人到最近的 FDA 会议场所。

（二）专员的褒奖

准备一封褒奖被委任的州或地方官员、他／她的单位、部门、机构的杰出工作的信件，以备专员签名。如果需要，将信件送至合作关系办公室以安排签名和邮寄。

（三）奖品

提名委任的个人或委任人的团体以获得 FDA 奖品、奖牌或类似于授予 FDA 雇员的那些嘉奖。

（四）保证书

为给每个被委任官员一个适合装订 FDA 为他们提供材料的活页夹。

（五）文献和出版物

下面所列出的手册可以在 FDA 官网上获得，网址：www.fda.gov。需更多帮助，请联系合作关系办公室，电话：（301）827-6906 或者访问网站 ORAHQOFFICEOFPARTNERSHIPS@fda.hhs.gov。

1.FDA 调查业务手册：http://www.fda.gov/ICECI/Inspections/IOM/default.htm

2.FDA 合规政策指南手册：http://www.fda.gov/ICECI/ComplianceManuals/CompliancePolicyGuidanceManual/default.htm

3.FDA 监管程序手册：http://www.fda.gov/ICECI/ComplianceManuals/RegulatoryProceduresManual/default.htm

4. 课程和培训材料目录：http://www.fda.gov/Training/ForStateLocalTribalRegulators/ucm118435.htm

5. 州和地方官员年度通讯录：http://dslo.afdo.org/

6. 实验室信息公告：http://www.fda.gov/Food/ScienceResearch/LaboratoryMethods/DrugChemicalResiduesMethodology/default.htm

7. 批准药品的治疗等效性评价（和累积的补充）：http://www.fda.gov/downloads/Drugs/DevelopmentApprovalProcess/UCM071436.pdf

8. 委任领域的特别报道。

（六）培训

向州官员提供培训课程通告，并在可能的情况下，优先考虑已委任的官员参加课程。

（七）可见性

当向公众发布 FDA 活动的信息时，考虑通知委任的州和地方官员，例如，做广播或电视节目或为报纸或杂志专栏写稿的公共事务专家应该报道委任官员引人感兴趣的和有意义的活动。地方和地区官员为 FDA 消费者杂志编辑的材料应包括涉及委任官员活动的事项。

（八）地区会议

邀请委任的官员参加全部或部分的年度地区会议。

（九）实验室支持

如有可能，允许委任的官员使用 FDA 实验室处理州样本和州工作人员使用实验室设施。

第八节 | **行政管理需考虑的事项**

以下描述地方食品药品主管（RFDD）和合作关系办公室的职责。对于委任的联邦官员，谅解备忘录应该包括以下内容。

1. 确定个人的委任范围。

2. 确定谁将进行管理审查以及审查范围。

3. 向众议院和参议院提交关于年度履职情况的报告（见 BT 法案第 314 节 C 小段）

一、地方食品药品主管（RFDD）的职责

地方食品药品主管（RFDD）或指派的官员的职责如下。

1. 确保地方办公室已在该地方范围内为每个委任的州或地方官员建立了档案记录。该记录应包括：

（1）包含在基本信息里的委任持有人的资料（来源于候选人填写的 FDA 委任表）。

（2）正式的简历，如地方食品药品主管（RFDD）明确要求提供的话。

（3）接受委任的签名表格。

（4）所有的通信，包括奖状。

（5）证件表格副本。

（6）一张委任持有人的电子彩色照片（如 JPEG 形式）。

（7）可供选择的 FDA2081 表格：委任官员的记录。

（8）任何有关委任的其他信息。

2. 保留一份对于地方颁发的所有证件的年度验证记录，向合作关系办公室发送验证记录的复印件，如有需要，还包括官员的相关信息（姓名、证件号码）或证书相关信息（仅名称、州、机构、项目领域和到期日）的复印件。

3. 每年对颁发给州或地方工作人员的证件进行一次验证，以保持对 FDA 证件应负的严格责任，以及确保证件持有人的名单是最新的。

4. 将委任的签发告知适当的地区主管或指定人员以及合作关系办公室。

5. 以电子方式向合作关系办公室发送该办公室保存全国名录所需要的信息。

6. 定期审查各州或地方的委任，以确定是否应该更新或撤销。

7. 大约委任到期 3 个月前审查委任官员的记录。

8. 向合作关系公室发送撤销委任或不再委任的书面决定。

9. 向每个州或地方的机构负责人发送一封附有那个机构持有证件人员名单表格的说明信，并且向合作关系办公室发送一份副本。

10. 将下达给委任的州或地方官员的任务的结果通知合作关系办公室。

二、合作关系办公室的职责

合作关系办公室的职责如下。

1. 保存当前的持有 FDA 颁发委任的联邦、州和地方官员的名录，并定期审查确保准确。

2. 在委任已到期、没有被更新，或如果有其他问题的时候通知地方的委任联系人。

3. 当地方食品药品主管（RFDD）要求对委任候选人进行背景调查时，合作关系办公室将联系安全事务办公室。

4. 通知地方谁未寄回背景调查。

5. 在两个月时间后告知联邦调查局没有归还证件的州或地方委任官员。

6. 根据请求提供委任表的副本（如需要的话）。

7. 加快解决出现的关于利益冲突、保密、法律限制以及与委任过程有关的其他方面的事项，并通知合适的机构工作人员。

8. 加快专员和其他总部管理人员签署有关州或地方官员委任的信件。

9. 停止向不再委任或已被撤销的委任官员征集和邮寄信息，并结束其存档。

第九节 | **接受州的委任**

有时 FDA 调查人员会发现行使州的权力是很有价值的。例如，FDA 的调查人员可能希望获得州的委任，这样他就可以在那些有行为职权的州官员没空的情况下有权实施禁运。一个 FDA 调查人员在以下情况下会持有一个州的委任。

1. 该委任是由某一州机构提供，其机构负责人持有 FDA 颁发的委任。

2. 除非被州监管机构授权的州官员已在每个明确预期的用途上给予事先的批准，否则委任不能被使用。FDA 调查人员的主管应同意委任的预期使用。

FDA

第四章
建议行为

第一节 | 警告信

一、警告信程序

当执法行为与该机构的公众保护责任相一致，并根据违规行为的性质，FDA 的惯例是在启动执法行为之前会给个人或者企业一个采取主动和迅速的改正行为的机会。警告信的发布是实现自觉遵守法规和确立预先通报的目的（预先通报在《FDA 监管程序手册》第四章第二节有相应的介绍）。警告信的使用和预先通报政策是基于大多数个人和企业都会自觉遵守法律的预期。

本机构的立场是，警告信只针对监管意义上的违规行为发出。重大违规行为是那些如果不能及时和充分纠正即可能导致执法行动的违规行为。警告信是本机构实现促进自觉遵守《联邦食品、药品及化妆品法》的主要手段。

警告信的作用是为了纠正违反法律或法规的行为。机构可运用的手段还有一些基于特定的即将发生的情况的执法策略和包括 FDA 相继或同时进行的以达到纠正目的的执法行为，如召回、查封、禁止令、行政扣押、民事罚款和 / 或起诉。除了由于违规行为的重大程度，警告信的发出后存在一些排除机构采取任何的更进一步执法行为的情况。例如，违规行为可能严重到足以发出一封警告信及随后的查封；但是，如果可查封的数量不满足该机构的查封价值要求时，该机构可以选择不进行查封。在这种情况下，如果不做出适当的纠正，警告信将记录事先警告，并且之后将采取执法行动。

监管企业的负责官员有法律义务实施一切必要措施以确保他们的产品、作业、流程或其他活动符合法律规定。根据法律规定，这些人被推定能充分意识到他们的责任。因此，责任人不应该认为，在 FDA 采取执法行动之前，他们会收到一封警告信，或其他事先通知。

除了在一些明确规定的领域，FDA 没有法律义务在采取执法行动之前，警告个人或企业他们或他们的产品是违反法律规定的。在根据《电子产品辐射控制法》（前身为 1968 年的健康和安全的辐射控制法案）第 V 章的 C 分章规定的职权行为时，法律要求 FDA 在机构发现不符合性能标准或包含辐射安全缺陷的产品时，应提供书面通知给制造商。由于 C 分章的法律要求，在程序中可能会出现微小变化。

警告信是非正式的且是建议性的。它传达该机构在此事项上的立场，但不表示它承诺 FDA 采取执法行动。因此，FDA 并不会把警告信认为是可以被起诉的最后机构行为。

在一些情况下发出警告信是不恰当的，并且，如前所述，一封警告信不是采取执法行动的先决条件。该机构会在不发出警告信的情况下直接采取执法行动的例子包括如下的情况。

1. 违规行为反映出性质类似的或实质上性质类似的屡次或不断违法的行为历史，在此期间个人和 / 或企业已就性质类似的或实质上性质类似的屡次或不断的违规行为被通知过。

2. 故意或恶意违法的情况。

3. 可能造成受伤和死亡的违规行为。

4. 根据第 18 U.S.C.1001，违规行为是有预谋和故意的行为，其一旦已经发生不能撤回。这样的重罪违规行为不需要预先通报。因此，第 18 U.S.C.1001 所指的违规行为不适合列入警告信。

5. 当已通过其他方法给出了足够的通知，但违规行为仍然没有得到纠正或者仍在继续。通过其他方法发布预先通报（见《FDA 监管程序手册》第四章第二节预先通报。

在某些情况下，本机构还可能采取其他措施来替代警告信，或在发布警告信的同时采取其他的措施。例如：

1. 根据法案第 402（a）（3）或者第 402（a）（4）条款的产品掺假；

2. 违反了 cGMP（现行药品生产管理规范）；

3. 该产品含非法农药残留；

4. 该产品显示成分不足，效力过差或过高。

其他的对于具体产品领域的警告信的说明可见于《合规项目指南》或者《合规政策指南》。

同样，所有负责发出警告信和无标题信件的 FDA 的组成部门必须依照 FDA 的《FDA 警告信和无标题信的程序》执行。该程序方便了 OCC 对警告信和无标题信件的审查。此程序还提供了如何提交信件给 OCC 的说明，并且包含了时间表和常规信息。

二、针对政府机构的警告信

政府机构和非政府机构应保持相同的标准。公共卫生标准是一致的，但是他们用于达到这些标准的方法可能不尽相同。FDA 认为，政府机构和非政府机构相比应实现和保持更高的遵守 FDA 法规的自觉性。在建议发布警告信之前应该作出达到自觉遵守的努力并予以记录。这些努力包括与负责的政府官员打电话或开会讨论这些违规行为，建议无标题信件或者要求写一份书面的纠正行为计划和阶段性进展报告。在与注意到的违规行为相一致的合理时间内监督政府机构的进展并计划随后的检查以确认违规行为的纠正。

每当观察到政府机构的重大违规行为或者实现合规的努力无效，辖区（或者中心）应该和 OE、OCC 以及有关的中心安排会议决定一个及时并有效实现合规的策略。如果这个政府机构是一个州或者地方的机构，会议应该还包括 ORO/DFSR。

同样，所有负责发出警告信和无标题信件的 FDA 的组成部门必须依照 FDA 的《FDA 警告信和无标题信的程序》执行。

三、发布警告信考虑的因素

警告信是告知监管行业违规行为和迅速实现主动纠正其违规行为的主要手段。警告信可以由辖区主管在无中心同意的情况下酌情发布，除非在一些需要中心事先同意的具体项目领域。警告信还可以通过机构总部（监管事务办公室或中心）所做的工作形成、根据适当的程序处理、根据部门主管或办公室主管的职权发布（见"中心同意以及中心发布警告信"部分。此外，所有负责发出警告信和无标题信件的 FDA 的组成部门必须依照 FDA 的《FDA 警告信和无标题信的程序》执行）。

（一）总则

在决定是否发布一封警告信时，辖区和中心或其他有权发布警告信的官员应该考虑以下因素。

1. 有证据表明一企业、产品和／或个人违反法律法规并且未能及时适当地纠正，会导致机构考虑采取执法行动。

2. 该违规行为被确定具有监管的重要性，并且警告信的发布是适当的且与机构的政策（如合规政策指南或其他地方的描述）一致。

3. 有一个关于负责企业和个人会立即采取纠正措施的合理预期。

（二）正在进行的或承诺的纠正措施

纠正措施可以在企业检查过程中进行或承诺，或者在检查之后在与该机构通信时提出。一般来说，正在进行的或承诺的整改措施不能排除警告信的发布。除了作为机构实现及时主动合规的主要方式，警告信依然还是确立预先通报（见《FDA 监管程序手册》第四章第二节）和用来确保高层管理人员能够理解违规行为的严重性和范围，以及用于确保合适的资源被分配去纠正违规行为并且预防其再次发生的主要方式。

当一个企业正在纠正其违规行为或作出会采取及时纠正行为的书面承诺，辖区或者中心在决定是否发布警告信的时候应该考虑以下的因素。

1. 公司遵守法规的历史，比如说，严重的违法历史记录，或者未能防止违规行为的再次发生的历史记录。

2. 违规行为的性质。例如，该公司意识到了违法（很明显或者已发现），但未能改正。

3. 产品相关的风险以及违规行为对风险产生的影响。

4. 该企业的纠正措施整体上是否足够并且是否解决了具体的违规行为，相关的违规行为，相关的产品或者设施，并且包含了监控和审查条款以保证其有效性和防止复发。

5. 是否提供了关于纠正行动的文件以保证机构可以进行知情评估。

6. 关于纠正行动的时间表是否合适，以及实际取得的进展是否与时间表相符。

7. 采取的纠正措施确保可持续地符合法律或法规。在对于提供的产品通过互联网网站发售考虑发布警告信的情况下，从网页去除声明或者阻止网站活动的纠正行为是很容易可逆的，应该结合其他的因素仔细斟酌，从而决定是否发布警告信。针对或涉及互联网网站的警告信需要在尽可能接近最后观察到声明的时间里发出，并且观察到声明的参考时间应该包含在警告信中。

如果决定不发布警告信，参见下文"答复函"。信赖公司承诺的整改措施并不排除以后观察到相同或类似的违规行为并没有被改正而考虑监管措施。

（三）已完成的纠正措施

一般来说，如果机构认为该公司的整改措施充分，且支撑警告信的违规行为已经得到纠正，则警告信不应该被发布。如果你认为因为案件的事实或者情况特殊会存在一些例外情况（比如说，这个企业的合规历史记录，违法的性质，或者是该产品相关的风险）应该在警告信参考建议中讨论这些背景情况并且确保拟议信件中语言的使用要适应这个特定情况（例如，如果有再次发生的情况可以引述历史情况和结果）。

如果决定不发布警告信，参见下文"答复函"。信赖公司承诺的整改措施并不排除以后观察到相同或类似的违规行为并没有被改正而考虑监管措施。

（四）答复函

如果因为已经采取充分的整改行动或者因为整改行动正在进行或

者已承诺即将进行而决定不发布警告信，在这样的情况下，建议采用其他的通信方式（例如，针对企业的关于整改行动的书面承诺书发出一封回复信件）发给在该企业的负责人补充违法记录并且表示机构的决定依赖于企业的整改行动和 / 或整改行动的承诺。该答复函应表明机构信任该企业的整改行动或者有关整改行动的承诺。此外，信中可包含一个说明：我们会在之后观察那些或类似的违规行为是否被整改，会在不进一步通知的情况下采取监管措施（例如，查封、禁令或依法进行民事处罚）。

（五）整改行为的验证

整改行为的总体完成情况和有效性的验证应在下一个检查期间进行，时间可以加快或按照发布信件的办公室确定的常规时间。

四、中心同意以及中心发布警告信

在下面列出的领域在发布警告信前要求中心同意或者警告信直接由中心发布。同样，所有负责发出警告信和无标题信件的 FDA 的组成部门必须依照 FDA 的《FDA 警告信和无标题信的程序》执行。

（一）所有的中心

1. 所有的标签违规行为（除非已经提供具体的指导）。例如，合规计划，合规政策指南和药物保健欺诈公告。

2. 计算机应用与软件违规行为。

3. 生物学研究监测项目违规行为。

4. 产品广告违规行为。

注意：只有中心可以针对有关产品广告、非处方药品专著以及生物学研究监测项目的违规行为发布警告信。

（二）美国药品审评与研究中心（CDER）

1. 新药的指控——包括未经批准的工艺和配方的改变以及建议拒绝批准申请或补充。

2. 药物不良反应报告违规行为。

3. 新颖的或者不常见的防拆封的包装违规行为。

4. 处方药营销法案违规行为。

5. 研究中的药物使用违规行为。

6. cGMP 指控，涉及活性药物成分和其他药物成分的生产缺陷。

7. cGMP 指控，涉及所有剂型，包括医用气体。

8. cGMP 指控，涉及由 CDER 监管的医疗生物产品的设施检查。

9. 药房调配问题。

10. 有关要求的上市后研究以及临床试验的违规行为。

合规管理系统（CMS）现在被用于从辖区办公室以电子方式提交警告信建议。所有辖区办公室的推荐信必须用 CMS 系统来提交建议的警告信、支持涉嫌违规行为的 FDA483 报告、企业检查报告（EIR），以及企业的所有书面答复。如有任何问题，或者你需要提交一份文件作为硬拷贝，CDER 的联系方式是：Director，Division of Domestic Drug Quality，301–796–3255，传真：301–847–8743.

同样，所有负责发出警告信和无标题信件的 FDA 的组成部门必须依照 FDA 的《FDA 警告信和无标题信的程序》执行。

（三）生物制品审评与研究中心（CBER）

1. 供体重返违规行为（比如：HBsAg，anti–HIV–1）。

2. cGMP（现行药品生产管理规范）相关的违规行为。

3. 联邦政府机构的违规检查。

4. 关于 CBER 监管的生物制品的生物制剂团队（核心团队）设备的违规检查。

5. 病毒标记测试运行缺陷。

6. 在未提供具体指导的领域的违规行为。

7. 有关 HIV 和 HCV 回溯的违规行为。

8. 关于人体细胞、组织以及基于细胞和组织的产品的制造商的违规检查。

同样，所有负责发出警告信和无标题信件的 FDA 的组成部门必须依照 FDA 的《FDA 警告信和无标题信的程序》执行。

（四）器械与放射卫生中心（CDRH）

1. 所有 21 U.S.C. 352（J）中规定的威胁到健康的违规行为。

2. 未能报告 21 CFR 803.3（n）中定义的故障的医疗器械报告违规行为。这些评估需要医疗和技术方面的专家意见。

3. 受限医疗器械违规行为。

4. 违反健康安全辐射控制法案的行为，除了太阳灯和 X 射线装配商以外。

5. 违反上市后监测研究要求的行为。

6. 任何违反医疗器械跟踪法规的行为，而不是企业未能实施任何形式的跟踪系统。

7. 所有涉嫌违反用户报告规章的行为。

8. 未能提交上市前的通知（510（k））或上市前的批准申请（PMA）。

9. 未能提交一份 510（k）或 PMA 重大修改的补充和 / 或在以前

明确或批准的设备上添加一个新的预期用途。

10. 所有产生于预先批准 PMA 检查的违规行为，包括对以前已批准的 PMA 申请的补充。

11. 在下列情况下的违反《乳腺 X 射线检查质量标准法案》（MQSA）的行为，除非法案被相关的合规程序或其他指导所取代。

（1）在众多的 2 级或 3 级检查结果被观察到，但没有一个不合规构成 1 级或重复 2 级检查结果的情况下；

（2）任何没有具体确定为 1 级不合规或重复 2 级不合规的情况。

注意：对于有关 MQSA 违规行为的直接参考情况，参见包含在合规程序或其他指令的第 V 部分的说明。

同样，所有负责发出警告信和无标题信件的 FDA 的组成部门必须依照 FDA 的《FDA 警告信和无标题信的程序》执行。

（五）兽药中心（CVM）

1. 产品许可的违规行为。

2. 组织残留违规行为：涉及已设立零容忍、额外标签被记录的情况下的肉类和家禽，和 / 或那些涉及复合药物的使用或其他的药物掺假。

3. 组织残留违规行为：涉及水产养殖的海鲜以及其他来源于动物

的产品。

4.零容忍情况下的饲料污染物违规行为。

5.药品不良反应报告违规行为。

6.需要技术审查的低酸性罐头宠物食品的违规行为。

7.违反 cGMP 的行为：涉及加药饲料（21 CFR 225 部分）、加药用品的分类（21 CFR 226 部分）和剂型药物（21 CFR 211 部分）。提交完整的建议系列文件（建议信、EIR、CRs、所有物证和其他支持文件）。

辖区应使用 CMS 系统（电子化的案件提交系统）提交建议信，外加支持的证据。这个系统在 FDA 的内联网的信息技术（IT）应用网页可以获得。

同样，所有负责发出警告信和无标题信件的 FDA 的组成部门必须依照 FDA 的《FDA 警告信和无标题信的程序》执行。

（六）食品安全与应用营养中心（CFSAN）

所有违规行为，包括那些合规政策指南或合规程序中提出的问题，都不能通过引经据典直接涉及。这些信件要求中心同意或中心发布，包括但不限于下面的例子。

1.任何涉及新颖的、有争议的或敏感的法律问题的警告信或无标题信。

2. 农药和化学污染不能通过引经据典直接涉及。

3. 膳食补充剂、医疗食品和婴儿配方，包括膳食补充剂的 cGMPs。

4. 低酸性罐头食品（LACF）和酸化食品（AF）的违规行为。

5. 食物和色素添加剂的违规行为。

6. 涉及环境微生物污染的行为。

7. 涉及违反法案 402（a）（4）的违规行为的所有情况，包括：偏离了对于低酸性罐头食品（LACF）和酸化食品（AF）、瓶装水的规定和其他任何涉及 CFSAN 问题的 cGMP 规定；除了辖区对于不包括环境抽样或过敏原问题在内的海产品 HACCP 违规行为和 21 CFR 110 的违规行为有直接的参考标准。

8. 霉菌毒素。

9. 食品中的动物药物（水产养殖化疗试剂）。

10. 食品标准。

11. 化妆品。

12. 违反蛋品规定（21 CFR 118）的行为。

辖区应通过 CMS 系统（电子化的案件提交系统）向 CFSAN 提交

建议信，外加支持的证据。这个系统在 FDA 的内联网的信息技术（IT）应用网页可以获得。

同样，所有负责发出警告信和无标题信件的 FDA 的组成部分必须依照 FDA 的《FDA 警告信和无标题信的程序》执行。

（七）烟草制品中心（CTP）

1. 烟草制品中心对于烟草零售商合规检查的违规行为直接发布警告信。由于其性质和体积，烟草零售商的警告信不受下列第七项规定的时间期限以及第八项描述的警告信停止程序的限制。CTP 已制定了内部程序以确定时间期限、符合警告信的停止和完成 CTP 程序。

2. 对于其他所有违反《联邦食品、药品及化妆品法》、经家庭吸烟预防和烟草法案修订的修正案和实施条例的违规行为，CTP 直接发布警告信给受监管的行业。

五、针对非法促销活动的警告信

如果促销活动的性质需要中心采取进一步的监管或行政行为的时候，应该针对这样的活动发出警告信而不是发出无标题信件。警告信一般由中心启动并且可由中心或辖区办公室发布。

注意：至于基于网络的推广，适当的进一步行动包括，FDA 通知任何互联网服务提供商（ISP）或者其他与违法网站有合同关系的服务提供商；或者 FDA 通过消费者或进口警示通知公众，而不是通过对被监管企业的实物检查。

中心应该提醒辖区办公室违法活动的事项并且要求他们在下一次的计划访问中引起企业对于促销活动的注意。如果检查显示更多的问题，这些违规行为将会成为其监管行动计划的一部分。如果这个问题十分紧迫，该辖区可以要求召开会议与企业讨论此违规行为。

六、多中心审查

对于警告信中的问题需要由多个中心审查的，应尽早进行"主导的中心"的指定。这是必要的，以确保一个及时和恰当协调的审查过程。主导的中心负责与其他涉及到的中心、辖区以及 OCC 沟通。主导的中心在审查过程中负责指导警告信，包括审查和合并来自其他相关实体的意见。

对于警告信中的问题需要不止一个中心审查的，辖区应该在提交建议之前与各个中心沟通并且确定哪个中心作为主导。建议应该确定主导的中心和其他涉及的中心。这个建议应该通过 CMS 系统以电子方式发送给主导的中心，并且主导的中心将会产生与其他的审查中心进行商讨的任务。这些中心应该同时进行审查，（而不是接次序审查）。

如果辖区在提交建议前不能确定是否需要进行多中心审查，收到建议的中心应该与辖区和其他涉及的中心进行沟通，以适当指定主导的中心。然后辖区应该迅速发送建议的副本给其他涉及的中心。

七、时间期限

在检查（或者在可行的情况下样本分析）完成后的 15 个工作日

之内，辖区应该提交一个警告信的建议给合适的审查办公室以获得同意。

在收到警告信的建议的 15 个工作日之内，中心应该审查警告信，并且将他的决定通知辖区办公室。如果中心不赞成警告信，中心应该在收到警告信建议的 15 个工作日内将其决定通知辖区，并且应该在 30 个工作日内发布一份说明不赞成该警告信的理由的备忘录。中心应通过电子邮件或其他类似方式向辖区或者执行办公室（合规政策部门以及合规管理和执行部门）提供备忘录可在 CMS 获得的通知。如果警告信被批准，中心将转寄批准备忘录和建议的警告信，视情况作进一步的审查和批准。

辖区负责警告信工作的合规官员（如警告信是中心启动的，则为中心 CSO/ 科学家）应该在机构审查过程中努力推进和积极监督案件的进程直到作出结论（如自愿服从或者强制执行）。执行办公室（合规管理和执行部门）可以在经历重大延误的情况下或需要帮助解决技术、科学或政策问题的情况下提供帮助。

八、警告信的后续行为

发布警告信的辖区或者中心将评估对于该警告信的答复。如果收到的答复不充分或者没有收到答复，辖区或者中心将着手必要的后续行动，以实现改正。如果警告信含有根据其性质不能改正的违规行为，那么将不会发出办结函件。

如果答复看起来比较充分，辖区或中心会核实承诺是否已履行，纠正是否已经实现，并通知其他适当的机构单位。通常情况下，核实纠正行为是否实施的标准就是一个后续的检查。后续检查应该在承诺完成纠正行为的约定日期之后立刻进行。

（一）承认收到警告信的答复

发布警告信的辖区或者中心应该以书面形式告知收到了警告信的答复。辖区或者中心应该在 CMS 中的最终结果选项卡下保存一个发布的信件的 PDF 副本，确定为 DOC 文档格式——"出于礼节的承认收悉信件"。

关于 CTP 零售商合规性检查的警告信的答复以"回复警告信的答复"信件告知收悉。CTP 应该在 CMS 中的"事后管理"选项卡下保存一个发布的回复信件的 PDF 副本，确定为 DOC 文档格式——"FDA 审查企业答复的信件"

（二）警告信的办结函

警告信的办结函（"办结函"）不会基于一些即将进行的行为或者已经进行的一些行为而发出。纠正措施必须真正做出并经过了FDA 的核实。

如果警告信中的违规行为得到纠正，并且满足下列条件，发布警告信的辖区或者中心应该针对 2009 年 9 月 1 日或之后发布的警告信发出一封办结函。

1. 该公司答复警告信并提供足够的信息以证明列出的任何违规行为已经得到纠正。

2. 后续检查显示，纠正行为实施充分，或者 FDA 基于其他的已证实的，合适的并且可靠的信息，决定不需要后续检查。

3.后续检查（或者其他合适且可靠的信息）表明没有其他明显的违规行为。

发布警告信的办公室将评估企业对警告信的答复。

辖区作为发布警告信办公室的情况下，在发布办结函之前应该遵守下面的步骤。如果辖区进行检查以核实纠正行为，该辖区可以但不是必须，在发布办结函之前询问中心是否有意见或者异议。如果辖区决定不进行检查核实纠正行为，并且警告信需要中心的同意，辖区应在发布办结函之前通过 CMS 询问中心是否有意见或者异议。中心会在 30 个工作日内通过标签在 CMS 中的中心文件选项卡输入任何对于办结函的意见或者异议（比如，FDA 关于该企业的违规行为得到充分纠正的结论）。如果中心要求更多的时间，另外的 30 个工作日应该被批准。30（或 60）个工作日结束，辖区将审查中心提出的意见或者异议（如果有的话），辖区应尊重中心的专业知识领域，并且在中心提出意见或者异议的时候，只有在与这中心达成一致的情况下才能发出办结函。

辖区或者中心应该在 65 个工作日内基于作出决定的必要信息基础上发布办结函。发布办结函的辖区或者中心有责任确保最终的签名的 PDF 副本增加到 CMS 中。

办结函不会解除收信者关于采取一切必要措施保证其持续遵守法案以及所有其他的适用要求的责任。如果随后的检查发现针对警告信的纠正措施显示充分性和持续性的问题，这样的违规行为被视为严重违法。如果 FDA 在随后的视察过程中或者通过其他的方式观察到违规行为，我们将在不进一步通知的情况下采取执法行动。

在发布办结函时，发布的辖区或者中心应确保 FDA 在 http://www.fda.gov/foi/warning.htm 上公告通知。

要求在互联网上公告答复。

在互联网上公告警告信答复的机构政策见：http://www.fda.gov/foi/warning.htm。

根据这个政策，当警告信的接受者要求将他们对于警告信的回复公告在 FDA 的互联网网站上，并提供 WORD 格式的电子答复，机构会将这个答复发布在网上。机构保留不发布某些答复的权利，比如一些可能会误导公众关于监管产品的安全性和功效性的答复。注意：CTP 不需要在互联网上发布烟草零售商警告信的答复。发布警告信的辖区或者中心必须编辑答复到信息公开法允许的程度，并且向 FDA 的信息公开部门、医疗政策办公室（OMP）发送一份编辑过的答复副本，信息公开（FOI）办公室然后将答复发布到上述的网址。

（三）后续行为的实施

如果企业已经收到了警告信并且一直无法或者不愿意纠正违规行为，辖区和中心应该考虑进一步的行政和 / 或监管行动。当他们考虑进一步行动的时候，有一个评估因素是预先通报。当考虑涉及多个地点的行政和 / 或监管行为的时候，这个评估对于多地经营和生产多种产品的企业是尤其中肯的。虽然给同一个企业针对同一个或者相似的违规行为不应发布第二封警告信，但是在某些情况下，通过发布第二封警告信的方式来确保预先通报可能是最好的支持机构的目标的方式。

在决定是否发布第二封警告信的时候，辖区主管和中心发布官员应考虑以下方面。

1. 产品、工艺和 / 或重大违规行为是不同的，考虑到基于系统的检查观察结果会超出单个的产品和工艺，并且可能因此提供无需额外警告信的预先通报。

2. 负责人是不同的。

3. 警告信将支持机构的目标（例如，向企业内部不同的场所发送信件来实现企业范围内的问题改正）。

无论是否发布了第二封警告信，任何拟议的行政或者监管行为都必须有足够的证据支持（检查性的或者其他性质的）。执行办公室（合规管理和执行部门）和中心的合规办公室联系人员可以协助辖区评估证据、预先通报和在涉及多个场所时制定监管办法。

辖区和中心也可以选择在进行行政或者监管行动之前和企业的管理层召开会议，会议也可以作为进一步的预先通报（见《FDA 监管程序手册》第四章的预先通报和监管会议部分）

（四）检查分类

警告信属于正式的但不是最终的机构行为。无论何时发布警告信，检查将被分类为官方指示行为（OAI）。这样的程序在分类系统和监管政策中提供了更大的连贯性和一致性。

如果 OAI 分类是基于组织残留违规行为，那么就没有必要进行后续的检查，除非其他的违规行为已经由农业部的食品安全和检查服务部门报告给了机构，或者后续检查由于其他原因是适当的。（例如，在开始执法行动之前更新证据）。

有关检查分类的更多信息，见现场管理指导第 86 号，见网址：http://www.fda.gov/ICECI/Inspections/FieldManagementDirectives/ucm061430.htm.

九、在 FACTS 中更新企业资料

当企业（例如，国内或者国外药品，生物制剂或者医疗设备设施）经历了现行良好生产规范或者质量体系检查时，在审查过程的每一个阶段，执行的办公室应该更新被检查企业的资料分类（例如，国内检查辖区或者国外检查辖区和中心）。当警告信作为检查的结果发布时，该信件的时间和类型应该输入到相关资料分类的注释字段中，并且，这些资料分类应该变更为不可接受的。当发布警告信办结函时，相关资料分类的最终资料应改为可接受的。

十、警告信格式

警告信在形式、风格和内容上有所变化，以提供准确和有效地说明发现的违规行为的性质和预期答复所需的灵活性。然而，下面列出的要素是警告信所共有的。

1. 标题：警告信。

2. 交付：警告信的发出，应确保隔夜交付和接收应被记录在案（如要求有联邦快递的回执单）。

3. 警告信应发送至包括被检查场所的公司最高官员，副本应发送至被检查场所的最高官员。如果需要其他官员的单独答复，也包括他们作为收件人。在信中包括一个合适的标记（如 抄送或副本发送至）并且通过名称、职位，地址（如合适的话）确定每个人。根据以上的交付说明分别给每一个收件人和每一个被确定为接收信件副本的人发出警告信。

烟草零售商的警告信是发送给法人或者被检查的零售机构的唯一所有人。如果法人的营业地址与被检查的零售机构不同，那么法人或者唯一所有人使用复印件。

4. 检查的日期和违法情况、业务或产品的简短但足够详细的说明，以给答复人提供一个采取纠正措施的机会。包括法律部分的引用，以及（在可行的情况下）违反的规章。使用 FD & C 法案和美国法典的合适的条款来引述违反的法律，例如,法案的 501(a)(2)(B)条款，21 U.S.C 的 351（a）（2）（B）条款。以同样的方式，引述违反的其他法律（如公共健康服务法案）。

并非基于检查和援引违反研究和临床试验的法定要求 [如上市后要求（PMRs）] 的警告信应该引述合适的申请号、PMR 参考号（如可行）和申请人被通知 PMR 的日期。

警告信应适当认可在检查期间承诺的、或在 483 报告上注解的、或在书面答复中提供给辖区的改正。

5. 在收信后的一个具体时间期限内，通常 15 个工作日，可以要求改正和书面答复。在辖区的自由裁量权范围内，收信人可以有一个机会与辖区官员，或与中心的官员（在适当的时候）讨论警告信。

6. 警告信声明：未能达到及时纠正可能会导致不另行通知的情况下采取执法行动。可以引述执法行动的很多例子。不包括采取执法行动的承诺。

7. 在药品警告信中声明 [除了那些发布给机构审查委员会(IRBs)、临床研究者、发起人和涉及临床试验中的监督员以外] 关于授予联邦合同的含意。如果引述的违反 cGMP，声明其对于要求批准出口证书和药物申请的潜在影响。

8. 在设备警告信中的声明（除了那些发布给 IRBs、临床研究者、发起人和涉及临床试验中的监督员以外）："联邦机构已被通知所有关于设备的警告信，使他们在考虑授予合同时，他们会将这一信息考虑在内"。

对于包括违反 cGMP 的设备警告信："此外，与质量体系规章的偏离合理相关的 III 类设备的上市前批准申请将不会被批准，直到违规行为已被纠正。对外国政府的证书的请求将不被授予，直到与主体设备有关的违规行为已被纠正。"

9. 说明：答复应包括（适当时）以下内容。

（1）已经或将要采取的步骤以彻底纠正当前的违规行为和防止类似的违规行为；

（2）完成改正的时间期限；

（3）任何在答复时间内未能完成纠正行为的原因；

（4）任何表明纠正已经实现的文件记录。

10. 答复应寄送给指定辖区或中心官员。

11. 由辖区主管、部门主管或更高的机构官员发出。某些项目领域在发布前需得到中心的同意。

12. 对于药物警告信，在结尾段应提出如下信息（粗体表示可选择的／替代的语言，在适当时使用）。

信件中引述的违规行为并非意味着对存在的违规行为概括一切的陈述（**关于你的设施／与你的产品有关**）。你有责任调查和决定上述违规行为的原因和防止它们的再次发生或发生其他违规行为。你有责任确保（**你／你的企业**）遵守所有联邦法律和 FDA 法规的要求。

你应该立即采取行动纠正信中所说的违规行为。如果未能及时纠正这些违规行为可能导致在没有进一步通知的情况下采取法律行动，包括但不限于：查封和禁止令。考虑到合同的授予时，其他联邦机构可以将警告信考虑进去。（**如果违反 cGMP 的行为：此外，FDA 会拒绝批准出口证书请求或者你作为 [供应商或生产商] 列出的待批新药申请，直到上述违规行为得到纠正，可能需要再次检查** ）。

由于收到此警告信或在一般情况下，如果你正在考虑将作出决定减少由你的生产设备生产的成品药或原料药的数量，FDA 要求你开始内部讨论时立即通过 drugshortages@fda.hhs.gov 联系 CDER 的药品短缺项目以确保你的行为没有给公众健康带来不利影响。

在收到信件的 15 个工作日内，请将你已采取的纠正违规行为的具体步骤以书面形式通知本办公室。包括正在采取的防止违规行为再次发生的每一步骤的说明，以及相关文件的副本。如果你不能在 15 个工作日内完成整改措施，说明延迟的原因和你将完成改正的时间期限（**如果你不再生产或销售 ____，你的答复应表明：包括你停止生产的原因和日期**）。另外，根据 21 CFR 207.30（a）（2），请表明你在更新药品文件登记上的进展。

注意：联系 CDER 主管、国内药品质量部门要一份 Microsoft Word 版本格式的 CDER cGMP 警告信的副本。

13. 对于基于官方指定行为的食品设施检查的警告信，检查确定食品设施本质上不符合法案的有关食品安全要求，警告信对于国内设施或国外设施（适用时）包括下列声明。括号内的粗体字表示适当的语句必须被插入。

法案第 743 节 [21 U.S.C. 379j–31] 授权 FDA 评定并收取费用以支付 FDA 的某些活动费用，包括复查相关的费用。复查是在检查确定本质上不符合法案的有关食品安全要求之后进行的一项检查或多项检查，特别是决定是否实现了合规。复查相关的费用是指所有的费用，包括 FDA 的准备、进行和评估复查的结果以及评定和收取复查费用引起的有关行政开支（21 U.S.C.379j–31（a）（2）（B））对于国内设施或国外设施（适用时）选择下列声明：

对于国内设施，FDA 将评定并向国内设施的责任方收取复查相关费用。

对于国外设施，FDA 将评定并向国外设施的美国代理商收取复查的相关费用。

信中指出的检查确定本质上不符合法案的有关食品安全要求。因此，FDA 可以评定费用，以支付任何复查相关的费用。

十一、警告信的分配

警告信的分配如下。

1. 原件：收信人。

2. 副本：警告信中确定的每个人。

3. 密送的副本（bcc） 给下列部门：

（1）FDA-MARCS 合规管理系统（MARCS-CMS）案件归档。最后，未编辑签名信件应该在"最终结果"选项卡下加到 MARCS-CMS 案件档案中，文件类型确定为已发布的非编辑 PDF 版本的违规行为警告信。一旦被添加，这个副本就可以在 MARCS-CMS 中通过全文文档搜索获得。它也可作为 FDA 的内部副本，通过该系统任何可能需要的人均可获得。

（2）信息公开部门（DFOI） 更多信息，见信息公开法案（FOI）和信息公开用户指南超链接中的操作说明，指南超链接位于用户

指南 / 培训超链接下的 MARCS–CMS 中。

4. 如果警告信是关于外国食品设施，在 5 个工作日内通过电子邮件、电话、传真或普通邮件联系外国设施的美国代理商，并通知代理商编辑过的信件在警告信页面上可获得，页面网址：www.fda.gov/ICECI/EnforcementActions/WarningLetters

5. 添加一个编辑过的警告信 PDF 版本到 MARCS–CMS 中。应使用带 Adobe 8.1.3 补丁的 Adobe Acrobat Pro 8 软件，或 Adobe 的后续版本（例如，Pro 9 或更高版本）。Adobe Pro 8 补丁的使用将会：

（1）促进 FDA 遵守 1996 年的电子信息公开修正案（EFOIA）公布经常要求公开的记录，并根据 EFOI 的要求提供确定每个编辑文件位置和内容所需的软件工具，以及提供根据 2007 年的政府公开法案的要求允许机构拒绝公开编辑文件的法定豁免；

（2）促进 FDA 遵守美国残疾人法案第 508 节的规定，创建符合 508 节规定的 PDF 文件。

6. 另外，给地方经销商、工厂档案、WL 文件、内存邮件、合适的联邦和州政府机构提供副本。

7. 提供一份编辑过的关于膳食补充剂的警告信副本给：

Associate Director（副主任）；

Division of Advertising Practices（广告业务部）；

Federal Trade Commission（美国联邦贸易委员会）；

600 Pennsylvania Avenue，N.W.（宾夕法尼亚大街 N.M.600 号）；

Washington，D.C. 20580（华盛顿特区，20580）。

（或者发送编辑过的电子副本到：mengele@ftc.gov）

十二、给进口商、海关经纪人和国外企业的 警告信和无标题信

所有负责发出警告信和无标题信件的 FDA 的组成部门必须依照 FDA 的《FDA 警告信和无标题信的程序》执行。

辖区应该给违规行为的责任方发布所有的警告信。因此，无论是 发布警告信还是无标题信件之前，发布的办公室必须确定"责任 方"的身份和角色。辖区可通过检查经由 CBP 的 ABI/ACS 提交 给 FDA 的 OASIS 的输入文件或 / 和电子输入数据或者其他的支持 记录作出此决定。尤其重要的是确定记录中的进口商是否是实际 的进口商（也就是说，进口为了自身的利益），或者是否这个记 录中的进口商是海关经纪人充当实际进口商的代理人。一般来说， 海关经纪人只是实际进口商的代理人，因此不是辖区发布警告信 的责任方。更多信息见下面的"海关经纪人"。

进口警示 #00-17 包含了发布给进口商的警告信列表。

在向进口商品的进口商、收货人、所有人或者代理人发布警告 信或者无标题信件的过程中，通过电话（301-443-6553）联系

进口业务和政策部门（DIOP）的执行和政策部门（HFC-172）要求协助。

（一）进口商

FDA可向进口商、所有人或者FDA监管的进口商品的收货人发布警告信和无标题信件，当他们从事违反法案的行为时。

（二）海关经纪人

一般来说，给海关经纪人发布警告信或者无标题信件是不合适的，除非这个经纪人同时也是所有人、收货人或者负责进口货物的进口商。如果海关经纪人也是所有人、收货人或者进口商，即发起进口方，或者如果该经纪人通过与进口商的在先约定对进口产品有支配权，在这些情况下，给海关经纪人发布警告信或者无标题信件是恰当的。

在任何情况下，辖区应该确保警告信和无标题信发布给违规行为责任方。

（三）国外企业

如果FDA对企业有监管的权利并且准备使用这项权利的话，那么发布警告信或者无标题信件可能是恰当的。如果企业多次提供违法产品以供进口，则可以未经物质性检查直接进行扣押。除非国外企业是在FDA的监管范围内，否则发布警告信和无标题信件应该与首席律师办公室进行讨论。被授权的FDA官员可以在企业检查或者其他信息的基础上，给FDA监管的产品的国外生产商发布警告信。对于 CBER 监管的产品，也可以考虑对许可的外国企业作出行政行为。

十三、信息公开（FOI）

（一）警告信的网上发布

信息公开部门（DFOI）将使用 MARCS 的合规管理系统（MARCS–CMS）获得编辑的警告信。当采取行动的日期（例如警告信上的日期）被输入到 MARCS–CMS 中时，警告信电子案件档案中的信息公开部分就公开了。确认辖区或者中心的 FOI 官员编辑警告信。在发布警告信的辖区或者中心的 FOI 官员编辑完警告信之后，往 MARCS–CMS 里添加（扫描或者上传）一份已编辑的警告信 PDF 版本。不要在编辑过的副本上包含"抄送"信息或者有关起草序列的"版权页"等。

当编辑过的违规行为警告信文件被添加，MARCS–CMS 提醒 DFOI 一份新的、已编辑好的警告信已准备好有待 DFOI 最后的审查和网上的公布。

更多的信息，见 MARCS–CMS 中 FOI 用户指南超链接里的操作说明。

（二）警告信的 FOI 请求

所有 FDA 发出的警告信（编辑过的）都必须在 FDA 的警告信网页上公布，这样公众就可以在无需提交一份正式的 FOIA 请求的情况下直接获取副本。如果 FDA 还未将警告信公布在警告信网页上，请求者应该向 DFOI 传真一份关于警告信副本的请求以待回应。通过遵守这个程序，机构就会符合"先进先出"的政策。不要向公众公开警告信副本，除非你的办公室是通过 DFOI 收到 FOIA 请求的。

DFOI 会从 MARCS–CMS 中获得发出的警告信。或者，如果最终的警告信没有包含在 MARCS–CMS 的案件档案中，根据既定的监管程序，DFOI 会通知执行办公室的合规管理和执行部门。

让公众参阅机构的"手册"中关于提交信息公开请求的 FDA 程序，网址：http://www.fda.gov/opacom/backgrounders/foiahand.html。手册包括 DFOI 的邮箱地址和传真号码。通常情况下，不要接受以电子或者电话方式要求公开文件（包括警告信）的请求。

CTP 零售商合规性核实检查警告信公布在烟草零售商合规性核实检查网页上。网址：http://www.fda.gov/TobaccoProducts/GuidanceComplianceRegulatoryInformation/ucm232109.htm

十四、生物制品审评与研究中心（CBER）

CBER 监管产品的合规性项目位于：

http://www.fda.gov/BiologicsBloodVaccines/GuidanceComplianceRegulatoryInformation/ComplianceActivities/Enforcement/CompliancePrograms/default.htm.

评估违规行为以决定他们是否具有监管意义。为了更好地作出决定，参阅每个合规性项目的第五部分，那里提供了可能引起执法行为的偏差信息。

CBER 的合规性和生物制品质量办公室中处理警告信建议的组织单位是案件管理部门（HFM-610）。可通过拨打（301）827-6201联系他们。

（一）CBER 项目警告信

1. 所有给许可企业的信件都应该发给其负责人。信件的副本也应发送给授权的官员。对于未经许可的机构，信件应该发给最具责任的个人，例如血库主管或者医院管理人。

2. 偏差的列表（那些如果没有及时充分的纠正就可能导致执法行为的偏差）作为确定做法建议的指导。任何重大偏差，无论是重复还是孤立地发生，都可能引起警告信的发布。

3. 辖区主管发布警告信需要 CBER 同意的具体领域列在上述的"中心同意以及中心发布警告信"部分。此外，辖区向其他联邦机构发布警告信没有直接的参考权限，一旦完成了适当的审查，警告信直接由辖区发布，生物制品团队的警告信除外，它是在 CBER 同意后由执行办公室发布。

同样，所有负责发出警告信和无标题信件的 FDA 的组成部门必须依照 FDA 的《FDA 警告信和无标题信的程序》执行。

4. 在警告信的答复收到大约 30 日以后，安排一次后续的检查以确定报告的纠正措施是否充分。当纠正措施还没有做出，或者该企业未能答复，那么辖区应该考虑适当的后续行动。

5. 向案件管理部门（HFM-610）发送所有警告信的副本。

6.辖区应该给合适的州机构常规地提供警告信的副本。如果不知道负责这些产品监管的州办公室，联系监管事务办公室的联邦 – 州关系部门（HFC-150），电话（301）827-6906。信件应予编辑以保护商业机密，除非州官员是被委任的或者这种共享是法律授权的。

（二）对于血库检查的联邦 – 州关系

目前，机构没有与州或者地方的管辖机构关于血库检查或者监管的正式合作项目。鼓励与这些当局合作，特别是在州或地方的管辖机构有血库监管项目的情况下。任何可能的情况下应与各级州政府建立信息交流。

（三）广告和促销标签处程序指南

广告和促销标签处（APLB）在合规和生物制品质量办公室的案件管理部门，其可以通过以书面形式向生产商告知违规行为启动监管行为，如果：广告和促销标签不符合批准的标签（包装内说明书）、不符合用于审批产品的临床数据或者是不符合法案以及标签广告规章的可适用部分。

同样，所有负责发出警告信和无标题信件的 FDA 的组成部分必须依照 FDA 的《FDA 警告信和无标题信的程序》执行。

（四）警告信建议

将警告信建议发送给 CBER 合规和生物制品质量办公室。

1. 关于血液、血浆和人类细胞、组织及基于细胞组织的产品（HCT/Ps），发送到：案件管理部门血液和组织合规处（HFM-614）主管。

2. 关于生物药品和设备，发送到：案件管理部门生物药品和设备处（HFM-624）主管（生物治疗药物除外，其须提交给 CDER 以待同意）。

CBER 警告信的问题直接发给案件管理部门（HFM-610）。电话：301-827-6201。

同样，所有负责发出警告信和无标题信件的 FDA 的组成部分必须依照 FDA 的《FDA 警告信和无标题信的程序》执行。

十五、美国药品审评与研究中心（CDER）

（一）批准前检查/待定申请－拒绝批准

如果没有其他 FDA 监管的产品由企业在市场上销售，辖区办公室不建议将警告信作为对于待定药品或设备申请（ANDAs，NDAs，BLAs）进行批准前检查的后续行为。

如果企业在市场上销售其他 FDA 监管的产品以及这个（些）问题影响销售的产品或者检查已延伸到包括在 483 报告中的上市产品，辖区办公室建议警告信可用于药品及设备企业的批准前检查。这些信件应包括以下声明："由于列在所附 FDA483 报告中的不足，我们向中心建议关于'…'申请应被拒绝"

（二）对于评价符合法案的掺假规定和 cGMP 的监督检查

基于为评价制造现场符合法案的掺假规定和 cGMP 所做的监督检查的结果,辖区办公室建议发出警告信,见下面第三部分的"CDER 指控的标准"。偏差的列表（那些如果没有及时充分的纠正就可能导致执法行为的偏差）作为确定做法建议的指导。任何重大偏差，无论是重复还是孤立地发生，都可能引起警告信的发布。对于治疗性生物药品，评价它们符合掺假规定和 cGMP 的行动将由受过适当训练的调查人员，最好是 III 级认证的药品调查人员来进行。这些药品也会和其他药品一样受到 CDER 同样的程序和行为的监管。如果有关于中心管理治疗性生物药品的问题，联系 CDER 生产和产品质量办公室 GMP 评价部门主管，电话 301–796–3275。

（三）CDER 指控的标准

1. 原始新药的指控　对于声称在 1938 年之前或 1962 年前已投放市场的药品的指控如下。

21 U.S.C. 355（a），505（a）指控：这些药品是 21 U.S.C. 321（p），法案 201（p）条款意义上的新药，并且根据 21 U.S.C. 355（b），法案 505（b）提出的申请的批准，对于这些药品是没有效力的。根据 21 U.S.C. 355（j）和 21 CFR 312 部分，法案 505（i）条款声称的研究豁免的通知对于这些药品是不存档的，并且支持这些药品的文件资料和"原始"豁免尚未提交的,根据 21 CFR 314.200（e）（2）构成放弃这些声明。

2. 后门新药（Bank Door New Drug）的指控　当因为缺乏被查封物

品的州际活动不能使用新药指控（505）时，但是如存在作为 301
（k）样本的组分的洲际活动的文件记录，那么指控就是此产品持
有待售时是错标的。

21 U.S.C. 352（f）（1），法案 502（f）（1）指控:药品（药物名称）
是错标的,在于其标签未能具有充分的要求或建议的使用说明（如
上所述），并且它不能豁免根据 21 CFR 201.115 法规的要求，因
为此药品是 21 U.S.C. 321（p），法案 201（p）条款意义上的新药，
并且根据 21 U.S.C. 355（b），法案 505（b）和 505（j）提出的申
请不予批准，对于这些药品是有效的。

502(f)(1)指控适用于用药说明"在事实上不够充分"的 OTC 药品。
这些药物是：①没有用药说明；②有用药说明，但偏离了最终版
本专著的要求；③有用药说明，但缺乏安全使用药品必要的信息
是，如剂量或给药的次数（见 21 CFR 201.5.）。然而，如果"对
于一般的使用有充分的说明，且为普通人所知道" 502（f）（1）指
控不应被使用（见 21 CFR 201.116.）。

502（f）（1）指控适用于未经批准的新药的所有处方药。这包括
有迹象表明一般不容易进行判断的药物，即使该药物通常不会被
认为是处方药（比如鲨鱼鳍软骨用于治疗癌症）。

3. 当产品不是新药，简单的错标指控应该显示：

21 U.S.C. 352（f）（1），502（f）（1）指控：药品（药物名称）是
错标的，在于其标签不具有充分的要求或建议的使用说明。

4. 没有用药说明标签的处方药　指控如下：

21 U.S.C. 352（f）（1），502（f）（1）指控:药品（药名）应遵守 21 U.S.C. 353（b）（1），法案 503（b）（1）的规定，并且在其标签未能具有 21 CFR 201.100 法规所要求的信息的情况下,不能免除 21 U.S.C. 352（f）（1），502（f）（1）的指控。(信息要求提供充分的使用说明，根据说明法律许可的执业医师可以安全用药并且达到希望的用药目的，信息还包括适应证、作用、剂量、用药途径、方法、次数和给药周期、相关的危险、禁忌证、不良反应和注意事项)。

5. 药品注册登记　指控是根据法案 502（o）的错标但是违规行为是未能注册登记。

21 U.S.C. 352（o），502（o）指控：药品（药名）是错标的，在于他们由没有根据 21 U.S.C. 360，法案 510 及时注册的企业制造、配制、繁殖、调配或加工，并且药品未能按照 21 U.S.C. 360（j），法案 510（j）的要求进行登记。

6. 处方药　法案 503（b）（1）为确定该药品是否为处方药提供了标准。法案 503（b）（1）不是违规行为的指控如下。

21 U.S.C. 353（b）（1），503（b）（1）指控：药品（药名）由于其毒性或其他有害影响的潜在可能性，或使用方法，对于使用者来说是不安全的（除非在法律许可的执业医生监督之下给药）。并且是错标的，因为不是由执业医师根据处方配药。

（1）对于处方药

21 U.S.C. 353（b）（4）（A），503（b）（4）（A）指控:药品（药名）应遵守 21 U.S.C. 353（b）（1），法案 503（b）（1）的规定，它是

错标的，在于其标签未能包含处方药标志——"Rx only"。

（2）对于不应标注处方药标志的非处方药

21 U.S.C. 353（b）（4）（B），503（b）（4）（B）指控：药品（药名）不需遵守 21 U.S.C. 353（b）（1），503（b）（1）的规定，它是错标的，在于它的标签标注了处方药标志"Rx only"并且没有被授权作出这样的标志。

7. 未获批准的新药指控　当存在成品的、标记的药物产品的州际活动时，下列未获批准的新药可以被使用。

21 U.S.C.355（a），505（a）指控：药品（药名）是 21 U.S.C.321（g），法案 201（g）意义范围内的药品，根据 21 U.S.C.355（a），法案 505（a）的规定，其不能被引入或为引入而运送到州际贸易，因为它是 21 U.S.C.321（p），法案 201（p）意义内的新药，并且根据 21 U.S.C.355（b），法案 505（b）的规定，提出的申请不予批准对于这样的药品是有效的。

8. 关于医疗欺诈问题的信息　与互联网和医疗欺诈团队联系。电话（301）796-3342。

9. 关于药房调配问题的信息　联系药房调配团队。电话（301）796-3409。

10. 由于缺乏与 cGMP 一致性的掺假　指控如下。

21 U.S.C. 351（a）（2）（B），501（a）（2）（B）指控：药品（药名）

是 21 U.S.C. 351（a）（2）（B），法案 501（a）（2）（B）意义上的掺假，在于制造、加工、包装，或保存所用的方法或设施或者采取的控制不符合 CGMP 法规，或者其操作或管理没有遵守 CGMP 法规 [21 CFR 210，211]。

11. 不良药品举报违规行为和 NDA 现场报警举报　指控如下。

21 U.S.C. 355（k）（1），505（k）（1）指控：贵公司未能按条例 21 U.S.C. 355（k）（1），505（k）（1）要求建立和保持记录、报告数据、临床经验以及其他数据或信息的药物申请批准生效。

未能在条例 21 U.S.C. 331（E），301（e）规定下遵守第 505（k）条，此为禁止行为。

12. 上市后要求　如果 CDER 要求在警告信中包括违反 505（o）（3）的指控，请咨询 OCC。

同样，所有负责发出警告信和无标题信件的 FDA 的组成部分必须依照 FDA 的《FDA 警告信和无标题信的程序》执行。

十六、器械与放射卫生中心（CDRH）

（一）根据乳腺 X 射线检查质量标准法案（MQSA）的违法行为

对于在 MQSA 检查中发现的常规一级和重复二级的不合规，辖区在发送警告信之前不需要 CDRH 的同意。另外，当设备在没有证书的情况下用于乳腺 X 射线检查时，辖区可以在没有 CDRH 同意的情况下发送警告信。在其他情况下，如检查显示出现很多的 2 级和 3 级不合规，但没有 1 级或重复 2 级的不合规，辖区在发送警告信前需要 CDRH 同意。对于上述任何 MQSA 警告信需要 CDRH 同意的情况，辖区应向乳腺放射成像质量和辐射项目部门发送警告信草稿。

大多数 1 级和重复 2 级的检查结果不会导致发出警告信。

同样，所有负责发出警告信和无标题信件的 FDA 的组成部门必须依照 FDA 的《FDA 警告信和无标题信的程序》执行。

（二）指控的示范语言

1. 掺假指控

（1）21 U.S.C. 351（f）（1）（B），501（f）（1）（B）指控：它是 21 U.S.C. 360C（f），513（f）规定的 III 类设备，并且根据 21 U.S.C. 360e（a），515（a），有效的上市前许可申请没有获得批准，或者根据 21 U.S.C.360j（g），520（g），研究设备的豁免申请没有获得批准。

（2）21 U.S.C. 351（c），501（c）指控：它的强度、纯度和质量低于它声称或者显示具有的那样。

（3）21 U.S.C. 351（h），501（h）指控，在制造、包装、储存或安装中使用的方法或者所用的设施或控制不符合现行良好制造规范（cGMP）在质量系统规定中对于医疗设备的要求，同样，其规定于联邦法规汇编（CFR）21，820 部分。

（4）21 U.S.C. 351(i),501(i)指控：它是一个根据 21 U.S.C. 360j(g)，520（g）条款豁免已被批准的用于研究的设备，并且被批准豁免的人或在这样的豁免下使用设备的研究人员未能遵守由或根据这样的条款作出的要求。

2. 错误标签指控

（1）21 U.S.C. 352（a），502（a）指控：设备上的标签表示或提示设备对于（……）是恰当和有效的，因为该设备用于这样的目的不是恰当或有效的，因此表示或提示是虚假的或误导的，或与事实相反的。

（2）21 U.S.C. 352（b），502（b）指控：该设备在包装形式中并且其标签未能包含：①制造商、包装商或经销商的名称和营业场所；②关于重量、尺寸或总数的准确陈述。

（3）21 U.S.C. 352（f）（1），502（f）指控：设备的标签未能具有其意图达到目的的适当说明,因为关于……（例如,这样的目的等）的说明不能被写出来。

（4）21 U.S.C. 352（f）（1），502（f）（1）指控：设备的标签未能具有适当的使用说明，因为标签未能如 21 CFR 809.10 所要求的那样包含基于所述储存说明的产品有效期。

（5）21 U.S.C. 352（o），502（o）指控，设备由没有根据 21 U.S.C. 360，510 及时注册的企业制造、配备、增殖、调配或加工，未能包括在 21 U.S.C. 360（j），510（j）要求的登记列表中，并且未能按照 21 U.S.C. 360（k），510（k）的要求向 FDA 提供关于该设备的通知或其他信息。

（6）21 U.S.C. 352（o），502（o）指控，当设备被明显改变或修改（描述其变化）时，未能 21 CFR 807.81（a）（3）（i）的要求向 FDA 提供关于该设备的通知或其他信息。

关于质量体系法规 / MDR 警告信的例子，见合规项目 7382.845--- 医疗设备生产企业的检查。

CDRH 已经建立了从辖区办公室以电子方式提交设备警告信的单独邮箱。地址是：CDRH FPB device WL，在地址栏键入"设备 WL"会插入正确的地址。

（三）给 X 射线装配商的信件

由于日常合规性现场测试发现 B 类违法行为（见 CP 7386.003），将以无标题信件的方式向 X 射线诊断系统装配商发出信件。对于较严重的辐射危害的违法行为（A 类违法行为）发出信件要求立即采取纠正措施，将以警告信的方式发布。在违法行为继续和 / 或未能纠正违法行为持续，该机构将采取执法行为的"违法行为模式"状态下，警告信也可以向 X 射线装配商发出。法案第五章 C 分章 --- 电子产品辐射控制（以前为 1968 年的健康和安全辐射控制法案）要求部长通知装配商 / 制造商辐射发射设备不合规或有缺陷，并且无论机构是否准备采取执法行为的情况下，要求装配商 / 制造商采取后续的改正措施。如有具体的案例需要讨论或对需要本主题的进一步信息，联系 CDRH，X 射线诊断设备分公司，HFZ-240，240-276-3332。由秘书对不符合要求的或有缺陷的辐射发射装置和由汇编程序征求后续纠正行动 / 制造商或机构是否准备采取后续行动。如果有具体的案例讨论或对本课题需要进一步信息，联系 CDRH，X 射线诊断设备处（HFZ-240），电话：240-276-3332。

同样，所有负责发出警告信和无标题信件的 FDA 的组成部门必须依照 FDA 的《FDA 警告信和无标题信的程序》执行。

十七、食品安全与应用营养中心（CFSAN）和兽药中心（CVM）

CFSAN 和 CVM 将为合规项目警告信涉及的优先领域提供指导。

基于官方指定行为的食品设施检查的警告信，检查确定食品设施本质上不符合法案的有关食品安全要求，警告信应包括本节"十"中规定的陈述，以表明 FDA 会评价复查有关的费用。网址：

http://www.fda.gov/ICECI/ComplianceManuals/
RegulatoryProceduresManual/ucm176870.htm.

辖区只应通过合规管理系统（CMS）——一个电子化的案件提交系统，向 CFSAN 或 CVM 提交建议，再加上他们的证据。该系统可从 FDA 内部网站的信息技术应用页面上获得。

十八、烟草制品中心（CTP）

零售商合规性核实检查项目。

家庭吸烟预防和烟草控制法案（烟草控制法案）（公法 111-31；

123 Stat. 1776）颁布于 2009 年 6 月 22 日，修订了联邦食品、药品和化妆品法案（简称法案）并且规定了 FDA 监管烟草制品的职权。根据烟草控制法案 102 节的要求，FDA 发布了关于烟草销售和经销以及无烟烟草的最终规则。此最终规则与 FDA 在 1996 年发布的规章（61 FR 44396，1996 年 8 月 28 日）的规定是一致的，除了某些特定的例外。在 21 CFR 1140 部分的规则有两个主要部分：

（1）准入条款，其中包括对香烟、无烟烟草制品和烟草出售的限制；

（2）对于香烟、无烟烟草制品和烟草的广告、销售和推广的限制。烟草控制法案还修订了食品、药品和化妆品法案，要求机构在可行的情况下与各州签订协议对在该州的零售商进行检查以执行法案和其实施条例的适用规定。因此，按照每一协议的规定和依据机构的职权，对零售商进行合规性核实检查。

FDA 对零售商的州烟草合规性核实检查由 FDA 委任的州检查人员完成。违反规定的检查由烟草制品中心的合规和执行办公室（OCE）的州项目组进行审查。如果确定有违法行为，合规和执行办公室（OCE）将以警告信或执法行为的形式采取适当行动。辖区不参与零售商合规性核实检查或发出相关警告信。

烟草零售商违法行为指控标准包括：
（1）21 U.S.C. § 387c（a），法案 903（a）（7）（B）意义上的错标烟草制品：它们被出售或经销违反了 21 CFR 1140 部分的规定。

（2）21 U.S.C. § 387g（a）（1）（A），法案 907（a）（1）（A）意义上的具有一定特征的味道的掺假香烟。

（3）21 U.S.C. § 387k（b）（2），法案 911（b）（2）意义上的违法改装的危险烟草制品。

由于它们的性质和数量，烟草零售商警告信，不受本节"七"中规定的时间期限或"八"中规定的发布警告信办结函的限制。CTP 已制定内部程序解决时间期限和办结程序。

制造商、经销商、批发商和进口商（包括基于互联网的）：FDA 将在 2012 财政年度第一次开始检查烟草注册企业。

十九、追踪

（一）警告信的识别

所有警告信必须输入合规管理系统（CMS），不管它们是否由一个辖区或中心产生，以及它们是否被批准。发出的每一封警告信应具有 CMS 指定的编号或由行政区或中心指定的序列号。如果使用了行政区或中心指定的编号，则该编号应记录在 CMS 中以便追踪。

（二）在 FACTS 中更新企业资料状况

对国内或国外的药品、生物制品或医疗器械企业进行 cGMP 或 QS 检查后结论是发出一封违规信件时，在评审过程的每一阶段应更新现场完成和合规跟踪系统（FACTS）中的公司资料状态信息。行动办公室（即发起建议的行政区或中心）负责将有关违规的信件状态输入 FACTS。

第二节 | 无标题信

一、政策

无标题信中列举的违规行为，未达到警告信监管意义上的严重程度。因此，我们应该严格从格式和内容上区分无标题信和警告信。比如：

1. 这封信是无标题信。

2. 这封信中不包括一份声明，声明 FDA 将通知其他联邦机构该封信的发布，以便他们在考虑授予合同时可以把该信息考虑进去。

3. 信中不包含"未能及时纠正可能会导致强制行动"的警告语。

4. 这封信并不能引起授权行政区的后续行动。

5. 信函要求（不仅是需要）企业在合理的时间内（例如，"请在30 日内答复"）的书面答复，除非在有关的合规计划中提供了更具体的说明。

任何相关机构的合规官员都可以发出无标题信。

同样，所有负责发出警告信和无标题信件的 FDA 的组成部门必须依照 FDA 的《FDA 警告信和无标题信的程序》执行。

二、中心同意并发出信件

除非许可直接引用，否则在发出无标题信之前需要中心同意。同样，所有负责发出警告信和无标题信件的 FDA 的组成部门必须依照 FDA 的《FDA 警告信和无标题信的程序》执行。

三、追踪

1. 无标题信的识别

所有无标题信必须输入合规管理系统（CMS），不管它们是由一个辖区还是一个中心产生的，也不管它们是否被批准并发出。发出的每一封无标题信应具有 CMS 指定的编号或由行政区或中心指定的序列号。如果使用了行政区或中心指定的编号，则该编号应记录在 CMS 中以便追踪。

2. 在 FACTS 中更新企业资料状况

当一个盈利企业（即国内或国外的药品、生物制品或医疗器械企业）进行 cGMP 或质量体系（QS）检查时，在评审过程的每一阶段检查的文件类别应该由运行办公室更新（即国内检查行政区或国外检查行政区或中心）。当作为检查结果发布一封无标题信时，信件的发布日期和发布类型应放进相关文件类别的备注字段。

第三节 | FDA 警告信和无标题信中证据的使用

如果国家工作人员使用的参考标准为 FDA 采取的行动提供可靠的支持，该行动与 FDA 对监管行动和实验室程序的指导相一致，那么国家工作人员获得的证据足以支持警告信和无标题信的发布。

1. 如果证据仅涉及国家工作人员进行检查所得的资料，那么用以说明所使用的参考标准是可靠的因素包括但不限于以下几条。

（1）在根据合同检查程序或 FDA 参与的联合检查程序进行的检查过程中，国家检查员得出检查资料。

（2）国家检查员在接受相关法律和其他适用于检查或被检查的企业或商品要求的培训后得出检查资料。

（3）依照 FMD76"国家合约 – 检查业绩评价"（或其他适用的审计程序）通过一个合格的 FDA 或国家审计员审计，国家检查员收到一份"可接受的"等级。

（4）国家检查员按照 FDA 检查程序中提出的方式，如调查操作手册、检查指南或类似的检查方法，对观察所得进行检测并记录。

2. 如果证据涉及实验室数据，那么用以说明实验室数据和用于收集与分析样品的方法和程序是有效的和可靠的因素，包括以下几点。

（1）对涉及样品采集的程序进行了分析并发现使用这些程序对样品进行采集、处理、分析是可靠的，确保了现场科学部（DFS）主任决定样品的完整性、监管链、样本大小和测试方法是否合适。

（2）DFS 主任指出来自国家设施的实验室数据符合合规决策标准。

（3）DFS 主任通过对实验室操作、方法、抽样、证明文件的评价来审查和认可国家实验室的发现。

3. 除了通过零售商的检查来决定是否符合《家庭吸烟和烟草控制法》及其实施条例的规定外，辖区办公区必须依照行政区程序和机构合规性政策来审查并许可证据符合警告信或无标题信发布的标准。与仅仅通过零售商的检查来决定是否符合《家庭吸烟和烟草控制法》及其实施条例的规定有关的警告信和无标题信，将由烟草制品中心基于国家工作人员收集到的充分证据和记录起草。

4.FDA 产品中心对检查的企业或商品进行管辖，首席法律顾问办公室同意使用由国家工作人员获得的证据。

5. 对于依据 FDA 获得的证据来说明商品或企业目前状况，以及国家工作人员获得的证据仅仅被用来说明之前的合规史这些情况而提出警告信或无标题信建议，本部分是不适用的。

FDA

第五章
执法行为

注意：受指派从事执法工作的地区合规官员（如果行为是中心启动，或指中心消费者安全官员（CSO）/科学家）应在机构审查过程中努力追求和积极监控案件过程直到结论作出。执行和进口管理办公室（OEIO）（执行部门）在经历重大延误或者需要帮助解决科学技术或政策问题的情况下可以提供支持。那些对国内和国外的药物、生物制品、医疗设备设施、在现场履行和合规跟踪系统（FACTS）中的企业概况信息进行现行良好生产规范或质量制度的检查而产生的行为必须在审查过程的每一个阶段适时地予以更新（更多信息见第四章 FACTS 中的企业简介更新）。

第一节 | 传讯

一、目的

本节叙述了美国食品药品管理局发布 305 条款的通知的程序（21 U.S.C.335）。

二、 法律机构

FDA 根据《联邦食品、药品及化妆品法》305 条款发布传讯，其规定：

任何违反本法的行为在由秘书向任何美国刑事诉讼机构的检察官报告前，对于此类诉讼指控的人应当给予合适的通知和机会来表达他对于预期程序的看法，无论是口头或者书面的。

21 CFR 7.84 规定了发布这些通知和机会的要求。

注意：传讯仅用于预期的检察建议，不适用于警告目的。

三、多个法律下的传讯

有时，同一或者相关的行为在违反法案的同时也违反了一个或者多个其他的联邦法律，例如，生物制剂许可条款，出现在公共卫生法案（42 U.S.C. Section 262），18 U.S.C. Section 1001（欺诈和虚假陈述），以及 18 U.S.C. Section 371（共谋犯罪或欺骗国家）中。在这样的情况下，确定违法行为适用于每个法律的哪个条款和违反那个法律的具体行为。

四、传讯原则

考虑传讯的基本原则如下。

1. 行为违法已确立，机构已掌握证据支持法庭诉讼。

2. 从保护消费者的角度违法是比较重大的。

除了涉及健康危险、欺诈或特别明显的违法以外，必须向涉及的公司企业和个人提出在先警告。在检查结束时或法庭诉讼前预先通告可以以会议、事先会见、信件或 FDA 483s 的论述等形式提出。见于《FDA 监管程序手册》第四章关于预先通报的论述。

预先通报以信件的形式或 305 条款的通知涉及过去的违法行为的情况下，副本必须针对被传讯的每一个人。

注：另外，很多领域的更多特别原则可见于合规政策指南（CPGs）和合规计划指导手册（CPGM）。

五、决定传讯需要

地区合规部门负责决定传讯是否是必要的。负责案件的合规主管应该保证所有的样本和其他证据已被考虑。其他样本和证据的调查可能包括以下内容。

1. 调查现场履行和合规追踪系统（FACTS），以获得公司企业进一步信息。

2. 与实验室检查发现是否有其他样本在处理和需要做分析。

3. 检查初始样本的采集报告，确保所有有关的样本都被附上。

4. 在合规追踪系统（FACTS）里检查未完成的样本作业。

假如有其他的样品在进行分析或者企业的检查报告还没有完成，并且还没有考虑查封的情况下，你可能希望推迟行动直到整个案件被一并考虑。在这样的情形下，与调查部门和／或实验室讨论此事项以加快报告或样本的处理。

进行证据的彻底审查。例如，审查企业的监管历史以确定谁对违法行为负责和是否已作出预先通报。审查检查报告以确保任何与分析结果不一致的检查资料得到处理。确保保存样本在需要的情况下能够得到。在标签违法中，调查文档以确定企业是否在问题样本装运后修改了标签。

传讯可以仅仅基于企业的检查证据。至少有两个覆盖违法产品的记录样本是可取的。

注意：正常情况下，陈述信息和意见的通知和机会总是在违法行为上报到刑事指控前给出。但是，某些情况下，不需要提供通知和机会。当有理由相信通过 305 条款的通知提醒可能的被告会导致证据的销毁，或者导致可能的被告逃避起诉时则不需要提供通知和机会（21 CFR 7.84（a（2））。另外，当司法部门考虑进行进一步的调查时不需要提供通知和机会（21 CFR 7.84（a）（3））。

这些情况不常出现，且应在个案基础上批准。当你不能确信提供陈述意见的通知和机会是适当的情况下，向中心提交事实并请求得到中心、执行和进口管理办公室（OEIO）、首席律师办公室（OCC）的同意。

六、时间范围

所有的时间范围均采用日历的天数计，除非另有说明。

以下是应用于传讯的时间范围。

1. 现场　在涉案的最新样本做出分析后 15 个工作日。

2. 中心　收到建议后 15 个工作日。

在某一特别的案件中，可能会有好的理由来延长这些时间范围。例如，分析过程可能很长，或可能有需要从其他地区获得帮助以确定责任。在案件档案中记录这些延迟的原因。

七、现场办公室传讯程序

（一）与刑事调查办公室（OCI）事先磋商

刑事调查办公室（OCI）负责审查 FDA 内所有刑事调查建议事项，且是所有刑事事项的中心部门。

FDA 工作人员必须将所有的刑事事项（无论他们的复杂性和广度）提交给刑事调查办公室（OCI）。其包括刑事搜查令、轻罪起诉和传讯。

地区管理人员在起诉任何刑事事项前必须与当地刑事调查办公室沟通。沟通是完全必要的，其可以排除潜在的对其他正在进行的刑事调查的干扰，防止负责处理 FDA 刑事案件的首席律师办公室和司法部门之间的混乱。在沟通过程中，所有的潜在案件和任何有关的或以任何方式可能影响案件的信息需提供给刑事调查办公室。刑事调查办公室须快速作出决定其是否有意起诉此案件，以及就此决定和地区进行沟通。

如刑事调查办公室选择不起诉刑事事项，地区办公室在考虑拒绝的理由后，有权依照本章的程序继续此案件。

（二）授权传讯

传讯可以根据直接的依据发布，也可以在将建议提交给合适的中心并收到同意后发布 305 条款的通知。

办公室有义务发布 305 条款的通知以确保被传讯的企业和个人收

到预先通报，除非这种警告不需要。

1. 直接传讯

合规政策指南授权现场办公室在具体的标准满足的情况下发布 305 条款的通知。这些指南的大多数涉及恶意违法或不符合标准的行为。每当地区办公室认为传讯是排除向中心提交不必要建议的行为选择时核对合规政策指南手册。

2. 传讯建议

在地区办公室没有直接传讯的权力的情况下，其必须向合适的中心提交传讯建议以获批准。

建议应包括：

（1）案件的完整背景；

（2）通知的历史；

（3）考虑起诉的违法事实；

（4）每个被传讯的人的姓名和责任；

（5）建议的指控；

（6）支持样本；

（7）任何标签、工作表和有关的检查报告；

（8）任何问题、有关的事项、不一致之处，或案件其他问题。

建议方案应该整理有序，加上标签和索引。建议应该确定支持论述信息的所在位置。州际文件仍然是地区的责任不需要提交。但是，如果有特别的审查需要，中心可以要求提交州际文件。

3. 查封后或查封时的传讯建议

当地区基于同一潜在的违法行为在传讯建议后紧接着采取查封行为时，假如中心有所有的标签和其他考虑传讯的必要文件，提交一份引用查封建议中信息的备忘录是可取的。

当地区办公室在建议查封的同时建议传讯，将建议备忘录标示为"查封和传讯建议"。

八、确定被传讯人

（一）公司、合伙企业和协会

公司、合伙企业和协会是法案下的"人"，可以作为独立的法律实体被起诉。他们也应该被包括在传讯中。

（二）个人

在每一个案件中，谨慎考虑传讯个人。在先警告是一个前提条件，除非违法行为涉及健康危险、欺诈或者违法行为特别恶劣。

当可获得的证据确定个人与违法行为有责任关系时，FDA 的政策是可以传讯公司的官员、合伙企业成员和协会成员。美国高等法院在美利坚诉帕克案中指出：该法案不仅规定发现和纠正发生的违法行为的积极义务，而且主要是有义务采取措施确保违法行为不会发生。

拥有职权和权力的人，因此有责任去实施这些义务，如果不能这样做，必然会成为传讯的对象人选。从调查人员报告的观察资料中、通过与个人的通信和／或会议备忘录，或者通过其他手段获得证明责任所需的这类信息。另外，如有需要，和从被检查工厂的员工那里获得信息一样，也可以从上级工厂的官员和个人那里获得信息。

九、设定会见日期

如果被传讯的企业和个人处于离举行会议的办公室合理的距离范围内，安排会见日期在发布 305 条款的通知后大约 10 日。如果被传讯者距离举行会议的办公室路程较远，或者希望有一个公司律师参加，或者违法行为牵扯复杂，安排会见日期在发布 305 条款的通知后大约 20 日。

当有多个被传讯者时，为任何一个书面要求单独会见的被传讯者安排单独会见。会见可以安排在同一日期或者不同日期的不同时间。被传讯人必须向发布 305 条款的通知的办公室提交请求，而且请求必须在通知中设定的会见日期前至少 3 个工作日收到。

十、准备传讯文件

（一）305 条款的通知

在打印标题"食品药品管理局"下插入地区地址。在右边的标题"答复中"插入密码或文件参考样本编号和"等"（如果涉及到几个样本的话）。如果仅有一个产品或一类产品（比如药、烘焙产品等），在参考样本编号下直接确定此产品。完整的样本名单会随着各自的产品出现在案件记录上。

直接在"305 条款的通知"上的矩形上方或在地区地址的城市和州下方居中位置输入通知发布的日期。

在收信人的地方插入被传讯的企业或唯一拥有人（主要的被传讯人）的姓名和地址。当传讯还要列名有责任的个人，以下列方式写上姓名地址：

标准药业公司和亨利·琼斯先生

和某约翰先生

迈因街 125 号

俄亥俄州，坎顿市，邮编：28531

（不要显示列为被传讯者的个人头衔）

在通知的主体，"关于下列事项"后，输入明确简洁的陈述，确定传讯发布所依据的具体的州际装运和每个样本的产品。在每项陈述中，包括产品的名称、充分引用标签确定品牌和尺寸等、装运日期、装运的起始点和产品托运何地何人。当样本不止一个时，在每批货物的描述后面用括号显示样本编号。假如表格中空间不足以输入涉及的样本及货物，在通知主体的明显位置标记"见第二页"并在单独的页面继续输入有关样本的另外信息，标题如下："305条款的通知第二页"

注：当指控的违法行为涉及货物而不是装运时，仅包含违法行为的简洁事实陈述。

在"会议已安排为"后面输入日期、具体时间和会议地点。在声明后面的括号中加上可能方便被传讯人到场的任何信息（比如：建筑物附近可用的停车位）。

将进行会见的合规人员的名字打印在表格的底部，并让他在邮寄给被传讯的企业和个人的复印件上签名。

假如个人和企业一起被传讯，通知的所有副本上在括号里声明的下方显示分布："（重要：仔细注意所有信封）"。例如：其是致某约翰先生和罗伯特·罗先生，每个都附有指控书和信息表。

（二）指控书（FDA−1854表格）

使用FDA−1854表格。在标题下以数字增序的方式列出每个样本和产品。如果所列样本较长，安排在两列。

在标题"禁止行为"下声明违反法律的条款和法律的法定描述。

涉及 18 和 42 条的案件，引述这些法律。

在纸张的左边，接着上面的段落输入"指控"一词。如果仅涉及一个样本和指控，输入声明"本案违法在于"，随之做出违法行为的非法律描述。在多项指控的情形下，输入声明"本案违法在于以下方面"：以 1、2、3 等数字单独列出每一个指控。

当涉及许多样本和指控时，使用这样的声明"本案违法在于以下方面"：如上所述列出这些指控。在每一指控的左边，显示所涉样本的编号。

以通俗性语言陈述这些指控。没有必要去引用法律和法规的具体条款。

（三）法律状态表（FDA-454 表格）

使用 FDA-454 表格。在表格的右上角标题"样本编号"后输入传讯涉及的样本编号、A 行后面的"日期"标题的上面输入涉嫌违法行为的日期。如果涉及日期有两个以上，仅显示最早的和最近的日期，例如 94 年 3 月 3 日到 94 年 4 月 12 日。地区办公室不输入其他的条目。

（四）信息表（FDA-466a 表格）

使用表格 FDA-466a。此表格描述会见的目的和性质。没必要在此表格中输入任何信息，但是，当表格和 305 条款的通知一起送达每个传讯的个人时方为必须。

十一、传讯文件的分发

（一）305 条款的通知、指控表、法律状态表、信息表的分发

1. 送达主要的传讯人（一般为企业）为 305 条款的通知、指控书、信息表、法律状态表的签名正本。

2. 共同传讯的情况下，向每个其他的传讯人送达 305 条款的通知、指控书的副本和信息表。

3. 转发一份 305 条款的通知、指控书副本到工厂档案、查阅档案，并且如果可行，转发一份到地区居民邮局。

4. 保留三份 305 条款的通知、指控书副本在地区样本档案里，以在案件处理做出建议时备用。

（二）邮寄指南

用一个固定的、信件大小的信封（上有打印的传讯人姓名和地址）邮寄 305 条款的通知。不可使用透明信封。当个人和企业一起被传讯时，在他们各自的副本中姓名位置画圈或者加下划线，并用单独的信封将副本寄给每个被传讯人。当被传讯者利益不一致时，你应该将个人通知寄到个人的家庭地址。

通过有要求回执的认证邮件寄送 305 条款的通知。

（三）会见的延迟

地区办公室可以在被传讯人或其代表人的书面请求下同意合理的

延迟（见下面的例外部分）。延迟的时间长短取决于特定的情况，但应避免过度延期。通过信件向申请延期的被传讯人或者其代表确认新的日期。向中心提供一份信息档案副本。例外：当总部某一办公室指示会见在某一时间范围内进行时，不得未在首先与办公室磋商的情况下同意延迟。

十二、会见的转移

有的情况下，被传讯人会请求将约定的会见转移至地区范围内的另一城市、另一地区办公室或者华盛顿总部。当个人到达地区总部不现实的情况下被传讯人也可以选择其他的回答方式。

（一）在地区范围内变动

不可同意将会见地点转移到地区范围内的另一城市的请求。在另一城市举行会见的公众成本超过被传讯人的任何利益或便利。

（二）转移至另一地区

如果提出合理的背景请求将会见转移至另一地区可以得到允许，请求须向发布305条款的通知的办公室提出，并且办公室须在通知中设定的会见日期的至少3日前收到请求。[见21 CFR 7.84(e)]。但是，在批准会见地点转移的请求前，向涉及的地区核实以确保此地区能处理会见。

一旦请求批准，通过信件向被传讯人确认地点的转移。向新的会见地区发送两份信件副本，并附上：

（1）涉及样本的完整档案；

（2）有关的企业检查报告（EIRs）；

（3）一份企业记录的打印资料（如和案件有关的话）。

原来的会见地区应当建立一个临时文件夹以作为转移的记录。被转移地区将及时重新安排会见和相应的建议。在参考原来的305条款的通知和原地区批准转移的信件基础上通过信件来完成。发送副本到原地区。

会见进行后，向原地区送交原始档案和会见记录和任何展示的材料。

准备一个小的文件夹，包含记录副本、手抄本（如果有）和任何在此案件中可能会发出的通信副本。

（三）转移至总部

在会见前或会见期间，不鼓励被传讯人请求将会见转移至总部。但是，如被传讯人坚持会见在总部举行，将请求提交给涉及的中心。如得到批准，中心通知被传讯人和原地区安排会见的新的日期。地区应该随后及时将案件档案转交中心以备审查和在会见中使用。中心将向原地区返还案件档案和处理案件的记录。

十三、与律师的通信

收到305条款的通知后，代表当事人的律师会经常与地区合规官员通信联系305条款的通知事宜。由于305条款的通知发布的秘密性，在所有的潜在犯罪事项解决前一般不能向公众公开，地区合规官员有责任确保被传讯人的代理人提供适当的授权文件（见 21 CFR 7.84（g））。

没有必要从他们的律师处向被传讯人发送通信副本。但是，当确定被传讯人已经收到其律师的通信副本，并且我们对此通信作了答复，你可能希望向被传讯人发送我们的答复副本。

十四、药品广告传讯

由于药品广告的专业性质，处方药品促销办公室（OPDP）、美国药品审评与研究中心（CDER）是药品广告的主要审查者。极少例外，处方药品促销办公室（OPDP）会对药品广告违法启动传讯。

确定广告违法并且传讯为必要后，处方药品促销办公室（OPDP）可启动要求样本以支持行动。得到的样本送到责任企业所在地区。处方药品促销办公室（OPDP）要对由合适的地区发布 305 条款的通知准备传讯指导。指导要明确提出会见是否在地区办公室还是在总部进行。大多数情况下，会见安排在总部进行。

地区以通常的方式发布 305 条款的通知，一份副本给处方药品促销办公室（OPDP）。会见后，处方药品促销办公室（OPDP）会作出案件处理的决定并将决定通知该地区。

第二节 | 305 条款的通知的会见

一、目的

根据法案 305 条款的规定，在向美国检察官建议控告前，当事人有机会提出他们的观点，此部分概述了和机会有关的职权、政策和程序。

二、职权

健康与人类服务部授予食品药品监管专员广泛职权，并且，除非特别禁止，可以赋予监管专员职权进行再授权。地区主任、地方食品药品主管和中心的主任和副主任有权在再授权的情况下指派官员进行根据法案 305 条款的听证*。合规官员通过这样的任命有职权进行 305 条款的会见。

---

* 职权授权的信息可在网站 www.fda.gov/aboutfda/reportsmanualsforms/staffmanualguides 获得。

21 CFR 7.85 提供了关于会见行为的要求。

三、准备工作

除非在不寻常的情况下，举行会见的合规官员就是发布 305 条款通知的人。由于在 305 条款的通知发布和会见日期之间通常有时间间隔，合规官员应该在会见前及时审查案件。合规官员需要对案件和法律法规完全熟悉，并且要对作为案件一部分的分析结果和分析方法完全了解（必要时，同分析师进行讨论）。

合规官员应该配备任何必要的参考资料，比如法案、法规、官方药典等。合规官员可能也希望标记或复印档案中有关信息以避免在会见过程中去调查数据。这些信息可能包括：有关样本的记录、企业检查报告（EIRs）、FDA 483s 以及与向企业和个人的在先警告有关的文件（以传讯、查封、起诉、办公室访谈、信件等形式）。当准备 305 条款的通知时，为避免需要再去阅读这些材料，最好在开始审查的时候组织这些信息。

四、调查对象对特别信息的请求

调查对象、他们的律师和其他人有时想去获取有关政府案件的详细信息。根据信息自由法案（FOIA），这样的请求构成信息公开的请求。必须指出的是根据信息自由法案（FOIA），他们必须向 FDA 的信息公开部门的主任提交书面申请，让请求人参考以下网站：http://www.fda.gov/RegulatoryInformation/foi/default.htm，并且提及请求必须根据法律和 FDA 的程序进行处理。例如，FDA 内部事务助理专员可以决定根据 21 CFR 20.62（预决策信息、律师工作结果等）和 / 或根据 21 CFR. 20.64（公开调查信息、个人隐私、保密来源等），关于 FDA 案件的某些或全部信息拒绝披露。

注：如调查对象请求样本的一部分信息，遵循 21 CFR 2.10（d）和 2.10（c）论述的程序。

五、进行 305 条款的通知的会见

调查对象由于收到 305 条款的通知有时会非常不安而易于无礼和争辩。305 条款的通知的会见不是一场辩论，失去客观性的合规官员和辱骂的调查对象什么也不会得到。合规官员应该礼貌地指出会见过程不是一场审判而是给调查对象一个机会去给出他们一方的情况、讨论任何减轻情节、应该采取或计划的正确行为等，并且指出 FDA 在根据刑事诉讼制度决定是否将案件移送司法部门的时候会考虑这些信息。

合规官员应力求连续性和相关性。一些调查对象会岔开话题浪费时间、无关的或重复的论述，需要有策略地将会见聚焦于相关事项。以下是建议的常规模式以利于会见有序进展。

（一）调查对象的身份

当调查对象介绍完和入座后，记下每一个调查对象的姓名、地址、职位和业务关系。这些笔记是会见过程中现成的参考和有益于记录的过程。

（二）调查对象未能出现

经常有被传讯的个人不参加会见。确定是否有人提出声明代表未

出席者并将回答记入记录中。

指定的代表必须有调查对象签名的书面授权其有权代表作出行为的声明。如代表没有书面授权而出席，只有当合规官员通过电话或其他适当的方式确认代表的授权是真实的情况下，方可继续与有关代表人所代表的调查对象的会见（21 CFR 7.84（g））。

（三）未被传讯的个人出席

有时会有未写入 305 条款的通知的个人出席，并且在会见过程中会发现此人共担违法行为的责任。这种情况下，要求一个短中止，让书记员准备一个包括此人姓名在内的补充 305 条款的通知提交给他，并继续进行会见。

调查对象出席会见时也许有很多陪伴的人。这种情况下，合规官员应该通过姓名确定身份、陈述和调查对象的关系并声明他们出席会见是出于调查对象的利益以供记录。合规官员接着向众人宣布会见不对外公开、仅关系到调查对象、其他在场人员唯一合法事务是他们是应调查对象的要求和代表调查对象的利益，否则他们不会出席。然后，合规官员会听取所有在场人员的意见。如不作出这些行为，调查对象会主张 FDA 剥夺了他/她充分回应和解释的权利。

（四）不止一个调查对象

请求单独会见需以书面形式，并应在 305 条款的通知设定日期的至少 3 个工作日前收到（21 CFR 7.84（e））。但是，假如不止一个会见人，事先向会见人建议他们有权要求单独会见（如他们希望的话）。

（五）法律状态表（FDA-454 表格）

要求法律状态表。会见人可以在会见前和会见中完成此表。但是
你不可以要求会见人完成或提交此表，因为法律没有会见人完成
此表的要求。

（六）说明会见和指控的目的

虽然信息表（FDA 466a 表格），同时还有 305 条款的通知和指控
书包含有关通知原因的信息，合规官员应该在案件的讨论前重申
通知的目的，并向会见人说明。

1. 会见是根据法案的 305 条款而进行的，是在 FDA 作出是否向司
法部门建议起诉的决定前给他们一个机会提出任何他们相信的有
关事实。

2. 会见的目的不是结论性的决定违法行为是否发生，因此 FDA 不
会在会见中提出证人和证据。

合规官员应当简短地说明 FDA 掌握的证明违反法案（相关的其他
法律）的行为发生的信息，列在 305 条款的通知上的人由于他们
的行为或者不作为产生的责任。这些信息提供有关时间和行为的
简要概述可供有关的检查、FDA 483s、警告信等参考。要求会见
人在合规官员逐字宣读或简要概述有关每个产品装运或接收和关
于产品的指控、或行为构成违法的相关信息时会见人同步看他们
305 条款的通知和指控书的副本。

合规官员应该询问会见人是否明白这些指控。如回答是否定的，回答会见人的任何问题以确保他们明白指控的内容。如会见人指出装运和接收日期有误，澄清此差异。如会见人表示他们不承认有关产品的装运和接收，不纠缠于此事项。

（七）米兰达警告

过去，对于合规官员是否需要在进行305条款的通知会见前给出"米兰达警告"有疑问，回答是不需要。

在米兰达诉亚利桑那案中，法庭判定当一个人被羁押或剥夺自由并且受到讯问时，个人必须被告知：有权保持沉默，他所说的一切将被作为呈庭供证，他有权委托律师。此警告不适用于305条款的通知，因为305条款的通知的会见人没有被羁押或剥夺自由。此外，即使不要求米兰达警告，FDA会告知会见人，他们不必要回答，律师可以代表他们。在1976年，贝克威斯诉美利坚案中，高等法院认为即使调查已经"聚焦"于某一个人，他也没资格得到米兰达警告，除非他被羁押。在1977年1月裁决的俄勒冈诉麦斯尔森案中，高等法院认为可以自由离开的个人不需要米兰达警告。

（八）会见人声明

在论述了会见和指控的目的后，合规官员应该请会见人陈述对于被指控违法的看法。做好会见人涉及各点的陈述记录以确保在总结时有关的意见不被无意间忽略。

有时，会见人出席会见时会提交一份准备好的书面答辩。这种情况下，合规官员应当在会见人看他们的副本时大声宣读书面答辩

（如可行的话）。合规官员针对任何需要澄清的地方提出问题。在会见纪要笔录中，引用书面答辩，将其附于记录中作为证据，指出它已当着会见人的面大声宣读过，并且只将和需澄清的要点有关的信息包括在笔录中。

每个会见人也许会提出与会见问题有关的任何信息。这可能包括拟议的或修改的标签、信件、实验室数据、卫生设施合同等。在会见中用相关的样本编号、收到日期和合规官员的姓名缩写来标示会见人提交的每一份证据。将这些标识置于证据的右上角顶端（如可能的话，不要隐藏任何材料）。

会见人也许会要求合规官员对提出的改正措施的适当性进行评价。除非总部提供过具体的指导，避免作出评论并说明评论会在认真考虑提交的材料后提供并且其可能涉及总部的审查。告诉会见人信息会被包括在记录中作为证据。

（九）确定会见人的责任范围

会见人经常在表达他们关于所指控违法行为的看法时说明他们的责任。通常他们以评论的形式比如"我雇了另外的人来搞卫生"或"我下令销毁商品"等来表达他们的责任。

如有任何关于任何会见人的责任的疑问，提问问题以确定你没有把那些没有职权去查明、防止和纠正违法行为的人包括在刑事诉讼中。比如，询问谁有职权去变更虫害控制企业或咨询实验室、谁雇佣或解雇卫生设施或质量控制工作的雇员，谁指示变更标签、谁花费了建筑维修款项和购买新设备等。

除了那些出席会见的人的责任，合规官员也许需要询问有关列入305 条款的通知但是没有出席的人的责任。这可能非常重要，以免出现某地的公司官员（但不是被调查的那家公司）被传讯，但是在会见中没有出现。

（十）担保

除非会见人主动将和违法行为有关的担保包括在了他的陈述内，须仔细调查担保是否存在的问题。否则，会见人也许会忽略他 / 她有担保的事实，直到他 / 她或他的 / 她的律师最终在法庭上提出来作为抗辩理由。

如会见人请求获得关于担保的信息以便他 / 她可能会在未来获得他们，则提供一份 21 CFR 7.13 副本。

如会见人在会见中提出担保，不要评论它的有效性，告诉会见人担保的有效性会在会见后予以审查。

（十一）总结

在会见结束时，合规官员会在会见人在场的情况下作一个会见的总结，或根据他们的选择，在他们离开后紧接着进行总结。会见人由于不同的原因会希望在总结作出前离开会场，尊重他们的选择。如果是那样的话，需向会见人转交一份总结草稿副本，在 10 日内征求他们的意见，并说明如无有益建议，记录将按草稿成文。在会见人留在现场的情况下，他们应有机会提供另外的意见或者改正。告诉会见人如他们不同意，或想去澄清任何陈述，可以在总结陈述以后这样做。

如会见人承认有较长的或不相关的陈述包括在总结中，委婉地建议他们可以在会见后提交一份陈述，并且那份陈述将被包含在记录的附件中（21 CFR 7.85（g））。

1. 陈述要求

总结应始终包含的陈述大意如下。

（1）会见的目的已和会见人讨论，他们了解会见是根据法案 305 条款而进行的。

（2）已和会见人讨论了指控的问题且他们已了解这一点。

（3）会见人表示如指控的那样装运已经做出或已经接收（如不承认，或有所保留，此信息应被包括）。

（4）每一个会见人所作的有关陈述的信息须和他在企业的职权（责任）范围有关。

（5）要问会见人他们是否有改正或意见需作出（记录接下去就是他们的陈述或意见）。

（6）总结副本要转交给会见人。

（7）（记录的最后部分）总结是在会见人在场的情况下作出，且当询问他们感觉总结讨论的笔录是否准确和清楚时，他们表示是这样的（或在以下方面不是这样的）。如会见人选择在总结陈述时离开，草稿的最后部分要反映出这一事实。

打印的总结副本必须提供给每个会见人，并附上一封有封面的信件，信件指出企业和个人有机会在收到副本后于 10 个工作日内以书面形式作任何补充和修改。

2. 总结补遗

有时会见人离开会见场所后，合规官员才意识到有重要的信息从总结中被遗漏。这种情况下，要作出总结补遗并随他们在场时作出的总结一起寄给会见人。

随总结和补遗寄出的信件指出疏忽的遗漏。要求会见人 10 日内回信表示记录在补遗中的附加信息已在会见中讨论过。

会见人可能会要求会见再次进行以便为记录提交新的信息。这样的请求必须及时以书面提出，指出新的信息的性质，在最初的会见时信息没能事先获得的原因，以及为什么信息未能以文件形式提交。如地区决定会见应再次进行以接受新的信息，可以这样做。有时，会见人会要求在总部举行一个额外的会见去进一步讨论，这样的会见是 305 条款会见的延伸并由本章的程序来管理。

3. 原始会见记录

会见人有权利自费进行原始会见记录。如运用此权利，会见人必须提供必要的人员和设备来制作这个记录。会见人须提交一个免费的原始记录副本给地区办公室，地区有机会在准确性方面作出修改并获得同意。在这样的情况下，合规官员只需要在会见人离开后在内部作一个简短的总结，说明原始记录制作的背景情况、谁在场等，在此情况下，FDA 不需要准备一个（总结）。

合规官员也可以用 FDA 的费用订购会见的转录本，这种情况下，转录本的副本须提供给每个会见人（21 CFR 7.85（e））。

4. 电子记录的处理

如会见陈述已被记录、转录后，适当地用会见日期、传讯企业名称、样本编号和转录人的姓名标示记录介质。将记录存档在铅封的样本文件夹中并保留至会见人复查的 10 日期限到期，然后再删除、销毁或清除记录。

5. 准备总结

（1）准备方式

①将总结准备为一个单独的文件（参考规定的示范格式）。

②在提供给每个会见人的副本底端包括以下陈述：总结副本提供给（会见人）。

③包括传送的信件，告知会见人 10 日的补充和修改期限。

（2）副本的数量　制作足够的副本以供下列分发。

①原始记录加一份副本给中心（保留以和案件一起提交）。

②一份副本供地区案件存档。

③一份副本供地区建立企业文档。

④如有要求，一份副本给本地调查人员。

⑤一份副本供地区阅卷。

⑥每个会见人一份副本。

（十二）多次会见

规定的目的在于限制多次会见。要求变更会见的时间和地点必须符合 21 CFR 7.84（e）。新证据的提交必须符合 21 CFR 7.85（g）。尽管如此，会见人可能在出席会见时，突然声称有进一步的证据要提交，如请求是合理的，停止会见直到双方达成一致的日期。仅准备一份记录涵盖两次会见。

当会见人仅仅要求一个机会提交补充证据文件不需要他 / 她进一步出席会见，按照 21 CFR 7.85（g）的规定他 / 她可以这样做。标记在会见人收到他们的会见总结或记录副本的 10 日内收到的额外的信息和 / 或文件作为证据并添加到会见记录中。

（十三）以邮件答复

经常有会见人选择以书面形式答复来代替个人现场出席，没有必要告知已收到书面答复。但是，当你还需要澄清一些误解或会见人的疏忽时，告知收到书面答复是可取的。

控制通信到最低程度，避免出现"通过邮件进行会见"。

六、会见后程序

会见后（或书面答复，如果真有的话），必须作出决定，处理涉及每一个样本的指控。指控可以通过下列行为的一种或者几种来处理：永久中止、临时中止或起诉。

（一）永久中止和临时中止案件报告

地区应在会见后 7 日内处理确定为中止状态的案件，以通知形式送至合适的中心，如下所述。

1. 永久中止

准备一份备忘录给合适的中心合规办公室，题头为"传讯后的永久中止"，备忘录提供将案件定为永久中止的理由，后面写上作出这个决定的地区。附件应包括305条款通知副本，其背面签上"永久中止（日期和缩写）"、一份指控书副本、会见总结副本以及任何有关的信息。在地区案件档案中保留前面所述文件的副本。

转交一份备忘录副本给中心，一份背面签上"永久中止（日期和缩写）"的 305 条款通知以及一份指控书副本给地区企业档案。本地区的合规部门应以关于样本状态的合适信息来更新样本处理记录。

2. 临时中止

准备必要的后续工作并向合适的中心合规办公室转交副本。在地区合规部门保留文件。一个临时中止(TA)的案件并不看作是结束。

（二）不起诉通知

当机构作出最终决定对 305 条款的通知中提到的任何人不建议起诉时（也就是说案件结束），发布 305 条款的通知的地区需以书面形式告知每个人这一事实（21 CFR 7.85（h）（1））。

当机构决定不起诉时,决定必须传达给发起传讯建议的办公室（一般是地区办公室）以确保不起诉通知的发布符合法规。接受传讯建议的 FDA 单位（如中心、OEIO、OCC）有责任向启动程序的办公室 / 地区通知不起诉。在收到不起诉的通知基础上，又不再重新考虑传讯建议的请求，启动办公室 / 地区应在 10 日内发布不起诉通知。

当决定是 305 条款的通知中列入的几个人之一不被包括在刑事起诉建议中时,首席律师办公室（OCC）需决定何时通知这个人（21 CFR 7.85（h）（2））。首席律师办公室（OCC）会将这个事实通知地区，地区将发出信件。当司法部门拒绝处理整个案件（21 CFR 7.85（h）（3））或拒绝处理某个个人（21 CFR 7.85（h）（4））时，后者的程序适用。

第三节 | **食品行政扣押**

一、目的

此部分提供有关食品行政扣押的程序。

二、背景

2002 年防备和应对公共健康安全和生物恐怖主义法案（Public Health Security and Bioterrorism Preparedness and Response Act of 2002）规定 FDA 有职权对食品行政扣押，并规定禁止移动扣押食品或者拿掉或改变任何扣押令所需的标志或标签。在 2011 年，FDA 食品安全现代化法案（FDA Food Safety Modernization Act）修正了行政扣押的标准，规定当 FDA 有理由相信食品掺假或冒牌时可以扣押食品。

此外，行政扣押是在 FDA 开始采取了适当的行为时，通过防止食品的移动来保护公众，其包括法案 304（a）条款下的查封、法案 302 条款下的禁令或其他行政行为，如紧急许可控制、强制性召回或食品设备注册中止。行政扣押是为迅速和立即行动而设计以确保掺假和冒牌产品不能进入市场，或如果它们已经进入市场，去阻止它们到消费者手中。因此，行政扣押是一种可以用来立即实现保护公众健康的手段。

FDA 的行政扣押职权适用于州际和州内贸易食品和美国农业部监管能力之外的食品。在《联邦食品、药品及化妆品法》（以下简称法案）、联邦肉类检验法案（Federal Meat Inspection Act）、禽类产品检验法案（Poultry Products Inspection Act）或蛋类产品检验法案（Egg Products Inspection Act）下食品扣押职权的进一步信息见调查操作指南（IOM）2.7 条款。

食品的行政扣押需要被扣押的食品所在地区的地区主任或者地区主任属下的一高级官员（以下均称为地区主任）的事先批准（21 CFR 1.391）。当命令行政扣押时，地区需要快速行动以保护公众健康。但是，在 FDA 有理由相信当食品存在《联邦食品、药品及化妆品法》402（a）（4）条款意义内的掺假时（如在需要时未能有并实施海鲜和果汁 HACCP 计划，或其他重大的违反基于风险的预防和控制标准的违法行为），地区应在发布行政扣押命令前立即向合适的中心合规办公室、首席律师办公室（OCC）和执法与进口管理办公室（OEIO）提出初步评价，要求进行咨询并获得同意。在大多数食品冒牌的情况下，地区同样应立即提出初步评价要求。

扣押的期限必须是一个合理的期限，不超过 20 日。但是，如需要提供足够的时间去采取没收、禁令或其他行政强制行为的，扣押期限可以延长至 30 日。

任何有资格对于被扣押的食品主张权利的人，如食品被没收，可以对行政扣押进行申诉，也可以请求就申诉事项进行听证。申诉和听证请求必须提交给发布扣押命令的地区主任。如请求由有资格主张被扣押食品权利的个人作出并得到主持官员的批准，听证必须在申诉提出后 2 日内进行。主持官员必须在申诉提出后 5 日内作出确认或撤销扣押的决定。

对进口到美国的食品可以进行行政扣押。和一般食品一样，行政扣押会提供进一步的保证以使食品不会流入国内市场。

用于进口到美国且受制于法案 304（h）条款下的行政扣押命令的食品应保留在进口状态等待行政扣押的处理结果。

引用条文：

食品行政扣押的监管职能见法案 304（h）条款和 21 CFR 1.377–1.406，相关的监管职能和操作见法案 201（x）、21 CFR Part 16、21 CFR 10.19 和 21 CFR 10.45。调查操作指南（IOM）2.7 分章行政扣押行为部分也包含实施行政扣押职能的指导。

三、发布和终止扣押命令

法案 304（h）条款授予 FDA 在其有理由相信食品掺假和冒牌的情况下有职权对食品予以扣押。在 FDA 决定对于食品或当事人采取适当的法律和其他行政强制措施（如紧急许可控制、食品设备注册中止、强制性召回）期间，行政扣押命令暂时防止潜在的掺假或冒牌食品流入市场。与食品药品管理局保护公众健康的使命相一致，FDA 会在食品行政扣押的运用上实施基于风险的方法。

地区主任在决定是否作出行政扣押命令时应考虑法案 304（a）或 302 条款下的法律行为和其他行政强制行为的可行性。

地区应把重点放在（但不限于）带来下列食品安全风险的食品上，确定行政扣押的优先事项：

使用或接触掺假或冒牌食品会导致严重的健康不良后果或死亡的合理可能性（即一类召回和报告的食品情形发生）。使用或接触掺假或冒牌食品可能导致暂时的或医学上可逆的健康不良后果或者严重的健康不良后果的可能性是远期的（即二类召回的情形）。

（一）扣押依据

FDA 的工作人员（或者 FDA 委任作为部门官员的州或当地官员或工作人员）可以命令扣押（须有合适的 FDA 地区主任的批准，如下面所述），在 FDA 有理由相信食品掺假或冒牌的情况下，命令扣押是其检验、检查、调查食品职能的一部分（法案 304（h）条款和 21 CFR 1.378）。

（二）地区主任批准扣押命令

食品所在地区的 FDA 地区主任须批准扣押命令。如事先书面批准不可行，必须事先获得口头批准并尽快以书面形式确认（21 CFR 1.391）。

在批准扣押命令之前，地区主任应证实有理由相信食品掺假或冒牌。当 FDA 有理由相信食品掺假或冒牌时，地区需要快速行动以保护公众健康。但是，当食品存在法案 402（a）（4）条款意义上的掺假时（如在需要时未能有并实施海鲜和果汁 HACCP 计划，或其他重大的违反基于风险的预防和控制标准的违法行为），地区应在发布行政扣押命令前立即向合适的中心合规办公室、首席律师办公室（OCC）和执法和进口管理办公室（OEIO）提出初步评价要求进行咨询并获得同意。在初步评价要求前需提供适当的支持文件。初步评价要求启动了地区、执法和进口管理办公室（OEIO）、合适的中心（CFSAN 或 CVM）之间在可能做出的机构执法行为上的合作进程。初步评价要求确定见第六章没收和禁令指南部分。

（三）通知

如食品对于人类和动物显露出严重的健康不良后果或死亡的危险，地区还应通知食品药品管理局紧急行动中心（EOC）（1-866-300-4347 或 301-796-8240）。食品药品管理局紧急行动中心（EOC）将协调任何和食品相关的应急响应行动并以口头或书面形式通知合适的办公室（食品和兽药办公室、食品安全与应用营养中心、兽药中心和 监管事务办公室）。

（四）发布扣押命令

扣押命令必须以书面形式发布即扣押命令表格（FDA 2289 表格）。扣押命令必须由有理由相信食品掺假或冒牌的 FDA 工作人员（通常是调查人员）或委任的官员签名和签署日期。FDA 必须将扣押命令发布给食品管理人（即所有人、经营者或负责食品所在地的代理人）。如此人非食品所有人，FDA 必须提供一份扣押命令副本给食品所有人，如所有人的身份不容易确定（21 CFR 1.392（a）），不能由调查人员当面递交的副本的，必须和投递收据记录一起尽快通过快递方式寄出。

如食品被扣押在运输食品的车辆或其他运输工具中，FDA 必须提供扣押命令的副本给承运人、进口商（如果适用的话）、车辆或运输工具的所有人和经营者和食品的所有人。如他们的身份不容易确定，不能由调查人员当面递交的副本的，必须和投递收据记录一起尽快通过快递方式寄出。

（五）扣押命令和扣押标志

调查操作指南（IOM）2.7.2.3 条款提供了填写扣押命令（FDA 2289 表格）的指南。调查操作指南（IOM）2.7.2.4 条款提供了填写扣押标志（FDA 2290 表格）的指南，其应附在受到扣押命令的食品物件上。如有必要，除了扣押标志外，可以用一标签来识别被扣押的食品物件，21 CFR 1.382 规定了标签需包含的信息。

扣押命令需表达任何申诉事项，包括任何由扣押可能导致的任何正式听证。因此，扣押命令中有关扣押理由的信息就非常重要。

扣押命令必须提供关于扣押理由的简短、大概的说明。扣押命令没有要求包括所有的相信食品掺假和冒牌的理由，因此，扣押命令中概述的理由不要限定在可能包括在随后的法律行为中的指控上。如果扣押是基于机密信息，这些信息不能出现在扣押命令中。

（六）扣押期限

食品最初应被扣押 20 日，除非地区相信需要额外的时间去作出

没收和禁令。这样的情况下，在扣押命令发布时起扣押期限应为
30 日。

如食品已被扣押了 20 日且针对此食品的没收、禁令或其他的行
政行为尚未作出，扣押期限将被延长至共 30 日。如一扣押命令
从 20 日延长至 30 日，FDA 将发布另一扣押命令，并在产品上放
置新的标志和标签，整个扣押期限不能超过 30 日。

（七）移动扣押食品

进口到美国且受到扣押命令限制的食品，在与美国海关和边境保
护有担保的状态下不能被交付。尽管有法案 801（b）条款，任何
受到法案 304（h）条款的扣押命令限制的食品不能被进一步交付
给任何进口商、所有人或收货人。但是，这并不排除被扣押食品
在有适当的海关担保的情况下根据 FDA 的指令可以移动到一个安
全的设施内（当担保由海关法律和法规所要求，如下文所述）。

被扣押食品必须按照 FDA 在扣押命令中规定的地点和规定的条件
保存。违反扣押命令移动被扣押食品根据法案 301（bb）条款是
禁止的行为。

除下文所述，任何人不得转移被扣押的食品（或从它被命令扣押
的地方、或从它被搬动到的地方），直到扣押命令被地区主任终
结或扣押期限已到（以先发生者为准）。

地区主任可以书面形式批准修改扣押命令的请求以允许被扣押食
品的移动，基于 21 CFR 1.381（c）下的以下任何目的：

（1）销毁被扣押食品；

（2）根据扣押命令的条款移动被扣押食品至一安全设施内（见下文）；

（3）维护或保持食品的完整性或质量；

（4）地区主任认为是适当的情况下的任何其他目的。

要求的标志或标签在移动过程中和移动后必须附随在被扣押食品上，并且随食品保留直到 FDA 终止扣押命令或扣押期限到期（以先发生者为准），除非批准扣押命令修改的地区主任以另外的方式允许（21 CFR 1.381（f））。

地区主任批准请求修改扣押命令以允许移动被扣押食品的信件应说明（21 CFR 1.381（e））：

（1）被扣押食品仍在扣押状态下无论转移前、转移中还是转移后；

（2）FDA 必须监督被扣押食品的转移；

（3）FDA 已经拒绝监督转移且收到扣押命令的人或其代表必须立即通知地区主任被扣押食品转移到的具体位置。这样的通知必须通过传真、电子邮件或其他经地区主任同意的书面形式发送给批准此命令的地区主任。

（八）在 FDA 的要求下移动到安全的设施内

如食品被扣押后 FDA 确定必须移动至安全设施内，被扣押食品必须由所有人或提出要求的人承担费用移动至一安全设施内。在移动至安全设施前，所有人或要求者必须收到扣押命令的修改（21 CFR 1.380（c））。发布初始扣押命令的调查人员或其他有资格的官员需一个修改的扣押命令，并指出以下内容。

1. 被扣押食品必须移动到的位置。

2. 被扣押食品仍处于行政扣押下，无论是在移动至安全设施之前、过程中还是之后。

3. 适用于被扣押食品的运输条件。

如前所述，被扣押食品在 FDA 修改扣押命令前不得移动至安全设施内。

（九）针对被扣押食品的法律行为（包括易腐食品）

1. 法律行为 地区应加快针对被扣押食品或其所有人的法律行为的准备工作以获得对于临时（即 20~30 日）被扣押食品（特别是易腐食品）的控制，大多数情况下这将会通过没收行为来完成。

如 FDA 针对被扣押的易腐食品作出没收行为（定义在 21 CFR 1.377），我们需要根据 21 CFR 1.383 在针对易腐食品发布扣押命令的 4 日内向司法部门（DOJ）呈送没收建议，除非有情有可原的情形。情有可原的情形包括（但不仅限于）：验证性的检测结果或其他证据的收集需要不止 4 日的时间才能完成。如第 4 日是非工作日，首席律师办公室应在建议查封计划的截止期限前的最后一个工作日通知司法部门，并在非工作日后的第一个工作日呈送上没收建议。

所有针对被扣押食品的法律诉讼的建议必须被标记以表明行为涉及在行政扣押状态下的产品，建议必须包括扣押到期的日期（对于易腐食品，向司法部门呈送建议的截止日期）。对于没收和禁令的批准过程的程序，参考第六章第一节。中心、执法部门和首席律师办公室需同时审查案件启动备忘录（CIM）和支持的证据。中心合规办公室、执法部门和首席律师办公室加快他们的审查以确保法律行为在扣押到期前作出。一份最终的签名检查报告对于没收行为是首选，但是，一份最终的叙述性检查报告可能不是在所有情况下都是需要的。例如，没收行为在附有记录违法行为的支持证据（如照片、官方样本、记录副本、口供）的 FDA 483 表格的基础上已经实施。地区应注意易腐食品没收行为必须在发布扣押命令的 4 日之内转到司法部门。关于可用证据合适性的决定需由审查协调人员在个案基础上作出，最终决定在于首席律师办公室。对要求行政扣押和没收行为的初步评价过程中，应讨论逻辑问题。

当法律行为为没收时，地区有责任配合美国检察官办公室和美国法警服务的工作以方便食品诉讼和没收的及时立案。地区同样有责任立即向合适的中心合规办公室、执法部门（DE）、首席律师办公室（OCC）以及任何正在处理扣押命令的申诉的官员以口头的或电子邮件形式提供完成没收的通知。合规管理系统（CMS）应及时更新包括行为发生的日期在内的法律文件记录。

当对于扣押命令中涉及的食品已作出没收或禁令行为，对于扣押命令的申诉过程即告终止（21 CFR 1.402（c））。

2.行政行为　在扣押过程中，如合适并可能的话，地区应作出其他的行政行为（如紧急许可控制、强制召回命令、食品设备注册中止）。行政扣押至少在 20 日内有效，并在扣押期限不被延长的情况下终止。如需更多时间能让 FDA 作出行政行为，行政扣押可以延长，如必要的话延长 10 日期限，扣押期限总共为 30 日。

在作出强制措施的同时，如需要控制食品的移动，行政扣押可与其他行政行为协同使用。请注意，行政扣押不同于其他行政行为，且不是其他行政行为的前提条件，行政扣押不改变为其他行政行为确立的过程或时间框架。但是，当与被扣押食品或牵涉的企业有关的多重监管行为作出时，应在必要的和适当的程度上协调各自的行政行为以控制和处理被扣押的食品。

（十）扣押命令的终止或到期

如 FDA 终止扣押命令，地区主任需向任何收到扣押命令的人或其代表人发布一个解除食品扣押的扣押终止通知，并去除或书面授权去除扣押所需要的标志和标签（21 CFR 1.384）。虽然法规没有给出 FDA 发布扣押终止通知的时间框架，我们希望我们会向收到扣押命令的当事人在决定终止扣押的 1 日内正常发布终止通知。

FDA 在以下情况发生时会终止扣押命令。

1.FDA 确定食品没有掺假或冒牌。

2.FDA 批准自动销毁且销毁已完成。

3. 扣押命令被申诉（有或没有非正式听证）且主持官员撤销扣押命令。

4. 根据法案 304（a）条款，查封行为已在法庭作出且商品已被美国法警根据法院颁发的授权查封，或者根据法案 302 条款，禁令已在法庭作出。

地区主任向收到扣押命令的人或其代表人发布扣押终止通知（FDA-2291 表格），如在扣押终止前，根据扣押命令的修改食品已发生移动，通知发给食品的所有人。通知可由当面或通过邮件发出，如终止通知通过邮件发出，要求扣押标志（FDA-2290 表格）须被返回。如终止通知由当面发出，见调查操作指南（IOM）2.7.2.5条款的指南。

一旦扣押期限到期，扣押自动终止。一般来说，地区主任会确认扣押的到期并用扣押终止通知（FDA-2291 表格）解除食品的扣押，程序在本小节描述。

（十一）发布和终止扣押命令的职责

FDA 在发布和终止扣押命令的职责如下。

1. 地区的职责

地区职责如下。

（1）一旦地区意识到行政扣押可能是合适的情况下，通知合适的中心、执行和进口管理办公室（OEIO）以及首席律师办公室（OCC）。当有理由相信食品掺假或冒牌地区应作出决定且随后作出相应的反应以保护公众健康。在有食品出现法案 402（a）（4）条款意义上的掺假的情况下（如在需要时未能有并实施海鲜和果汁 HACCP 计划，或其他重大的违反基于风险的预防和控制标准的违法行为），地区应在发布行政扣押命令前立即向合适的中心合规办公室、首席律师办公室（OCC）以及执法和进口管理办公室（OEIO）提出初步评价要求进行咨询并获得同意，在请求初步评价前必须提供合适的支持证据文件。

（2）根据法案 402（a）（4）掺假的规定，发布扣押命令前确保得到合适的中心的科学和政策支持、执行以及进口管理办公室（OEIO）的政策支持和首席律师办公室（OCC）的法律支持。

（3）依照 21 CFR 1.391，获得地区主任的批准。

（4）发布扣押命令。

（5）以电话或电子邮件通知执行部门主管、合适的中心的高级合规官员或被任命的官员以及首席律师办公室扣押命令已经发布，且在命令发布后立即以最快速有效的方式（加载扫描附件到合规管理系统、传真、特快专递、电子邮件等）向他们提供一份扣押命令副本。

（6）提供一份支持信息的副本（如 FDA–483 表格）给执行办公室合规官员、合适的中心的高级合规官员或被任命的官员以及首席律师办公室。

（7）向执行和进口管理办公室（OEIO）主管通知地区发布了扣押命令以便其可以任命主持官员。

（8）一旦食品被扣押，批准和监控被扣押食品的移动。

（9）通知地方食品药品主管（RFDD）地区已发布扣押命令，但是，地方食品药品主管（RFDD）不应参与有关发布和监控扣押命令的决策。地方食品药品主管（RFDD）可以是听证的主持人员（如有人要求听证的话），因此其避免参与调查和行动，保持听证的主体不受成见或偏见的影响（21 CFR 16.42（b））。

（10）在发布命令地区的办公室定期监控（甚至在周末）相关的电话、电子邮件和传真机，接收来自于食品被扣押企业的申诉（有或没有听证的要求）。

（11）如地区收到来自于食品被扣押企业的任何表达，地区必须立即通知首席律师办公室（OCC）的有关方和主持官员，如主持官员还没有被任命，这些信息应提供给执行和进口管理办公室（OEIO）主管，一旦官员被任命，其会将这些信息给被任命的主持官员。

（12）以适当的速度继续进行后续的法律行为或行政强制行为。

（13）有正当理由时，及时发布扣押终止通知（FDA-2291 表格）（通常在 1 日内）。

2. 中心的职责

中心的职责如下。

（1）结合初步评价要求，对于是否有理由相信食品掺假和冒牌提供快速审查和决定，答复应以电话、传真或电子邮件同时提供给地区、执行和进口管理办公室（OEIO）以及首席律师办公室（OCC），如果涉及，还应提供给紧急行动中心（EOC）以及协调应对疫情和评价（CORE）网络。

（2）提供来自于合适的中心的高级合规官员（即执法部门、合规办公室、食品安全与应用营养中心的主管或合规部门、监督和合规办公室、兽药中心的主管）的书面文件确认是否有理由相信食品掺假和冒牌，包括支持后续的法律或行政行为的必要文件。

（3）与地区合规办公室一起工作，确定支持法律案件所需要的证据。

（4）在为法律和/或行政行为提供支持前，及时通知地区、执行和进口管理办公室（OEIO）以及首席律师办公室（OCC）需要解决的任何事项或中心关心的事项。

（5）加快审查随后的法律或行政行为建议并为法律和/或行政行为提供专家证人和其他的支持（视情况）。

（6）与执法部门（DE）和首席律师办公室（OCC）协调法律和/或行政行为。

3. 执行和进口管理办公室（OEIO）职责

执行和进口管理办公室（OEIO）、执法部门（DE）职责如下。

（1）结合初步评价要求，提供快速审查。答复应以电话、传真或电子邮件同时提供给地区、执行和进口管理办公室（OEIO）以及首席律师办公室（OCC），如果涉及，还应提供给紧急行动中心（EOC）以及协调应对疫情和评价（CORE）网络。

（2）与地区、合适的中心以及首席律师办公室（OCC）协调法律和／或行政行为。

（3）安排主持官员的任命，这一工作应在过程中尽快完成，一旦FDA作出命令扣押食品的最终决定，考虑到主持官员在可能的申诉和非正式听证过程中的责任,尽快向主持官员通知他／她的角色。

（4）向被任命的主持官员提供一份扣押命令的副本和支持信息，且确认任何在食品被扣押企业和地区之间的通信副本提供给主持官员。

（5）确认提供给主持官员的所有材料的副本亦提供给被指派为主持官员提供法律支持的首席律师办公室（OCC）律师团队。

4. 首席律师办公室（OCC）的职责

首席律师办公室职责如下。

（1）在初步评价要求过程中提供法律支持和评价。

（2）向地区、合适的中心以及执行和进口管理办公室（OEIO）参与行政扣押命令和随后的法律或行政行为的工作人员提供法律支持。

（3）指派首席律师办公室（OCC）的律师审查扣押命令的信息。

（4）任命一个独立的律师团队以向主持官员在告知听证过程和程序上作出决定的作用方面提供法律支持。

四、扣押命令的申诉

（一）有或没有非正式听证的申诉

任何有权对食品主张权利的人在根据法案 304（a）被查封时可以对扣押命令提起申诉，申诉必须以书面形式通过扣押命令上确认的通信地址、电子邮件地址或传真号码提交给被扣押食品所在地的地区主任。依照联邦民事诉讼规则中的海事补充规则 G，申诉书必须包括一份经核实的声明，确认申诉人对于被扣押食品的所有人或者专有权益人的身份。申诉必须包括申诉人提出申诉的依据材料。

如扣押命令被申诉，机构必须向申诉人提供一个要求非正式听证的机会。要求听证必须是书面的，必须被包括在申诉请求书中，并符合下面规定的时间期限。当申诉没有提出真正的和实质性的事实争议时，主持官员有职权否定听证要求且作为一个法律问题，FDA 有权去判断。如主持官员在与首席律师办公室（OCC）磋商后确定听证没有道理，主持官员会发布一个关于决定的书面通知，并提供给各方解释否定的原因，如主持官员同意申诉人的听证请求，非正式听证会在申诉提出后的 20 日内进行，非正式听证将依照 21 CFR 16 部分进行（不计 21 CFR 1.403 修改之处）。

（二）时间期限

下列时间期限适用于扣押命令申诉的提出。

（1）易腐食品　申诉必须在收到扣押命令的 2 日内提出。

（2）非易腐食品　申诉必须在收到扣押命令的 10 日内提出。但是，如申诉包括听证请求，请求听证的意向的通知必须在收到扣押命令的 4 日内提出，否则不予同意。

作为申诉的一部分，意向通知仅和听证有关。

提出申诉的日期为地区办公室收到提交的日期。

如请求听证，且 FDA 如在 5b 概述的那样同意听证请求，听证必须在申诉提出的 2 日内进行。确认或撤销扣押的决定必须在申诉提出的 5 日内作出。

另外有关用于进口到美国的食品的行政扣押的操作指南，地区应参考《FDA 监管程序手册》第三章相关章节。

（三）主持官员

当地区主任发布扣押命令时，执行和进口管理办公室（OEIO）、监管事务处（ORA）的主管需任命主持官员，申诉的主持官员必须是地方食品药品主管（RFDD）或另外的地区主任属下的 FDA 高级官员（21 CFR 1.404）。一般地，被扣押食品所在地之外的将作为主持官员。执行和进口管理办公室（OEIO）、监管事务处（ORA）的主管应在地区主任发布扣押命令时联系潜在的主持官员。如那个潜在的个人未能成为主持官员，执行和进口管理办公室（OEIO）主管有责任安排让一个地方食品药品主管（RFDD）或机构官员被任命为主持官员。所有的主持官员必须根据现行的机构法规和授权而被任命。执行和进口管理办公室（OEIO）需建立一个备忘录反映这样的任命并与有官方共享。

主持官员职责如下。

1. 对于是否同意或否定来自于被扣押食品所有人的有或没有非正式听证要求的申诉作出决定。任何有权对食品主张权利的人在根据法案 304（a）食品被查封时可以对扣押命令提起申诉并要求进行 CFR 1.402 中规定的非正式听证。根据法案 304（a）条款，确定请求权人权利资格的程序规定在"联邦民事诉讼规则"的补充规则 C。

2. 如请求有听证的申诉，对于所有人是否提出真正的和实质性的事实争议作为要求听证的依据（21 CFR 16.26（a））作出决定，否则主持官员需发出信件否定对行政扣押命令进行非正式听证的要求。如听证被否定，主持官员仍然必须对申诉作出及时的决定（即根据 FDA 的法律和法规行政扣押是否适当），如下面所讨论。

3. 如有申诉，但是没要求听证，如下面所讨论，根据 FDA 的法律和法规对于行政扣押是否适当作出决定。

4. 根据 21 CFR 10.19 和 21 CFR 16.60（h）的授权，对是否放弃、修改或中止任何 21 CFR 16 部分的规定作出决定。

5. 主持非正式听证。地方食品药品主管或地区主任属下的高级官员会被指派担任这一角色。虽然地方食品药品主管（RFDD）或其他高级官员应被告知即将作出的行政扣押，但是地方食品药品主管或地区主任属下的高级官员应避免参与有关发布或监督扣押命令的决策。扣押命令发布后，地方食品药品主管或地区主任属下的高级官员，如被任命为主持官员，必须使自己与扣押的各方面事务隔离，除了那些有关他 / 她作为听证主持官员的有关职责（如听证请求作为申诉的一部分）。

6. 根据 21 CFR 1.405 发布申诉决定列举如下。

（1）如有一个提出或没提出听证的申诉，主持官员必须在提出申诉后的第 5 日中午前发出一个包含确认或撤销扣押的拟议决定的书面报告，在给出 4 个小时的时间让听证参与人根据 21 CFR 1.403（h）提出对于主持官员拟议报告的意见后，主持官员必须发布一个最终的决定，最终决定必须在申诉提出的第 5 日结束前发布。如在 5 日的时间期限之内 FDA 既未能为申诉人提供一个请求非正式听证的机会，又不能确认或终止扣押命令，则扣押命令被视为终止。

（2）即使主持官员否定了听证请求，主持官员也必须在申诉提出之日的 5 日内对于申诉发布确认或撤销扣押的决定。如主持官员在这 5 日时间期限内不能确认或终止扣押命令，则扣押命令被视为终止。

（3）如被扣押食品的所有人对扣押命令提出申诉且提供了他打算要求非正式听证的通知，但是没有及时提出非正式听证的请求，主持官员必须在申诉提出之日的 5 日内对于申诉发布确认或撤销扣押的决定，如主持官员在这 5 日期限内未能确认或终止扣押命令，则扣押命令被视为终止。

另外，21 CFR 1.405 提供下列规定。

（1）如主持官员确认扣押命令，食品保持扣押状态直到根据 21 CFR 1.384 终止扣押或根据 21 CFR 1.379 扣押期限到期，以先发生的为准。

（2）如主持官员终止扣押命令，或扣押期限到期，根据 21 CFR 1.384 的规定 FDA 必须终止扣押。

（3）根据 5 U.S.C. 702，由主持官员对于扣押的确认被认为是机构的最终行为。

（4）有关主持官员的更多职责见下文。

（四）请求听证方和主持官员之间的通信

请求听证方应避免与主持官员任何非正式的通信，如有任何这种通信发生，必须缩小至写信的方式且会成为听证行政记录的一部分。另一方必须要被提供一个信件的副本或通信的备忘录且必须给机会做出回复（21 CFR 16.44（b））。

写信件或写某一听证参与人和主持官员之间会见备忘录的人必须

向所有的参与人发送一份副本（21 CFR 16.44（c））。

（五）处理申诉的职责

1. 地区职责

（1）为申诉做准备工作应在地区决定扣押食品时即开始进行，当地区收到申诉，地区主任：

①标记申诉的日期和时间并以书面形式告知申诉人申诉已收到。

②立即以口头或电子邮件方式通知中心、执法部门、首席律师办公室和申诉的主持官员并以传真或电子方式向他们尽快转交一份申诉的副本。如需要，请求中心、执法与进口管理办公室和首席律师办公室的支持。首席律师办公室将指派为地区 / 中心提供建议的律师和为主持官员提供建议的律师。

（2）当申诉包含听证请求时，地区主任：

①根据 21 CFR 16.24（f），准备一个信息的概述，其会被 FDA 在听证中为支持扣押命令而提出，并为扣押命令准备一个扣押依据的综述。

②例外：当扣押命令是基于机密的信息，则 21 CFR 16.24（f）不适用，根据信息及其来源的保护（21 CFR 1.403（e）和 1.406），地区应和首席律师办公室商讨决定主持官员是否可以告知申诉人信息的一般性质。

③只有当扣押理由被充分详细描述时,扣押命令（FDA 2289 表格）才可以作为综述使用。

（3）如主持官员同意申诉人的听证请求，地区主任向申诉人、主持官员和中心、执行和进口管理办公室以及首席律师办公室出席听证的代表转交概述和综述（不包括机密信息），地区办公室应立即向听证各方发送文件以便这些文件尽可能快地送到（但至少在听证前 1 日到达）。但是，如扣押命令是基于机密的信息，地区主任不能向申诉人提供这样的信息，地区主任在发布基于机密信息的扣押命令前必须和首席律师办公室进行商讨。

（4）至少在听证前 1 日，向申诉人、主持官员、中心、执行和进口管理办公室以及首席律师办公室出席听证的代表提供将在听证中出示的或依据的任何公开发表的文章或书面信息的书面通知或副本（如合理地预期他们不能获得这些副本）（21 CFR 16.24（g））。

（5）当申诉不包括听证请求，地区主任：

向主持官员和首席律师办公室代表主持官员的律师转交支持扣押的所有信息，其包括供 FDA 引用的概述和综述以及申诉人提供的支持申诉人申诉请求的信息，这些信息应在不迟于申诉提出后的第 3 日送达以便这些信息能够在申诉提出之日后的 5 日内被审查和作出决定。

2. 主持官员职责

（1）当收到申诉通知（有或没有听证请求），主持官员：

决定是否此申诉因为未在规定的时间期限内提交或根据 21 CFR
1.402（b）如果申诉不能证明所有人或专有权益人的身份而无效，
主持官员将向申诉人通知申诉无效的决定。如有充分的时间，根
据主持官员的自由裁量权，主持官员可以通知申诉人要求他们提
供所有人或专有权益人的书面证明并允许申诉人和所要求的信息
一起重新提交申诉，申诉的提交必须在适当的时间期限内完成，
在这个问题上应向首席律师办公室代表主持官员的律师咨询。

（2）当收到申诉通知，且请求听证，主持官员：

①决定听证是否应该被批准，听证仅会在申诉人提交的材料提出
了真正的和实质性的事实问题时被批准（21 CFR 16.26（a）），听
证不会基于法律或政策事项被批准。

②如申诉没有清楚地提出听证请求，听证将不被批准。

③如主持官员否定了听证，主持官员书面通知申诉人听证被
否定。

④如主持官员同意听证，主持官员尽快口头联系各方并确定听证
的日期以便听证能在申诉提出之日后的 2 日内进行。听证通常在
食品所在地的地区办公室进行，如可行，听证可以通过远程电话
会议或电视会议进行。

⑤向各方提供听证的时间、日期和地点的书面通知，且确保听证
技术不出问题（如电话会议线路）

⑥以口头和书面形式向申诉人提供以下内容的通知。

根据 21 CFR 1.403，21 CFR part 16 中那些对行政扣押申诉的听证被排除或变更的部分和放弃或变更的部分（见"扣押命令申诉的非正式听证"）；

根据 21 CFR 16.60（a），非正式听证不是公开的听证以保护调查记录汇编用于执法目的，根据 21 CFR 20.64 这些记录不能向公众披露，或保护商业秘密和商业机密信息，根据 21 CFR 20.61 这些信息不能向公众披露；

在听证中，申诉人应提供在听证时提出的任何冗长文件（如计算机打印出来的文本）的简短总结；

申诉人应向地区主任提供将在听证中出示的或依据的任何公开发表的文章或书面信息的书面通知或副本（如合理地预期他们不能获得这些副本），根据（21 CFR 16.24（g））的要求，如可行的的话，至少在听证前 1 日提供；

21 CFR 16.44（c）的要求（见"请求听证方和主持官员之间的通信"）。

⑦当收到申诉通知且无听证请求，主持官员口头通知听证方和申诉人

听证方：他们应该尽快提交支持他们观点的信息，这些信息应在不迟于申诉提出后的第 3 日提交，以便这些信息能够在申诉提出之日后的 5 日内被审查和作出决定。

申诉人：21 CFR 16.44（c）的要求（见"请求听证方和主持官员

之间的通信"）。

3. 首席律师办公室的职责

（1）在任何申诉和听证过程中指派律师代表地区和中心。

（2）在任何申诉和听证过程中指派不同的律师去代表主持官员。

（3）加快地区提供的信息的审查。

（4）与地区一起工作为任何听证和申诉做准备。

4. 中心的职责

（1）给地区提供科学、技术和政策支持。

（2）如有必要，代表去听证。

5. 执行部门的职责

（1）机构和首席律师办公室的组成部门，接到通知并准备听证工作。

（2）来自于地区的有关扣押和听证的文件记录都提供给中心合规办公室和首席律师办公室。

（六）申诉的终止

如 FDA 对扣押命令中涉及的食品作出查封或禁令行为则申诉过程终止（21 CFR 1.402（c）），查封或禁令行为一旦在法庭上提出即着手进行。

如查封或禁令行为在法庭上提出，地区主任需通知主持官员，主持官员需向申诉人发出信件告知因为法庭已提出查封或禁令行为，申诉已被终止。

五、 扣押命令的非正式听证

（一）背景

食品、药品及化妆品法 304（h）（4）要求 FDA 向申诉人提供一个包括"非正式听证"在内的申诉机会，食品药品及化妆品法 201（x）对此术语作了定义。21 CFR 1.403 规定 FDA 根据 21 CFR Part 16 "FDA 当面监管听证"进行。21 CFR 16.5（b）建议 21 CFR 16 的程序应运用到这样一种程度：对于其他的在法规中明确规定的给当事人提供一个听证机会的程序，他们是一个补充且不与之相冲突。21 CFR 10.19 和 21 CFR 16.60（h）给予主持官员职权去中止、变更或放弃 21 CFR 16 部分的规定。如主持官员确定提交的材料没有提出真正的和实质性的事实问题，则听证请求可能被全部或部分否定（21 CFR 16.26（a））。

（二）21 CFR Part 16 的放弃和变更

如 FDA 同意对于扣押命令提出申诉的非正式听证的请求，FDA

必须根据 21 CFR Part 16 进行听证，除非以下情形。

1. 根据 21 CFR 1.393 而不是根据 21 CFR 16.22（a）通知的扣押命令，提供了听证机会的通知并作为 21 CFR 16.80（a）下的监管听证行政记录的一部分。

2. 听证请求必须向涉案食品所在地的 FDA 地区主任提出。

3. 21 CFR 16.22（b）中的条款规定当事人不得给予少于 3 日的时间（在收到扣押通知后）去提出听证请求，不适用。

4. 21 CFR 16.24（e）中的条款规定听证不能被要求在收到听证请求后的 2 个工作日内进行，不适用。

5. 在扣押命令是基于机密信息作出时，21 CFR 1.406（而不是 21 CFR 16.24（f））描述了需提供给申诉人的陈述。

6. 21 CFR 1.404（而不是 21 CFR 16.42（a））描述了主持听证的 FDA 工作人员，如地方食品药品主管或地区主任属下的其他高级官员。

7. 主持听证官员可以要求听证在 1 日内完成，视情况而定。

8. 21 CFR 16.60（e）和 21 CFR 16.60（f）不适用于听证，主持官员必须准备一个听证的书面报告。所有在听证中出示的书面材料将附在报告中。当证人的可信性是一个重要问题时，主持官员必须将证人可信性的结果包括在听证报告中（专家证人除外），还必须包括一个带有理由陈述的拟议决定。听证参与人可以在听证报告发布的 4 个小时之内进行审查和提出意见，主持官员随后将发布机构最终的决定。

9.21 CFR 16.80（a）（4）不适用于听证。主持官员的听证报告和根据 21 CFR 1.403（h）听证参与人对于听证报告的任何意见是行政记录的一部分。

10. 根据 21 CFR 16.119 任何一方都无权向食品药品监管专员要求对主持官员的最终机构决定进行复议或暂缓。

11. 如 FDA 同意对扣押命令申诉的非正式听证请求，听证必须依照符合 21 CFR Part 16 的法规作为监管听证来进行，但是 21 CFR 16.95（b）不适用于听证。关于对扣押命令申诉的监管听证，听证行政记录规定在 21 CFR 16.80（a）（1）、（a）（2）、（a）（3）和（a）（5），且 21 CFR 1.403（i）构成主持官员对于行政扣押作出最终决定的单独记录。根据 21 CFR 10.45，为司法审查的目的，行政过程的记录由听证记录和主持官员的最终决定组成。

此外，21 CFR 16.60（b）规定各方可以面对和进行对听证事项作出任何陈述的任何人的盘问(对主持官员和其法律顾问除外)，其已被修改，代之以只有合理的问题才会被允许，参考议会的意图：众议院报告 No. 94-853，同样可见 21 CFR 16.5 和 16.60（h）。

（三）听证的进行

主持官员应通知当事人对 21 CFR Part 16 "FDA 当面的监管听证"所作的在行政扣押法规 21 CFR 1.403 中所规定的修改。主持官员需说明听证的目的是确定 FDA 在扣押时以及如扣押命令中的指控是否有理由相信食品掺假或冒牌，FDA 的代表必须说明扣押的依据并回答申诉人合理的问题。

申诉人可以提出相关的信息来支持他 / 她的观点即食品不应该被扣押。

每一方都可以对另一方进行合理的质疑（法案 201（x）（4）、21 CFR 16.60（b））

主持官员需确保出示的材料和提出的问题要和听证问题有关。

一旦听证开始，如主持官员通过提交的有关听证的材料和正式通知的事项确定关于那个问题（21 CFR 16.26（b））没有提出真正的和实质性的事实上的争点，主持官员可以在听证中作出一个即时的决定。

申诉人可以要求做听证的笔录，但是，申诉人必须自己支付记录费用并向主持官员提供一份记录副本，FDA 也可以要求听证笔录，在这种情况下，费用由政府承担。

申诉人根据信息自由法案（FOIA）（5 U.S.C. 552 以及下列），通过提交申请，可以获得政府记录的副本，21 CFR Part 20 应用于记录的提供。

主持官员应通知各方其决定，不会等待笔录做好或笔录修正做好。

（四）听证职责

1. 中心的职责

中心需提供文件、证人或办公室的听证代表（如地区或为地区提供服务的首席律师办公室的律师要求的话）。

2. 首席律师办公室（OCC）的职责

首席律师办公室需为地区、中心和 / 或主持官员提供法律服务，适当的情况下，为听证提供法律服务。

3. 地区和主持官员的职责

在"听证的进行"中包括了地区和主持官员的听证职责。

六、 发布申诉决定

（一）听证后的申诉决定

主持官员必须在申诉提出的第 5 日中午前发布一个包含确认或撤销扣押的拟议决定的听证书面报告，根据 521 CFR 1.405（a）和 1.403（h），其后听证参与人有 4 小时的时间对报告进行审查并提出意见。如机密信息被用来支持扣押，那么扣押的任何确定必须说明其是否全部或部分基于那个机密信息，但是不得披露此机密信息。

主持官员必须在申诉提出的 5 日内发布一个最终决定，如主持官员不能在 5 日内确认或终止扣押命令，扣押命令被视为终止（21 CFR 1.405（a）），应立即通知申诉人扣押终止，随后应立即以附交付确认的快递将终止通知的副本邮寄给申诉人。

（二）当申诉人不请求听证时的申诉决定

如对扣押命令提出了申诉，但申诉人没要求听证，主持官员必须在申诉提出之日的 5 日内发布确认或撤销扣押命令的最终决定。如机密信息被用来支持扣押，那么扣押的任何确定必须说明其是否全部或部分基于那个机密信息，但是不得披露此机密信息。

如主持官员不能在 5 日内确认或终止扣押命令，扣押命令被视为终止（21 CFR 1.405（a）），应立即通知申诉人扣押终止，随后应立即以附交付确认的快递将终止通知的副本邮寄给申诉人。

（三）当申诉人的听证请求被否定时的申诉决定

如主持官员否定申诉人的听证请求，主持官员必须在申诉提出之日的 5 日内发布确认或撤销扣押命令的最终决定。如机密信息被用来支持扣押，那么扣押的任何确定必须说明其是否全部或部分基于那个机密信息，但是不得披露此机密信息。

如主持官员不能在 5 日内确认或终止扣押命令，扣押命令被视为终止（21 CFR 1.405（a）），应立即通知申诉人扣押终止，随后应立即以附交付确认的快递将终止通知的副本邮寄给申诉人。

七、行政记录和信息自由法案（FOIA）的要求

（一）有听证要求的申诉的行政记录

主持官员应准备听证的行政记录，其包含以下内容（21 CFR 1.403（k））。

1. 听证机会的通知和回应（如扣押命令上指明了听证以及要求听证或不要求听证的申诉的机会）。

2. 连同要求听证的申诉一起提交给主持官员的所有书面信息和书面意见。

3. 任何听证笔录。

4. 所有信件和会议记录、参与人和主持官员之间的通信记录（如21 CFR 16.44（c）中所指）。

5. 主持官员的书面听证报告，其包括带有理由陈述的确认或撤销扣押的决定。当证人的可信性是一个重要问题时，主持官员必须将证人可信性的结果包括在听证报告中。

6. 听证参与人对于报告的意见，包括对于拟议决定的意见（21 CFR 1.403（h）和（i））。

地区在听证报告完成后应将原始的听证行政记录和官方文件一起存档在地区办公室，并将副本送给合适的中心的合规办公室、执法部门、首席律师办公室和主持官员，地区合规部门也应上传一

份副本到合规管理系统。

（二）信息自由法案（FOIA）的要求

21 CFR Part 20 适用于行政记录和有关行政扣押的其他文件的所有要求。

第四节 | 食品扣押
——其他法定职责

一、目的

本节包含 FDA 根据联邦肉类检查法案（MIA）、禽类产品检查法案（PPIA）和蛋类产品检查法案（EPIA）的条款的授权，行使扣押肉类、禽类、蛋品的职权的程序。

下列定义仅适用于本节的目的。

1. 肉和肉制品

牛、绵羊、猪、山羊、马、其他的马的躯体、躯体的部分和用这些躯体的全部或部分制作的产品。

2. 家禽和家禽制品

家禽的躯体、躯体的部分和用这些躯体的全部或部分制作的产品。例外产品是：无论是肉制品还是家禽制品的情况，某些产品因为包含肉和家禽的很小部分或历史上不被看作是肉制品或家禽制品的由美国农业部（USDA）从以上提到的法案中免除。

3. 蛋

家养的鸡、火鸡、鸭、鹅或珍珠鸡的带壳的蛋。

4. 蛋制品

添加或没有添加成分的干燥的、冷冻的、液体的蛋，例外产品是：因包含蛋的很小部分或历史上不被看作是蛋制品由美国农业部（USDA）免除的产品。

二、职权

根据美国公法（P.L.）90–201 修正的联邦肉类检查法案（MIA）、根据美国公法（P.L.）90–492 修正的禽类产品检查法案（PPIA）19 和 20（b）、蛋类产品检查法案（EPIA）19 和 23（d）规定了一定的扣押权力。

根据联邦肉类检查法案（MIA）和禽类产品检查法案（PPIA）的扣押职权规定，FDA 的代表可以扣押以上受这些法案约束的产品，如这些产品是在美国农业部检查过的工厂之外且有理由相信产品掺假或冒牌（根据《联邦食品、药品及化妆品法》）。

根据蛋类产品检查法案（EPIA）的扣押职权规定，FDA 的代表可以扣押这些受法案约束的产品，如这些产品在美国农业部检查过的工厂之外被发现且有理由相信这些产品违反了蛋类产品检查法案。(EPIA)。

注意：FDA 对于蛋和蛋制品的管辖不受州际贸易的限制，因为职权是基于违反了蛋类产品检查法案，而不是《联邦食品、药品及化妆品法》。

扣押过程是另一个实现法案获得遵守的监管工具，当在日常地区管理、执行任务或投诉的后续行为中遇到这些产品时应予以考虑，当地方或州当局不能采取即时的措施来控制产品，且/或看起来产品也不会自愿受控制的情况下这一程序会成为最合适的。

三、影响和终止扣押的标准

在扣押的情况下运用下列程序。

（一）扣押职权的行使

1. 肉制品和家禽制品

当下列所有标准满足时可以进行扣押。

（1）产品符合规定在法案 304 条款中的州际贸易的管辖要求且产品是在商业渠道中。

（2）产品位于没有经过美国农业部肉类和禽类检查的企业中。

（3）产品意在用于人类的食品或可以很容易地转变为食品使用。

（4）根据法案，产品掺假或明显的冒牌（注意：仅仅基于涉及法案402（b）的冒牌或掺假的扣押必须在扣押前由食品安全与应用营养中心来明确）。

（5）通知各自的农业部食品安全检查服务地区办公室且行动与该办公室协调一致。

2. 蛋和蛋制品

当满足所有下列标准时可以进行扣押。

（1）产品在商业渠道（注意：根据蛋类产品检查法案，对于管辖没有州际贸易的要求）。

（2）产品位于没有经过美国农业部蛋制品检查的企业中。

（3）产品意在用于人类的食品或可以很容易地转变为食品使用。

（4）有理由相信产品违反了蛋类产品检查法案。

（二）扣押行为的终止

扣押应被继续直到满足下列标准之一。

1. 州、县或市政当局已经行使了管辖权和对产品的控制，或在肉类和家禽的情况下，美国农业部已采取控制。

2. 已确定没有重大的违反《联邦食品、药品及化妆品法》或蛋类产品检查法案的行为，且美国农业部已通知将终止扣押行为。

3. 扣押的产品已变质、销毁或在适当的监督下已修复。

4.20 个连续工作日的扣押期限（执行扣押的当天计算为第一天）已到期。

5. 已进行了查封。

注意：因为扣押在 20 日的扣押期限到期以后不能再恢复，所以在完成扣押后，尽快转交查封建议。

（三）程序

调查操作指南（IOM）第二章第七节——扣押活动部分包含具体的指南，包括：初始的报告要求、启动扣押、修复和终止。

第五节　设备行政扣押

一、目的

本节规定了设备行政扣押的程序和责任。

二、设备的扣押

（一）背景

如 FDA 在检查过程中，有理由相信供人类使用的设备掺假或冒牌的，法案 304（g）授予 FDA 扣押设备长达 30 日的期限的职权。行政扣押的目的是保护公众防止违法设备的流通和使用直到 FDA 有时间考虑作出适当的行为并在合适的时候采取监管行为。行为的选择在大多数情况下是查封。设备的扣押需要设备所在地的地区主任的事先批准和合适的中心的合规主管的同意。

如查封发生，任何有权对设备主张权利的人，可以对扣押进行申诉且可以请求申诉的听证。如没有听证的请求或听证请求是在提出申诉的 5 个工作日之内，确认或撤销扣押的决定必须在收到申诉的 5 个工作日之内作出。如请求听证的日期是在收到申诉的 5 个工作日之后，决定必须在听证结论之后的 5 个工作日之内作出。生物制品审评与研究中心（CBER）以及设备与放射健康中心（CDRH）负责管理医疗设备的修正案。

（二）引用法律

行政扣押的监管职权和相关的操作见《联邦食品、药品及化妆品法》的 304（g）和 201（x）以及在 21 CFR 800.55、21 CFR 16、21 CFR 5.47 和 21 CFR 10.19 中。调查操作指南（IOM）第二章第七节——扣押行动中包含行使扣押职权的指南。

（三）扣押程序

这个执法工具应在完成查封前当设备有可能被移动或流通时予以考虑，在任何可能的时候，应采取正式的禁运而不是行政扣押，因为后者是资源密集型的。

如地区主任断定占有该设备的人会自愿保存此产品，将提供保证保持手头设备的完整性和安全性，并同意改正装运前的违规行为，则没有必要扣押商品。

至少，在批准扣押命令前，地区主任联系合适的中心的高级合规官员确保机构基于观察到的违规行为支持行政扣押，这确保机构考虑最近的政策制定或尚未传达给现场的政策变化。另外，地区主任通知总部即将作出的查封建议，联系方式：

设备与放射健康中心合规办公室（HFZ–300）主管，电话——（301）796–5500。

或，如果是生物制品设备，则为：

生物制品审评与研究中心合规和生物制品质量办公室（HFM–600）主管，电话——（301）827–6190。

同意可通过电话通知，现场或总部不需要书面同意除非因为涉及开先例的或有争议的科学、政策或法律问题等。

1. 地区主任批准扣押命令

在口头或书面发布前，地区主任批准扣押命令。如批准是口头的，应尽快采用书面形式。

2. 扣押命令的发布

调查人员或其他的授权代理人签署扣押命令，以书面形式将命令发布给所有人、经营者、代理人或其他负责设备所在地的责任人。发布命令时，FDA 调查人员通知所有人、经营者或其他责任人如扣押命令中所指出他们有机会对扣押进行申诉和要求听证。如命令没有发布到设备所有人或其代理人，那么，地区通过要求有回执的认证邮件尽快将扣押命令和 21 CFR 800.55（g）（1）和（2）的副本送达给所有人。

3. 命令的格式

扣押命令以 FDA 2289 表格——扣押通知的形式发布。

调查操作指南（IOM）2.7.2.3 包含完成此表格的指南。

扣押命令包含扣押可能导致的申诉或非正式听证的事项，因此命令中有关扣押理由的信息是非常重要的。

没有要求扣押命令包括所有相信产品掺假或冒牌的理由，仅列出较为重大的违法行为。但是，如某一违法行为没有在命令中确认，其不被作为支持扣押的依据。在扣押命令中以事实语言（非法律语言）陈述违法指控，例如，调查人员发现一个无菌的、单独包装的注射器在其包装的接缝处有漏洞、针上有黑色油腻斑点以及标签上缺少生产者的邮政编码，在扣押理由中描述这个明显的违法行为为："有理由相信设备是根据法案 501（a）（2）（A）的掺假，因为包装上有孔和针上有黑色斑点，企业在不卫生的条件下制备、包装或保存此产品，凭此它会给健康带来伤害。根据法案 502（a）的冒牌规定，因为标签上强调此为无菌且包装的完整性受到漏洞的损害，标签是虚假的或误导的。"

注意：如所有的指控不能写入表格则使用一个"续页"。

注意：扣押命令中的指控不必限于可能随后在法庭上提出的得到确认的指控。

4. 扣押期限

根据法规，扣押期限为 20 日除非地区相信需要另外的时间来完成法律诉讼，在这样的情况下，在发布扣押命令时扣押期限为 30 日。当延长扣押期限从 20 日到 30 日时，发布另一个扣押命令并在设备上放置新的标志。

根据法规，扣押期限不能持续超过 30 天。

5. 被扣押设备的移动、使用等

除下面所指的例外，没有机构的书面许可，被扣押设备不能被以任何方式移动、使用、改变或损害。因此，如有可能，调查人员应在扣押时将被扣押的设备和其他的设备或产品隔离以使它们不受干扰。

经地区主任同意，扣押设备的调查人员或其他任何负有责任的地区官员可以以书面形式批准被扣押物的移动，无论是谁移动设备都必须立即通知（口头）新位置的授权官员。

没有书面的许可禁止移动设备，仅有的例外是当商品还没有处于装运的最终形式且生产者想去完成剩下的工作，生产者可以将它们移动至扣押的设施内完成制造，但是必须在移动发生时口头通知 FDA。当制造完成时，生产者必须立即将被扣押设备和其他的产品隔离并口头通知 FDA 它们的新位置。

无论如何，没有如上面所提到的地区主任的事先书面同意，生产者不能从企业移动设备。

注意：没有 FDA 的批准，21 CFR 800.55（h）（2）禁止即使在企业内部进一步移动设备。

6. 被扣押设备的法律诉讼

地区应加快涉及被扣押设备的查封建议的准备和处理工作，建议应该被标记以指明它涉及的被扣押设备和显示扣押到期的日期，并应通过快递服务转交给负责的中心。

中心合规办公室、监管事务办公室和首席律师办公室同样应加快他们的审查以在扣押到期前完成诉讼，以防商品的移动和违法产品可能会进入市场流通。

地区负责监控扣押的期限和建议的进展，如在完成诉讼前，20 日的扣押期限到期，地区应将扣押延长一个 10 日的额外时间。

地区有责任配合美国检察官办公室和美国法警工作，确保指控及时立案和商品的及时查封。

地区同样有责任立即向合适的中心的合规办公室、首席律师办公室和主持官员提供查封完成或扣押命令的任何申诉的通知。

7. 保存记录的要求

在发布扣押命令时，或此后，地区尽快通知所有人、经营者或负责扣押设备所在地的代理商，根据 21 CFR 800.55（k），他们有责任建立和维护被扣押设备的保存记录。

8. 扣押命令的终止

扣押命令终止的理由如下。

（1）FDA 确定设备不违法。

（2）FDA 批准自动销毁或者通过修复或其他手段而合规（如重新贴标签）。

（3）FDA 撤销申诉的扣押。

（4）FDA 完成对产品的监管行为。实际的查封或暂时禁令或经过同意的命令或初步禁令的其他方式是必要的，起诉的立案不需要终止扣押命令。

（5）扣押期限到期。

被扣押设备所在地的地区主任必须批准扣押命令的终止。批准可以是口头的或书面的，如果是口头批准，确认必须是书面的。地区向收到扣押通知的人或其代表人发布扣押终止的通知（FDA 2291 表格），如在终止前设备发生移动，则通知发给占有此设备的人。如终止通知是以邮件发出，则要求返还扣押标志（FDA 2290 表格）。如扣押通知是当面发布，建议所有人、经营者或负责的代理人在从扣押之日起的 2 年期间（或 FDA 指令的更短期间）的剩余时间里保存有关扣押的记录（见调查操作指南 IOM 2.7.2.5）。

（四）发布和终止扣押命令的职责

1. 地区职责

如上面所提到，地区职责如下。

（1）在发布扣押命令前，确保得到合适的中心的高级合规官员的支持。

（2）发布扣押命令。

（3）通过电话将扣押通知执行部门（DE）主管，并立即在发布扣押命令后以可用的最快方式（传真、邮政特快专递等）向其提供扣押命令的副本。

（4）批准和监控被扣押设备的移动。

（5）将地区已发布扣押命令通知当地的主管。

注意：当扣押作出后，不得让地方食品药品主管（RFDD）参与扣押进程以避免甚至出现成见或偏见。

（6）进行后续的法律行为，如上述"被扣押设备的法律诉讼"下所论述。

2. 中心合规办公室的职责

地区与中心联系以获得同意是一个常规的程序（例行公事）。如中心的合规主管对拟议的扣押不支持，不得发布扣押命令。可以通过电话、电子邮件或其他快捷的传达方式向地区传达合规主管的决定。一般地，不必要正式提交支持扣押的文件。

合规办公室会立即审查地区提供的任何信息，通过执法部门（DE），提醒地区和首席律师办公室任何问题和向地区转交任何需要的文件。在适当时，合规办公室将提供专家证人和其他的支持。

3. 首席律师办公室职责

首席律师办公室需立即审查地区提供的任何信息，并通过执法部门，提醒地区和中心办公室在扣押作出前的任何问题。

负责诉讼的副首席律师或负责法规和听证的副首席律师应在首席律师办公室作出人员安排并通知中心和执法部门指派到此案件的律师。首席律师办公室将开始对于任何申诉的初步准备工作，首席律师办公室将决定地区和地方食品药品主管（RFDD）是否需要法律顾问。

4. 执法部门职责

在收到扣押已作出或地区已收到随后的申诉的通知时：

执法部门需立即通知中心合规办公室和首席律师办公室，并向他们递交扣押命令、听证请求和其他支持文件的副本。执法部门将协调扣押以确保所有的机构和首席律师办公室的组成部门收到通知并及时准备听证工作。

5. 地方食品药品主管的职责

地方食品药品主管在扣押作出后，必须使自己与扣押的各方面事务隔离，除了那些有关他 / 她作为听证主持官员的有关职责。在那个时候的职责见"扣押命令的申诉"。

三、扣押命令的申诉

（一）一般信息

1. 背景

法案 304（g）允许任何有权对商品主张权利的人在商品被扣押时可以对扣押命令进行申诉。

如对扣押申诉，法案 304（g）要求机构给申诉人一个请求非正式听证的机会，如申诉人不请求非正式听证，确认或撤销扣押的决定必须在申诉提出的 5 个工作日之内作出。申诉人可以在提出申诉的 5 个工作日之内或收到扣押命令后迟些时间但是不迟于 20 日的时间内请求非正式听证（根据 21 CFR 800.55（g）（1））。如申诉人在提出申诉后的 5 日内请求听证，主持官员在申诉提出的 5 个工作日内举行听证和作出决定。在请求延迟听证的情况下，听证必须安排在申诉提出的第 5 个工作日之后，且决定必须在听证结论的 5 个工作日之内作出。

不管听证怎么安排，没有申诉人的同意，扣押期限不得超过 30 日（21 CFR 800.55（g）（6）中关于扣押期限延长的规定是不正确的且不应该遵循）。

2. 申诉时间

法规允许申诉人在收到扣押命令（亦可作为听证机会的通知）的 5 个工作日内提出有或没有非正式听证请求的申诉。申诉必须以书面形式向被扣押商品所在地的地区办公室的地区主任提出，且必须包含一个主张被扣押商品利益（如所有人）的声明（如商品被扣押，申诉人有资格主张商品的权利），申诉信件上的邮戳将确定申诉的日期。

地区主任将允许 1 日的额外时间来接收申诉请求。如申诉人表明其不可能早些申诉，方允许额外时间。

3. 主持和决定官员

地区所在地的和商品被扣押地的地方食品药品主管（RFDD）必须是主持和决定官员，除非他 / 她根据 21 CFR 800.55（g）（4）、21 CFR 16.40 、16.42 和 21 CFR 5.47 失去资格。在失去资格的情况下，地方食品药品主管需立即安排另一位地方食品药品主管去主持并立即向地区主任和申诉人提供任何这样的变更的通知。

在听证各方和主持官员之间避免任何非正式的通信。如任何这样的通信发生，缩小到书面范围并将其作为记录的一部分。主持官员必须向另外一方提供任何可能会影响他 / 她的决定的这样的通信的记录的副本，给他们一个回应的机会（21 CFR 16.44（b））。在听证参与人和主持官员之间发起任何书面通信的人必须给所有的听证参与人发送任何这样的通信的副本（21 CFR 16.44（c））。

（二）申诉处理的职责

1. 地区职责

当地区决定扣押设备时即开始申诉的准备工作，以防在申诉提出的 5 个工作日之内请求听证。

（1）当地区收到申诉，地区主任：

①标记申诉的日期和时间，并通知申诉人收到申诉。如申诉没有明确说明请求还是不请求听证，不需要证明 21 CFR 800.55（g）（1）和（2）所要求的所有人或专有权益人的身份，或者不需要说明进行听证的时间期限（见"扣押命令的申诉 --- 背景"），联系申诉人并阐明这一信息，以书面形式作出任何所有人或专有权益人的声明。

②立即将申诉口头通知地方食品药品主管（RFDD）和地区主任、执法部门，并尽快向他们转交申诉的副本。为完成接下来的工作请求首席律师办公室和合适的中心的帮助。

（2）当申诉包含听证请求时

①准备一个扣押信息的概述和行为依据的综述。

扣押命令（通知）只有在其详细描述扣押理由时方可作为综述。

②根据 21 CFR 16.24（f）和法案 201（x）（3），向申诉人、地方食品药品主管以及任何办公室和首席律师办公室的听证代表转交概

述和综述，立即发送这些文件以使他们尽快被收到，但至少在听证的前 1 日。

③至少在听证前 1 日向申诉人、地方食品药品主管以及任何办公室和首席律师办公室的听证代表提供将在听证中出示的或依据的任何公开发表的文章或书面信息的书面通知或副本（如合理地预期他们不能获得这些副本）（21 CFR 16.24（g））。

（3）当申诉不包括听证请求时，地区向作为主持官员的地方食品药品主管转交支持扣押的所有信息，地区转交的信息包括供参考的概述和综述以及申诉人提供的任何其他的信息，其必须尽快送达以便审查并在收到申诉的 5 个工作日之内作出决定。

2. 主持官员的职责

当被通知有申诉，主持官员职责如下。

（1）如请求听证

①尽快口头联系各方。根据申诉的听证请求的时间阶段，可以设定一个听证的日期和时间能容许在地区收到申诉的 5 个工作日内作出决定，也可以设定一个听证的日期和时间在地区收到申诉的 5 个工作日之后，但不得迟于发布扣押命令之后的 20 日。听证通常安排在商品所在地的地区办公室进行。

②向各方提供听证的时间、日期和地点的书面通知。

③向申诉人提供关于以下内容的口头或书面的通知：

根据 21 CFR 800.55（g）（3），21 CFR Part 16 被排除或修改部分的通知和对于行政扣押申诉的听证，21 CFR Part 16 被放弃或修改部分的通知（见"扣押命令申诉的非正式听证"）

告知根据 21 CFR 16.60（a）非正式听证不是一个公开的听证，以保护调查记录汇编用于执法目的，根据 21 CFR 20.64 这些记录不能向公众披露，或根据 21 CFR 20.61 保护商业秘密的材料。

告知申诉人在听证时应提供针对任何在听证会上出示的冗长文件的简短总结（例如计算机打印出来的材料）。

告知申诉人如可行的话，至少应在听证前 1 日向地区主任提供将在听证中出示的或依据任何公开发表的文章或书面信息的书面通知或副本（如合理地预期他们不能获得这些副本）（根据 21 CFR 16.24（g）的要求）。

告知根据 21 CFR 16.44（c）的要求（见"请求听证方和主持官员之间的通信"）。

（2）如申诉提出申诉但没请求听证，主持官员立即口头通知各方尽快提交支持他们观点的信息以使这些信息能被审查并在收到申诉的 5 个工作日之内作出决定。我们将接受在作出决定前提交的另外信息。

当需要首席律师的建议时，联系负责诉讼的副首席律师。

四、扣押命令申诉的非正式听证

食品药品及化妆品法 304（g）规定：对于扣押命令的申诉，机构应向申诉人提供一个要求"非正式听证"的机会，食品、药品及化妆品法 201（x）明确了非正式听证的概念并列出了具体条款。21 CFR 800.55（g）（3）规定 21 CFR Part 16——监管听证确立了进行非正式听证的程序。21 CFR 16.5 的规定建议：Part 16 的程序应运用到这样的程度：他们既是规定的其他程序的补充，又不与其他程序相冲突。21 CFR 16.60（h）规定主持官员有权中止、变更或放弃 Part 16 下的条款。

（一）21 CFR Part 16 的放弃和变更

21 CFR 800.55（g）（3）放弃 21 CFR Part 16 中以下部分。

1.16.22（a），关于听证机会的单独发布，因为扣押通知 FDA 2289 起到 21 CFR 800.55（g）（3）（i）所起的作用。

2.16.22（b），关于向主持官员转交申诉，因为 21 CFR 800.55（g）（1）要求向地区主任发送申诉。

3.16.24（e），关于不许可听证在收到申诉的 2 日内进行，因为时间约束不允许这样的限制。

4.16.42（a），关于可以作为主持官员的人，因为 21 CFR 800.55（g）（4）仅允许地方食品药品主管担任主持官员。

主持官员有权放弃、中止或变更 21 CFR Part 16（21 CFR 10.19 和

21 CFR 16.60（h））下的任何条款。主持官员必须放弃下列其他条款。

1.16.60（f），其要求听证官员向决定官员作出带有理由陈述的建议性决定，因为地方食品药品主管完成两者的功能。

2.16.95（b）（1）&（2）规定监管听证的行政记录（21 CFR 16.80（a）（1）–（5））是决定的唯一记录和依据，修改如下：FDA 在大多数情况下，基于在听证前或听证中向主持官员出示的所有信息作出决定，

决定不依据下面的信息或文件（如果主持官员未在必要的时间内收到或完成，使得主持官员不能在作出决定前根据法案或法规的要求审查或完成它们）：

（1）在听证后提交给主持官员信息和意见不是正式记录的一部分，除非主持官员默许听证后的提交且信息的提交发生在主持官员规定的时间期限内（21 CFR 16.80（a）（2））。

（2）任何听证笔录（21 CFR 16.80（a）（3））。

（3）根据 21 CFR 16.60（e）和 16.80（a）（4），主持官员的听证报告和报告意见。

FDA 放弃 21 CFR 16.60（b）中规定各方可以面对和进行（在听证事项上作出陈述的）任何人（主持官员及其律师除外）合理的盘问的那部分。改为允许有合理的问题。参考美国议会的意图：众议院报告 No.94-853，同样可见于 21 CFR 16.5 和 16.60（h）。

（二）听证职责

1. 中心的职责

中心将提供文件、证人或办公室听证代表（如地区或为地区提供法律服务的首席律师办公室律师要求的话）

2. 首席律师办公室的职责

首席律师办公室将为地区和 / 或主持官员、适当时为听证提供法律服务。

3. 地区和主持官员的职责

"听证的进行"部分包括了地区和主持官员的个人职责。

（三）听证的进行——一般程序 / 职责

一开始，主持官员提醒各方对于 21 CFR Part 16 适用的修改并说明听证的目的和事项。听证事项在于 FDA 是否有理由相信设备在扣押时如扣押命令中所指控的掺假或冒牌。听证事项不在于是否违反法律，那个问题要适当地留待法庭审理，如以后会进行的话。在场的 FDA 代表说明扣押的依据并回答申诉人的合理问题，申诉人然后提出相关的为什么他相信机构没有理由扣押产品的信息和理由。FDA 代表可以随后提出合理的提问（见法案 201（x）（4））。

主持官员确保出示的材料和提出的问题和听证事项有关。

申诉人可以要求做听证笔录，但是申诉人必须自己支付费用并提供主持官员一份记录的副本。机构也可以要求做听证笔录且费用由政府承担。

如果申诉人希望得到一份政府的笔录，他／她可以通过信息自由法案（FOI）请求获得。21 CFR Part 20 适用于笔录的发布。

主持官员通知各方其决定不会等待笔录做好或笔录更正做好。

五、扣押命令申诉听证后的要求

（一）主持官员的职责

1. 确认或撤销扣押命令

（1）作出决定的时间期限

正如"扣押命令的申诉—背景"中提到，如没有听证请求或申诉人在 5 个工作日内请求听证，主持官员必须在地区主任收到申诉的 5 个工作日之内通过命令确认或撤销扣押命令。但是，如申诉人在前面提到的 5 个工作日之后但没有超出扣押命令发布后的 20日，主持官员必须在听证结束后的 5 个工作日之内通过命令确认或撤销扣押命令（21 CFR 800.55（g）（5）and（6））。没有申诉人的同意，扣押命令不能超过否则适用的 30 日的时间期限（见"扣押命令的申诉——背景"）。

（2）作出决定的依据

如机构能表明其有理由相信设备在扣押时如扣押命令中的一项或多项指控的掺假或冒牌，主持官员将确认扣押命令，如不能，主持官员将撤销扣押命令。

（3）命令的发布

决定以命令的形式发布。应立即将命令以口头方式通知申诉方，命令的副本随后应通过附有回执的认证邮件寄给他们。

FDA 必须命令关于扣押的决定须于上面的时间期限内作出，无论如何，书面决定和听证报告（下面论述）的完成不能耽搁命令的作出。一般来说，命令和书面决定及听证报告统一发布，但是，在机构需要额外的时间来完成书面决定和听证报告的情况下，会有所分离且很快回归正常状态。

2. 书面决定和听证报告

主持官员必须准备包括决定理由和决定依据的书面决定（21 CFR 16.95（b）（2）），根据法案 201（x）（5）和 21 CFR 16.60（e）的要求，书面决定必须包括听证报告。所有在听证过程中提交的书面材料必须附在书面决定和听证报告上（法案 201（x）（5）和 21 CFR 16.60（e）），任何听证笔录必须被包含。只要时间允许，需给予参与人对于书面决定和听证报告审查和提出建议的机会，但是，主持官员应为参与人设立一个提出建议的时间期限（如先前提到，只要可能，书面决定和听证报告必须和命令一起作为一个文件发布）。

3. 听证的行政记录

主持官员必须准备听证的行政记录，其包含以下事项。

（1）扣押命令和申诉。

（2）提交给主持官员的所有有关听证的书面信息和意见。

（3）任何听证笔录。

（4）主持官员的书面决定、听证报告、命令和任何法案 201（y）和 21 CFR 16.60（e）允许的对于书面决定和听证报告的意见。

（5）所有的信件和会议记录以及在 21 CFR 16.44（c）提到的参与人和主持官员之间的通信。

在报告完成后，将原始的听证行政记录和企业的正式文件一起存档在地区办公室，副本应转交给信息涉及到的中心，一份副本应保留在进行听证的地方食品药品主管的办公室。

（二）信息自由的请求

21 CFR Part 20 适用于涉及到行政扣押文件的请求。

第六节 | 许可的撤销或中止

一、目的

此部分包含撤销和中止根据公共卫生服务法案发布的生物许可的程序。这些程序适用于现场或生物制品审评与研究中心建议的行为。

"撤销"是取消许可并收回根据生产者的申请或存在机构采取这样行为的背景时引入或为引入而运送生物产品进入州际贸易的授权。

"中止"是机构采取的简单行为且可能是撤销进程中的起始或中间阶段。当监管专员有合理的理由相信撤销的理由存在且就此原因会危害健康，中止用来立即收回引入（或为了引入而运送）生物产品进入州际贸易的授权。

二、一般原则

根据公共卫生服务法案 351（a）的条款，向生产者发布具体的生物产品的许可，可能会：①基于被许可人的申请撤销或当有足够的理由时监管专员主动撤销；②如存在一个或多个撤销的理由且对健康造成危险被中止（见 21 CFR 601.5 和 601.6）。

生物制品审评与研究中心（CBER）合规和生物制品质量办公室（OCBQ）、案件管理部门（DCM）审查由现场办公室或生物制品审评与研究中心（CBER）内的合适单位提出的撤销和中止许可的建议。如案件管理部门（DCM）同意此建议，它被转交给首席律师办公室（OCC）审查，如首席律师办公室（OCC）同意，则建议和行动的信件被送交生物制品审评与研究中心（CBER）主任批准和签名。根据工作人员指导手册（SMG）1410.203，监管专员已经授予生物制品审评与研究中心（CBER）主任和副主任发布撤销和中止通知的职权。

合规和生物制品质量办公室（OCBQ）确保撤销或中止许可的建议得到违反适用的法规和规章的证据支持。许可中止和撤销是重大执法行为，有可能产生深远的影响。因此，考虑行为可能对于产品的供应产生的影响，作为机构审查许可中止或撤销的建议的一部分是非常重要的。

当许可涉及多个地方，如得到检查结果支持，撤销可能被限制在一个或多个地方。

在缺少故意违法或重大违法历史的情况下，地区或生物制品审评与研究中心（CBER）检查审查单位考虑发布一个警告信或同企业进行一个会议，而不是将建议撤销作为解决问题的第一选择。
程序遵守指南第 V 部分"生物制品审评与研究中心（CBER）监
管产品的检查"包含可能引起监管或行政行为的偏差行为的信息，
这些检查程序见网址：

http://www.fda.gov/BiologicsBloodVaccines/GuidanceCompliance
RegulatoryInformation/ComplianceActivities/Enforcement/
CompliancePrograms/default.htm。

三、撤销的一般考量

当规定在 21 CFR 601.5 中的任何条件存在时，机构可以考虑撤销
生物许可。在确定符合规定在 21 CFR 601.5 中的撤销理由时，建
议单位应考虑规章中规定的两种行为方式：①有证明或实现合规
性的可能性的撤销意向通知；②在涉及故意的情况下，FDA 作出
不提供证明或实现合规性的机会的直接撤销意向通知。

（一）撤销意向通知

检查结果必须证明重复或连续的重大偏差的目前历史，其表明是
过程控制的原因，而不是孤立的事件。通常，对企业事先警告的
证明是通过考虑撤销许可前的警告信和 / 或会议或其他与企业的
接触来实现，如过去发布过警告信且随后有一个或多个非违规检
查，基于目前重大偏差的撤销许可建议必须记录偏差是否具有连
续性质和当前的检查与以往的检查（其引发了通知企业这样的背
离的警告信或其他的与企业的通信）相关性如何。过去发布的警
告信可能不排除另外的警告信的发布，特别是如果违法的性质和
原因发生变化时，例如，一个 3 年前因为病毒特征检测违法被发

过警告信的企业可以再发布另外的警告信或其他的行为，而不是进行许可撤销，如果当前的检查显示违法行为出现在操作或生产实践的不同领域，如计算机验证。

另外，根据 21 CFR 601.6（b）的规定，FDA 可以在许可中止的基础上进行许可的撤销。

就发布"撤销意向通知"的信件而言，我们是在作出撤销许可的行动之前给被许可人一个证明或实现合规性的机会。

（二）直接撤销

在涉及故意行为的情况下，FDA 可以直接进行许可撤销。故意行为通过个人的下列表现确认：①故意作出被禁止的行为，如记录造假或隐瞒；②行事粗心，无视监管要求，例如屡次未能纠正违法行为。在涉及故意的情况下，根据 21 CFR 601.5（b），FDA 通常不给被许可人证明或实现合规性的机会。根据 21 CFR 12.21(b)，在所有的情况下，FDA 告知被许可人要求听证的机会。

四、不支持撤销许可的问题

当下列事项是建议撤销的依据时，生物制品审评与研究中心（CBER）将不支持撤销许可。

（一）生物产品偏差报告

生物产品偏差报告，就其本身而言，通常不会成为撤销许可的依据，除非企业未能认识到错误，未能调查并正确地记录调查，

且 / 或未能采取改正措施防止复发，或未能如 21 CFR 600.14 要求的那样通知 FDA。另外，为了满足许可撤销的理由，偏差必须是这样一种性质或达到这样一种程度，即代表一个企业未能建立或保持对一个或多个生物产品制造系统的控制。

（二）孤立的事件

孤立的事件通常不会成为许可撤销的理由，除非有记录证明该事件代表了违规活动的模式。

（三）过去的违法行为

发生在目前的 FDA 检查前的违规行为（并实施适当的改正措施防止其复发）通常不成为许可撤销的依据，但是，FDA 必须记录以前的违规行为，即使有改正，或没有重复，因为他们可以证明不合规的历史模式。如违规行为继续存在，这样的模式关乎未来进行撤销的决定。

五、撤销程序

如检查审查单位在考虑撤销作为一个执法选择，在检查过程中或发布 FDA 483 后不久，联系生物制品审评与研究中心（CBER）案件管理部门（DCM），在提交建议前与联系生物制品审评与研究中心（CBER）的讨论将方便建议的处理。如检查审查单位相信撤销许可是适当的，办公室向案件管理部门（DCM）提交撤销建议和支持证据，包括地区主任对于撤销建议的同意，另外还要转交违规行为的证据，建议撤销的单位提交一个关于企业过去 5 年来检查的历史和合规的历史的详细总结。建议单位也要评价撤销许可对涉及的生物产品供应的影响。最初的生物制品审评与研究中心（CBER）联系方式是：案件管理部门（HFM-610），电话：（301）827-6201，传真：（301）594-0940。

生物制品审评与研究中心（CBER）从案件管理办公室指派一个消费者安全官员负责撤销建议，如使用特快专递，发送到：

食品药品管理局

生物制品审评与研究中心

案件管理部门律师

1401 Rockville Pike，Suite 200N Rockville，MD 20852-1448。

生物制品审评与研究中心（CBER）工作人员审查收到的信息并决定检查结果是否支持撤销企业的许可。

如生物制品审评与研究中心（CBER）不同意撤销许可的建议，向建议单位传达它的决定，生物制品审评与研究中心（CBER）发送一份确认不同意的理由的备忘录并提供其他的执法选择（如合适的话）。

如生物制品审评与研究中心（CBER）同意地区的建议，准备一份附支持证据的行动备忘录给生物制品审评与研究中心（CBER）主任，并准备一个信件告知被许可人机构作出撤销许可的意向，这些一揽子文件需转交给首席律师办公室（OCC）审查。如首席律师办公室（OCC）同意，建议和行为的信件送给生物制品审评与研究中心（CBER）主任同意和签名。生物制品审评与研究中心（CBER）作出的撤销建议也要例行公事提交生物制品审评与研究中心（CBER）主任获得同意。但是，在作出建议前，生物制品审评与研究中心（CBER）提出建议的办公室联系合适的地区办公室，向地区通告生物制品审评与研究中心（CBER）建议采取的行为。

当中心主任签署信件后，案件管理部门主任向企业的最主要负责人口头通知机构撤销许可的意向，案件管理部门然后通过传真的方式向企业传送信件副本并通过认证／要求回执的信件寄送正本。生物制品审评与研究中心（CBER）的合规和生物制品质量办公室（OCBQ）向地区办公室和／或生物制品审评与研究中心（CBER）内部的建议单位同时通告这一行为，另外，他们以传真或电子邮件向建议单位传送行动备忘录和撤销信件的副本。

生物制品审评与研究中心（CBER）和建议单位都要迅速审查企业对于撤销信件的答复，建议单位向生物制品审评与研究中心（CBER）提供关于企业答复的充分性的结论和意见。

机构通常要给企业一个证明或实现合规性的机会，如企业并没有通过主动要求撤销的方式放弃听证的机会，生物制品审评与研究中心（CBER）的合规和生物制品质量办公室（OCBQ）与企业继续通信直到所有的改正行为显得令人满意为止，生物制品审评与研究中心（CBER）将向建议单位发布所有的通信副本以供审查。当建议单位和合规和生物制品质量办公室（OCBQ）认为所有的改正行为令人满意，生物制品审评与研究中心（CBER）将要求地区办公室迅速进行后续的检查。

地区将复检的大概日期告知生物制品审评与研究中心（CBER）并以电话或电子方式通知生物制品审评与研究中心（CBER）结果和建议。之后，地区需呈送一份说明撤销或是终止撤销许可进程的书面建议。

在一些情形下，企业可能在证明或实现合规性方面作出了重大的进步，但是在审查了 FDA 483 和企业的答复以后，地区和/或生物制品审评与研究中心（CBER）可能认为在对撤销事项作出最终的决定前进行有限的后续检查是必要的。

在复检后，如果生物制品审评与研究中心（CBER）和地区确定企业已证明和实现了合规性，生物制品审评与研究中心（CBER）将通知企业这一确定。

在涉及故意的情况下，从撤销信件之日起企业通常有 10 日的时间通过要求主动撤销的方式放弃听证的机会。如企业在 10 日期限内不通过交出许可证的方式放弃听证的机会，案件管理部门（DCM）向法规和政策部门（HFM-17）转交听证请求以准备联邦注册听证机会通知。

FDA 发布建议撤销联邦注册的许可证的听证机会的通知，连同建议行为的理由说明一起。受通知的人在听证机会的通知发布后在 30 日内请求听证，此 30 日的期限不可延长。请求听证必须提出具体的事实以显示有真正的和实质性的事实问题支持其听证请求，且不能依据单纯的辩解或否定。

六、中止的一般考虑

根据 21 CFR 601.6，如果监管专员有合理的理由相信任何撤销的理由存在且由此原因危害健康，监管专员可以中止许可。调查人员获得书面证明以支持撤销和健康危害，且生物制品审评与研究中心（CBER）进行健康危害的评估。

一旦生物制品审评与研究中心（CBER）确定健康的危害存在，建议单位立即联系合适的国家卫生当局。此外，地区考虑采取法律行为，如禁令和查封，特别是在特定的国家卫生部门对于国内活动缺乏监管职权或中止许可不会立即产生改正行为的情况下。建议单位向生物制品审评与研究中心（CBER）提供所获得的关于国家卫生部门职权和根据 FDA 检查结果采取监管行为的可能性的任何信息。

如果涉及血液制品企业，建议单位确定大概的年收集数量和血液产品进入州际贸易流通的百分比，建议单位和生物制品审评与研究中心（CBER）需审查血液的供应问题并考虑联系全国的大型血液组织以确保中止许可不会对公众健康带来不利影响。

和撤销的情况一样，当一个许可包含有多个地点时，中止可以限制在一个或多个地点，如果检查结果支持那样的做法。

七、中止程序

如检查单位确信健康的危害存在，其应在检查过程中立即联系生物制品审评与研究中心（CBER）的案件管理部门（DCM），HFM-610，电话：301-827-6201，并提供具体的、实质性的关于中止理由的信息，其不应等到检查结论作出后再进行联系。同时案件管理部门从 HFM–610 指派一个消费者安全的官员处理中止建议，其将与调查人员在案件管理中合作。

检查单位应尽快以传真、电子邮件或特快专递方式向案件管理部门传送一份 FDA 483 副本，连同任何另外要求的初步信息和 / 或文件记录一起。为避免耽搁，如果其他的传递方式可行的话，不要通过常规的邮件系统传送支持证据。如使用快递传送，送至：

食品药品管理局

生物制品审评与研究中心

案件管理部门（HFM–610）律师

1401 Rockville Pike，Suite 200N Rockville，MD 20852–1448

如有必要，案件管理部门将与合适的科学 / 医务人员商讨以确定健康危害是否存在，如健康危害存在，检查办公室将被通知并应以简短备忘录的形式提交一份包括建议依据在内的建议，以传真（301– 594–0940）或电子邮件传送建议。中止建议应给予高度优先权且管理者应迅速行动，中止建议应获得地区主任的同意。在企业的行为对健康带来迫在眉睫的危害的情况下，地区应尽最大努力迅速向生物制品审评与研究中心（CBER）提交建议以中止企业的许可业务。

案件管理部门可能经常在收到 FDA 483 之后但在收到企业检查报告（EIR）之前同意中止建议，在涉及复杂问题的案件中，案件管理部门可能需要在作出决定前审查已完成的企业检查报告（EIR），无论哪种情况，迅速写出企业检查报告（EIR）并通过特快邮递服务转交给案件管理部门。

根据所涉及的产品，生物制品审评与研究中心（CBER）可能会要求建议单位去获得一份企业所在地的完整的产品存货清单。如案件管理部门同意中止建议，其将在收到建议的3个工作日之内准备一份行动备忘录和一份中止信件，文件将被尽快送到首席律师办公室（OCC）审查。在首席律师办公室（OCC）同意的基础上，生物制品审评与研究中心（CBER）主任签署含有日期和时间的行动备忘录和中止信件。合规和生物制品质量办公室（OCBQ）或案件管理部门（DCM）主管将立即打电话给企业并告知其生物许可证的中止，案件管理部门（DCM）然后将通过传真和认证邮件向企业传送中止信。

生物制品审评与研究中心（CBER）可能会将FDA的行为同时通知建议单位和企业。在某些情况下，生物制品审评与研究中心（CBER）可能会安排向地区传送中止信的副本，让其当面交给企业。

如生物制品审评与研究中心（CBER）不同意中止建议，它向建议单位传达它的决定，案件管理部门将准备一份备忘录说明不同意的理由。如生物制品审评与研究中心（CBER）不同意中止建议是基于健康危害不存在和规定在21 CFR 601.5（b）中的任何条件存在，案件管理部门考虑撤销许可或发送警告信是否合适，并与建议单位商讨这些选择。

案件管理部门和建议单位同时审查对于中止信的答复并继续与企业通信直到两者都认为所有的改正行为显得令人满意。此时，案件管理部门通常以电话通知企业（随后通过信件确认）为复检的目的受限制的业务可以重新开始以确定实施的改正行为是有效的，生物制品审评与研究中心（CBER）要求地区办公室迅速进行一个后续的检查，一般在受限制的业务重新开始的30日内。

地区办公室告知生物制品审评与研究中心（CBER）复检的大概日期，在其检查结论的基础上，地区尽快以电话通知生物制品审评与研究中心（CBER）它的检查结果和建议（生物制品评价与研究中心的联系方式是：案件管理部门，HFM-610，电话，301-827-6201）。地区紧接着在检查的最后一天或此后不久发送一份书面建议。如发布FDA 483，地区转交一份企业答复（如有的话）的副本给生物制品审评与研究中心（CBER）。另外，地区尽快发送一份企业检查报告的副本给生物制品审评与研究中心（CBER）以支持接下来的中止、撤销或恢复原状。

在某些情形下，企业可能已在实现合规性上做出重大进步，但是在审查FDA 483和企业的答复以后，地区和/或生物制品审评与研究中心（CBER）可能认为在作出是否建议恢复许可的最终决定前一个有限的后续检查是必要的。

如后续的检查表明改正行为不充分且偏差继续存在，地区得到了复检的文件记录并尽快通知生物制品审评与研究中心（CBER），生物制品审评与研究中心（CBER）决定是否允许企业继续进行受限制的业务还是停止所有的业务。另外，生物制品审评与研究中心（CBER）考虑进行到撤销许可的可能性。

如企业实现了合规性，生物制品审评与研究中心（CBER）准备一份备忘录和一份恢复许可的信件让中心主任签名，当信件签名后,合规和生物制品质量办公室（OCBQ）或案件管理部门（DCM）主管打电话告知企业机构已解除企业活动的中止且他们现在可以装运从他们开始受限制的业务之日起所收集或制造的产品。同样，案件管理部门电话通知地区并发送一份恢复许可信的副本，如合适的话，其可以包含对企业提出使用在中止期间库存的产品的指导。

根据个案，生物制品审评与研究中心（CBER）评估要求在中止期间释放库存产品的书面请求，以书面形式向企业传达所有关于产品处置的决定（副本给地区），生物制品审评与研究中心（CBER）可以要求地区监控库存产品的处置。

发送所有信件副本、口头和书面的交流、有关许可业务中止的企业检查报告至：

食品药品管理局

生物制品审评与研究中心

案件管理部门（HFM-610）律师

1401 Rockville Pike，Suite 200N Rockville, MD 20852-1448

第七节 | **有关人类细胞、组织和基于细胞和组织的产品（HCT/Ps）的扣押、召回、销毁和停止生产的命令**

一、目的

本节包含的内容：根据公共卫生服务法案 361 条（42 U.S.C. 264）颁布的 21 CFR 1271.440 条款的规定，发布有关人类细胞、组织和基于细胞和组织的产品（HCT/Ps）的扣押、召回、销毁和停止生产的命令程序。

二、背景

在 1997 年 2 月，FDA 提出了一种新的全面监管人类细胞、组织和基于细胞和组织的产品（HCT/Ps）的方法，FDA 提出了一种分层级的、基于风险的方法，在这样的方法下，一些人类细胞、组织和基于细胞和组织的产品（HCT/Ps）仅根据公共卫生服务法案 361 条和新提出的法规来监管以防传染病的引入、传播和扩散，另一些人类细胞、组织和基于细胞和组织的产品（HCT/Ps）则还是像药品、设备和 / 或生物制品一样来监管。从那时起，机构已颁布多项法规来全面实施这种方法。在 2001 年 1 月，颁布法规，创建一个新的统一的系统来注册人类细胞、组织和基于细胞和组织产品的企业并列出其人类细胞、组织和基于细胞和组织产品（66 FR 5447）。在 2004 年 5 月，FDA 颁布法规，要求大多数细胞和组织捐献者进行有关传染病因子、疾病的风险因素和临床证据的检查和筛选（69 FR 29786）。

在 2004 年 11 月，FDA 颁布法规，要求人类细胞、组织和基于细胞和组织的产品的企业遵守现行良好组织规范（cGTP），其管理用于人类细胞、组织和基于细胞和组织的产品的生产、记录的保存和质量方案的建立上的方法、设施和控制。现行良好组织规范（cGTP）还包含某些标签和报告要求，以及检查和实施的规定（69 FR 68612）。这些法规应用于在 2005 年 5 月 25 日或其后再生的人类细胞、组织和基于细胞和组织的产品，在这个生效日期之前再生的人类细胞、组织和基于细胞和组织的产品适用 21 CFR Part 1270，如合适的话，适用 21 CFR Part 1271 的 A 和 B。

符合 21 CFR 1271.10（a）陈述的所有标准的人类细胞、组织和基于细胞和组织的产品只受 21 CFR Part 1271 和公共卫生服务法案 361 条调整，所以不需要上市前的批准。不符合 21 CFR 1271.10（a）陈述的所有标准的人类细胞、组织和基于细胞和组织的产品还是作为药品、设备和 / 或生物产品被调整。

Part 1271 包括以下 6 个部分。

Part 1271A 部分：范围、目的和定义。

Part 1271 B 部分：注册。

Part 1271 C 部分：筛选和检查以确定合格捐献者。

Part 1271D 部分：现行良好组织规范的规定。

Part 1271E 部分：某些标签和报告要求。

Part 1271F 部分：检查和实施规定。

这 6 个部分应用如下。

A 到 D 部分应用于所有的人类细胞、组织和基于细胞和组织的产品，即只受公共卫生服务法案 361 条和 21 CFR Part 1271 调整的人类细胞、组织和基于细胞和组织的产品，以及作为药品、设备和 / 或生物制品被调整的人类细胞、组织和基于细胞和组织的产品。

E 和 F 部分是关于标签、报告、检查和实施的内容，仅适用于那些只受公共卫生服务法案 361 条和 21 CFR Part 1271 调整的人类细胞、组织和基于细胞和组织的产品，但是，有 2 个规定例外（见 1271.150（c）和 1271.155），D 和 E 部分对于生殖系统的人类细胞、组织和基于细胞和组织的产品不适用。

21 CFR 1271.440 授予 FDA 在某些情况下发布扣押、召回、销毁和停止生产的命令的职权。这样的命令是用于需要去防止传染病的引入、传播和扩散的情况下，且仅用于那些只受公共卫生服务法案 361 条和 21 CFR Part 1271 调整的人类细胞、组织和基于细胞和组织的产品。

三、一般考量

当任何规定在 21 CFR 1271.440（a）中的条件存在时，机构可以考虑扣押、召回、销毁和停止生产的命令。根据这一规定，当机构发现有理由相信人类细胞、组织和基于细胞和组织的产品是一个违法的产品时，命令可能是合理的，原因如下。

1. 人类细胞、组织和基于细胞和组织的产品的生产违反 21 CFR Part 1271 中的规定，因此，其产品的生产条件不能为防止传染病的传播风险提供足够的保护。

2. 人类细胞、组织和基于细胞和组织的产品被感染或污染，以致成为人类的危险传染源。

3. 一个企业违反 21 CFR Part 1271 中的规定，因此，其不能为防止传染病的传播风险提供足够的保护。

基于一个或多个上述的发现，机构可以命令扣押、召回和 / 或销毁违法的人类细胞、组织和基于细胞和组织的产品，占有和 / 或销毁这些违法产品，或命令企业停止生产直到其实现 21 CFR Part 1271 的合规性。

注意：对于销毁生殖系统的人类细胞、组织和基于细胞和组织的产品，FDA 将不会发布命令，也不会亲自实施这样的销毁行为（21 CFR 1271.440（f））。

四、扣押、召回或销毁人类细胞、组织和基于细胞和组织的产品的程序

扣押、召回或销毁人类细胞、组织和基于细胞和组织的产品的命令可能是合适的，在这些情形下：有对于产品来源和违法性质的重大担忧，对于筛选和 / 检查的充分性的重大担忧，对于企业不能实现规定的义务获得对违法产品的控制的重大担忧。

在发布扣押、召回或销毁命令的可能性被首次确定后，只要切实可行，地区应联系血液和组织合规处（BTCB）/ 案件管理部门（DCM）、生物制品审评与研究中心（CBER）的合规和生物制品质量办公室（OCBQ）的主管，如可能的话在检查过程中就开始联系是非常重要的，不要等到检查结论后再联系生物制品审评与研究中心（CBER），在提交建议前与生物制品审评与研究中心（CBER）商讨会有利于建议的处理。

地区应尽快上传一份 FDA-483（草稿或最终版）副本和任何其他的初步信息和 / 或文件记录到案件管理系统（CMS），并应通知血液和组织合规处（BTCB）/ 案件管理部门（DCM），例如通过电子邮件。血液和组织合规处（BTCB）/ 案件管理部门（DCM）需通知生物制品审评与研究中心（CBER）的细胞、组织和基因疗法办公室（OCTGT）和首席律师办公室适当时可能会作出命令。

如地区相信扣押、召回或销毁命令是合适的，完整的违规状况的文件记录应被收集，包括截至检查的最后一天企业的产品库存和那些进入流通的产品（包括收货人的姓名和地址以及装运给收货人的人类细胞、组织和基于细胞和组织的产品）。

地区准备和向生物制品审评与研究中心（CBER）提交扣押、召回或销毁命令的书面建议，包括地区主任对于命令建议的同意，通过 MARCS 合规管理系统传送命令建议、FDA-483 和所有的支持文件记录，在需要的地方，通过电子邮件。

所有的地区应将命令建议确定为优先处理事项并尽最大努力加快提交上述文件。血液和组织合规处（BTCB）/ 案件管理部门（DCM）同样作为优先事项审查收到的信息，并确定检查结果是否支持扣押、召回或销毁命令的发布。

在审查 FDA-483 和支持文件记录后，但在收到企业检查报告（EIR）前，如果违法行为很严重且如果对于传染病的传播风险没有足够的保护，生物制品审评与研究中心（CBER）可能会同意扣押、召回或销毁命令的发布。地区必须迅速完成企业检查报告并将其和提交的证据以及另外的支持记录文件通过上传的方式转发到 MARCS 合规管理系统。在涉及复杂问题的情况下，生物制品审评与研究中心（CBER）在决定是否同意命令发布的建议前可能需要审查已完成的企业检查报告。

血液和组织合规处（BTCB）/ 案件管理部门（DCM）向人体组织部门（DHT），细胞、组织和基因疗法办公室（OCTGT）传送 FDA-483 和其他可获得的所需支持记录文件，如果一个多个 21 CFR 1271.440（a）中的条件存在，人体组织部门（DHT）将以书面形式确认，由人体组织部门（DHT）主任（或指定的人）签名。

如生物制品审评与研究中心（CBER）同意命令的建议，且细胞、组织和基因疗法办公室（OCTGT）已确认一个或多个 21 CFR 1271.440（a）中的条件存在，血液和组织合规处（BTCB）/ 案件管理部门（DCM）起草扣押、召回或销毁的命令。

草拟的命令、FDA-483 和支持文件记录上传到 MARCS 合规管理系统以供首席律师办公室审查，如首席律师办公室同意命令的发布，血液和组织合规处（BTCB）/案件管理部门（DCM）准备好让生物制品审评与研究中心（CBER）主任签名的命令，并送至中心主任办公室让其签名。

在命令被签署的日期，合规和生物制品质量办公室（OCBQ）的主管电话联系人类细胞、组织和基于细胞和组织的产品的企业，通知企业命令已生效，命令副本将在电话后以传真（如可能的话）的方式尽快发送到企业。

同样在命令被签署的日期，血液和组织合规处（BTCB）/案件管理部门（DCM）通过快递向地区办公室转发命令以交付给人类细胞、组织和基于细胞和组织的产品的企业。最好是由 FDA 的调查人员向企业面交署名的命令正本。如这样不可行，署名的命令正本可以通过快递送给企业。

如生物制品审评与研究中心（CBER）不同意命令的建议，血液和组织合规处（BTCB）/案件管理部门（DCM）将以电话或电子邮件的方式通知地区这个决定，并向地区负责官员转交一份备忘录说明不同意的理由且如果合适的话介绍其他可能的监管行为。

如首席律师办公室不同意命令的建议，首席律师办公室将向生物制品审评与研究中心（CBER）提供一份理论依据的书面说明，一份副本给地区办公室。

五、扣押、召回或销毁命令的后续行为

扣押、召回或销毁命令通常规定人类细胞、组织和基于细胞和组织的产品会在收到命令的 5 个工作日之内被召回和 / 或销毁，地区应及时核实产品的召回和 / 或销毁已迅速完成，且企业的行为应被监控或见证，如合适的话，由 FDA 的调查人员来完成。地区应管理《FDA 监管程序手册》第一章中规定的召回事项，命令将要求人类细胞、组织和基于细胞和组织的产品的企业通知其收货人返回产品或将受影响的产品保留在他们的库存中。

作为召回和 / 或销毁行动的替代方式，其他能确保产品被适当处置的处理方式可以被收到书面命令的人和 FDA 同意，这样的处理方式，除了其他的之外，可能包括向 FDA 提供记录或其他的书面信息充分确保产品已按照法规被恢复、处理、存储和分发且除了 21 CFR 1271.60，1271.65，and 1271.90 的规定，细胞和组织的捐献者已被确定为合格的。如果违规产品可以被修复而适合植入、移植、注入或者作为改正行为的结果可以转移到人类接受者，则企业可以被批准释放这些产品去分发。

如替代的处置方式由产品企业提出，地区和生物制品审评与研究中心（CBER）应同时审查这个提议。产品企业必须将违规产品保存在隔离状态下直到 FDA 认为已实施适当的改正行为以及足够的解决扣押、召回或销毁命令中确定的问题的文件记录已提供给 FDA。

如 FDA 命令销毁人类细胞、组织和基于细胞和组织的产品，企业有责任去销毁所有的违规产品并向 FDA 提供销毁产品的记录，地区监控违规产品的销毁并获取销毁记录。

法规规定机构有职权占有和／或销毁人类细胞、组织和基于细胞和组织的产品。如地区相信占有人类细胞、组织和基于细胞和组织的产品可能是合适的，地区必须通知血液和组织合规处（BTCB）／案件管理部门（DCM）。如生物制品审评与研究中心（CBER）认为在特定的情况下占有人类细胞、组织和基于细胞和组织的产品是合适的，中心将在安全处理以及销毁人类细胞、组织和基于细胞和组织的产品的程序上提供指导。

地区将酌情安排一个后续的检查，如地区观察到持续的偏差，它应在检查过程中联系血液和组织合规处（BTCB）／案件管理部门（DCM），地区和生物制品审评与研究中心（CBER）将共同考虑应采取的行动。

六、停止生产命令的程序

停止生产的命令可能是合适的，在这些情形下：对于生产人类细胞、组织和基于细胞和组织的产品中的一个或多个步骤有重大担忧；对于企业不能履行规定的义务获得对产品的控制的重大担忧；或对于企业不能使生产区域符合适用的法规的重大担忧。

在发布停止生产的命令的可能性被首次确定后，只要切实可行，地区应联系血液和组织合规处（BTCB）／案件管理部门（DCM）、生物制品审评与研究中心（CBER）的合规和生物制品质量办公室（OCBQ）的主管，如可能的话在检查过程中就开始联系是非常重要的，不要等到检查结论后再联系生物制品审评与研究中心（CBER），在提交建议前与生物制品审评与研究中心（CBER）商讨会有利于建议的处理。

地区应尽快以电子邮件上传一份 FDA-483（草稿或最终版）副本和任何其他的初步信息和 / 或文件记录给血液和组织合规处（BTCB）/ 案件管理部门（DCM）。血液和组织合规处（BTCB）/ 案件管理部门（DCM）需通知生物制品审评与研究中心（CBER）的细胞、组织和基因疗法办公室（OCTGT）和首席律师办公室适当时可能会作出命令。

如地区相信停止生产的命令是合适的，完整的违规状况的文件记录应被收集，包括截至检查的最后一天企业的产品库存。

如 FDA 确定有合理的理由相信有健康危害，停止生产的命令将立即生效。如有必要，血液和组织合规处（BTCB）/ 案件管理部门（DCM）与合适的科学 / 医务人员商讨确定是否有合理的理由相信有健康的危害，与合适的科学 / 医务人员一起作出的评估将由血液和组织合规处（BTCB）/ 案件管理部门（DCM）记录，如确定有健康危害存在，立即告知地区。

地区准备并向生物制品审评与研究中心（CBER）提交停止生产的命令的书面建议，包括地区主任对于命令建议的同意，通过 MARCS 合规管理系统传送命令建议、FDA-483 和所有的支持文件记录，或在需要的地方，通过电子邮件发送。

所有的地区应将命令建议确定为优先处理事项并尽最大努力加快提交上述文件。血液和组织合规处（BTCB）/ 案件管理部门（DCM）同样作为优先事项审查收到的信息，并确定检查结果是否支持停止生产的命令的发布。

在审查 FDA-483 和支持文件记录后，但在收到企业检查报告（EIR）

前，如果违规行为很严重且如果对于传染病的传播风险没有足够的保护，生物制品审评与研究中心（CBER）可能会同意停止生产的命令的发布。地区必须迅速完成企业检查报告并将其（附随提交的证据以及另外的支持记录文件）通过上传到 MARCS 合规管理系统的方式转交给血液和组织合规处（BTCB）/案件管理部门（DCM）。在涉及复杂问题的情况下，生物制品审评与研究中心（CBER）在决定是否同意命令发布的建议前可能需要审查已完成的企业检查报告。

血液和组织合规处（BTCB）/案件管理部门（DCM）向人体组织部门（DHT）及细胞、组织和基因疗法办公室（OCTGT）传送 FDA–483 和其他可获得的所需支持记录文件，如果一个多个 21 CFR 1271.440（a）中的条件存在，人体组织部门（DHT）将以书面形式确认，由人体组织部门（DHT）主任（或指定的人）签名。如有合理的理由相信有健康危害，这也必须被记录下来并由人体组织部门（DHT）主任（或指定的人）签名。

如生物制品审评与研究中心（CBER）同意命令的建议，且细胞、组织和基因疗法办公室（OCTGT）已确认一个或多个 21 CFR 1271.440（a）中的条件存在，血液和组织合规处（BTCB）/案件管理部门（DCM）起草停止生产的命令。

草拟的命令、FDA–483 和支持文件记录上传到 MARCS 合规管理系统以供首席律师办公室审查，如首席律师办公室同意命令的发布，血液和组织合规处（BTCB）/案件管理部门（DCM）准备好让生物制品审评与研究中心（CBER）主任签名的命令，并送至中心主任办公室让其签名。

在命令被签署的日期，合规和生物制品质量办公室（OCBQ）的主管电话联系人类细胞、组织和基于细胞和组织的产品的企业，通知企业命令已生效，命令副本将在电话后以传真（如可能的话）的方式尽快发送到企业。

同样在命令被签署的日期，血液和组织合规处（BTCB）/案件管理部门（DCM）通过快递向地区办公室转发命令以交付给人类细胞、组织和基于细胞和组织的产品的企业。最好是由FDA的调查人员向企业面交署名的命令正本。如这样不可行，署名的命令正本可以通过快递送给人类细胞、组织和基于细胞和组织的产品的企业。

如生物制品审评与研究中心（CBER）不同意命令的建议，血液和组织合规处（BTCB）/案件管理部门（DCM）将以电话或电子邮件的方式通知地区这个决定，并向地区负责官员转交一份备忘录说明不同意的理由，如果合适的话介绍其他可能的监管行为。

如首席律师办公室不同意命令的建议，首席律师办公室将向生物制品审评与研究中心（CBER）提供一份理论依据的书面说明，一份副本给地区办公室。

七、停止生产的命令的后续行为

当FDA确定有合理的理由相信有健康的危害，停止生产的命令立即生效。在其他情况下，停止生产的命令在下列事件之一后生效，以后发生的为准：①从企业收到命令经过了5个工作日；②如企业请求一个21 CFR Part 16的听证，听证过程中的决定。命令将说明人类细胞、组织和基于细胞和组织的产品的企业必须遵守的法规以及说明命令所包括的特定行为，允许企业实施改正措施以恢复其运营，但是，没有 FDA 的书面批准，企业不能恢复受命令约束的任何行为。

地区和生物制品审评与研究中心（CBER）应同时审查停止生产的命令发布后收到的所有信函，在 FDA 和命令接受人之间所有的会见必须包括合适的地区和生物制品审评与研究中心（CBER）的人员。

八、21 CFR Part 16 的听证

如在命令中和 21 CFR 1271.440（e）中所描述，根据 21 CFR 16 的规定，命令接受人可以通过提交一个书面请求提出听证请求，命令接受人必须在收到书面的扣押、召回、销毁和 / 或停止生产的命令的 5 个工作日之内或机构占有人类细胞、组织和基于细胞和组织的产品的 5 个工作日之内提出听证请求。人类细胞、组织和基于细胞和组织的产品的企业可以要求额外的时间（超出 5 个工作日）去考虑是否提出听证请求，合理的额外时间的要求通常将被批准。应立即将收到 21 CFR Part 16 的听证请求和要求额外的时间请求听证告知首席律师办公室、申诉专员办公室和地区办公室。

对于要求销毁人类细胞、组织和基于细胞和组织的产品的命令，请求 21 CFR Part 16 的听证使得命令要求销毁的那部分违规产品处于搁置状态，等待听证的结果。但是，命令要求召回和扣押的那部分产品不会置于搁置状态或受听证请求的影响。

如上所述，如果一个停止生产的命令不立即生效，停止生产的命

令在下列事件之一后生效，以后发生的为准：①从企业收到命令经过了 5 个工作日；②如企业请求一个 21 CFR Part 16 的听证，听证过程中的决定。如提出了 21 CFR Part 16 的听证请求但是被拒绝，或主持官员在听证后得出结论即命令发布是恰当的，将按照上述"六、停止生产命令的程序"中的程序通知人类细胞、组织和基于细胞和组织产品的企业停止生产的要求。

第八节 | 民事罚款和烟草禁售令

一、民事罚款职权

本节的民事罚款（CMPs）是指由 FDA 评价的违反《联邦食品、药品及化妆品法》或公共卫生服务法案的货币惩罚。根据法案539（b）对电子产品民事处罚的信息可见于第六章第六节。

民事罚款（CMPs）是根据法案中的下面部分和公共卫生服务法案授权。目前允许的最大民事罚款数额见 21 CFR 17.2 。

（一）食品

法案 303（f）（2）（A）、21 U.S.C. 333（f）（2）（A）授权对引入或为引入而运送携带或含有法案 408（a）意义上的不安全农药化学残留的食品进入州际贸易的任何人民事罚款（CMPs）

法案 303（f）（2）（B）、21 U.S.C. 333（f）（2）（B）规定民事罚款不能对任何种植食材的人适用，法案 303（f）（2）（B）同样禁止如果在罚款的情况下使用查封、禁令或刑事职权。

（二）药品

1. 法案 303（b）（2）、21 U.S.C. 333（b）（2）——授权对生产者和经销商进行民事罚款（CMPs）：

如他们的代表之一，在他们就业过程中或与生产者或经销商交往过程中，证明有销售、购买或交易或者为销售、购买或交易而提供违反法案 503（c）（1）and 301（t）的处方药物样本的行为，或证明有违反任何禁止销售、购买或交易法案 503（b）规定的处方药物样本或者试图销售、购买或交易这样的处方药物样本的国家法律的行为。

2. 303（b）（3）、21 U.S.C. 333（b）（3）——授权对生产者和经销商进行民事罚款（CMPs）：

如他们未能向部长报告他们的代表的任何因为销售、购买或交易处方药物样本或者试图销售、购买或交易处方药物样本违反法案 503（c）（1）或国家法律的行为。

3. 法案 303（f）（3）（A）、21 U.S.C. 333（f）（3）（A）——授权对任何违反法案 301（jj）和 21 U.S.C. 331（jj）的人进行民事罚款（CMPs），如他们有如下情形。

（1）当向 FDA 提交某一人类药品申请时未能提交公共卫生服务法案 402（j）（5）（B）和 42 U.S.C. 282（j）（5）（B）所要求的证书，或故意提交虚假的证书。

（2）未能提交公共卫生服务法案 402（j）和 42 U.S.C. 282（j）所要求的临床试验的信息。

（3）根据公共卫生服务法案 402（j）和 42 U.S.C. 282（j）提交临床试验的信息，其是虚假的或根据法案 402（j）（5）（D）和 42 U.S.C. 282（j）（5）（D）是误导性的。

4. 法案 303（f）（3）（B）和 21 U.S.C. 333（f）（3）（B）——（除了上面根据法案 303（f）（3）（A）的那些），如一个违反法案 301（jj）和 21 U.S.C. 331（jj）的行为在收到根据法案 402（j）（5）（C）（ii）和 42 U.S.C. 282（j）（5）（C）（ii）作出的通知后 30 日的时间内没有改正，授权对于 30 日后直到违法行为改正前的每一天民事罚款。

5. 法案 303（f）（4）（A）of the Act 和 21 U.S.C. 333（f）（4）（A）——授权对任何违反要求的责任人（定义在法案 505-1 和 21 U.S.C. 355-1）民事罚款（CMPs）。

（1）法案 505（o）和 21 U.S.C. 355（o）——上市后的研究和临床试验、标签。

（2）法案 505（p）和 21 U.S.C. 355（p）——风险评估和缓解策略。

（3）法案 505-1 和 21 U.S.C. 355-1——风险评估和缓解策略。

6. 法案 303（g）（1）和 21 U.S.C. 333（g）（1）——授权对已批准的新药申请为处方药的持有人或已批准的生物制品许可申请的持有人，如他们发布或使另一方发布直接面向消费者的虚假或误导性的广告，则进行民事罚款（CMPs）。

7. 法案 307（a）和 21 U.S.C. 335b（a）——授权对任何人民事罚款（CMPs），具体情形如下所述。

（1）故意向卫生和人类服务部的任何官员、雇员或代理人（"DHHS 人员"）做出有关简化新药申请（ANDA）的虚假陈述或重大事实误导。

（2）贿赂或试图贿赂或者支付或试图支付非法酬金给予简化新药申请（ANDA）有关的"DHHS 人员"。

（3）毁损、更改、删除或隐匿或者获取毁损、更改、删除或隐匿的任何为卫生和人类服务部（DHHS）所有或所占有的重要文件或其他物证，意图干扰 DHHS 履行其有关简化新药申请（ANDA）的职责。

（4）有义务披露而故意未能向卫生和人类服务部（DHHS）的官员或雇员披露有关简化新药申请（ANDA）中的任何药物的重要事实。

（5）故意阻挠卫生和人类服务部（DHHS）对简化新药申请（ANDA）中的任何药物的调查。

（6）有一个已批准的或等待批准的药物产品申请并故意使用在根据法案 306 条款禁止的人身上。

（7）被禁止且处于禁止阶段，向有一个已批准的或等待批准的药物产品申请的人提供服务。

（三）生物制品

1. 法案 303（f）(3)（A）和 21 U.S.C. 333（f）(3)（A）——授权对任何违反法案 301（jj）和 21 U.S.C. 331（jj）的人民事罚款（CMPs），具体情形如下所述。

（1）当向 FDA 提交某一生物产品申请时，未能提交公共卫生服务法案 402（j）(5)（B）和 42 U.S.C. 282（j）(5)（B）所要求的证书，或故意提交虚假的证书。

（2）未能提交公共卫生服务法案 402（j）和 42 U.S.C. 282（j）所要求的临床试验的信息。

（3）根据公共卫生服务法案 402（j）和 42 U.S.C. 282（j）提交临床试验的信息，其是虚假的或根据法案 402（j）(5)（D）和 42 U.S.C. 282（j）(5)（D）是误导性的。

2. 法案 303（f）(3)（B）和 21 U.S.C. 333（f）(3)（B）——（除了上面根据法案 303（f）(3)（A）的那些），如一个违反法案 301（jj）和 21 U.S.C. 331（jj）的行为在收到根据法案 402（j）(5)（C）(ii）和 42 U.S.C. 282（j）(5)（C）(ii）作出的通知后 30 日内没有改正，授权对于 30 日后直到违法行为改正前的每一天民事罚款。

3. 法案 303（f）(4)（A）和 21 U.S.C. 333（f）(4)（A）——授权对任何违反要求的责任人（定义在法案 505-1 和 21 U.S.C. 355-1）民事罚款（CMPs）。

（1）法案 505（o）和 21 U.S.C. 355（o）——上市后的研究和临床

试验、标签。

（2）法案 505（p）和 21 U.S.C. 355（p）——风险评估和缓解策略。

（3）法案 505-1 和 21 U.S.C. 355-1——风险评估和缓解策略。

4. 法案 303（g）（1）和 21 U.S.C. 333（g）（1）——授权对已批准的新药申请为处方药的持有人或已批准的生物制品许可申请的持有人，如他们发布或使另一方发布直接面向消费者的虚假或误导性的广告，则进行民事罚款（CMPs）。

5. 公共卫生服务法案 351（d）（2）和 42 U.S.C. 262（d）（2）——授权对任何违反部长发布的立即召回一个批次、一个批号或其他数量的出现紧急的或重大的危害公众健康的许可生物制品命令的违法行为民事罚款（CMPs）。

6. 公共卫生服务法案 2128（b）（1）和 42 U.S.C. 300aa-28（b）（1）——授权对任何故意毁损、更改、伪造、隐藏任何 42 U.S.C. 300aa-28（a）（1）或（2）所要求的记录或报告的疫苗生产者民事罚款（CMPs）。

惩罚适用于那些故意损毁、更改、伪造或隐藏这些记录和报告的人；那些指使记录或报告被损毁、更改、伪造或隐藏的人；和那些是其代理人、雇员或代表的疫苗生产者。每一个损毁、更改、伪造或隐藏的行为视为单独的发生。

（四）设备

1. 法案 303（f）（3）（A）和 21 U.S.C. 333（f）（3）（A）——授权

对通过下列方式任何违反法案 301（jj）和 21 U.S.C. 331（jj）的人 民事罚款（CMPs）。

（1）当向 FDA 提交某一设备产品申请时，未能提交公共卫生服务 法案 402（j）（5）（B）和 42 U.S.C. 282（j）（5）（B）所要求的证书， 或故意提交虚假的证书。

（2）未能提交公共卫生服务法案 402（j）和 42 U.S.C. 282（j）所 要求的临床试验的信息。

（3）根据公共卫生服务法案 402（j）和 42 U.S.C. 282（j）提交临 床试验的信息，其是虚假的或根据法案 402（j）（5）（D）和 42 U.S.C. 282（j）（5）（D）是误导性的。

2. 法案 303（f）（3）（B）和 21 U.S.C. 333（f）（3）（B）——（除 了上面根据法案 303（f）（3）（A）的那些），如一个违反法案 301（jj） 和 21 U.S.C. 331（jj）的行为在收到根据法案 402（j）（5）（C）（ii） 和 42 U.S.C. 282（j）（5）（C）（ii）作出的通知后 30 日内没有改正， 授权对于 30 日后直到违法行为改正前的每一天民事罚款。

3. 法案 303（f）（1）（A）和 21 U.S.C. 333（f）（1）（A）*—— 授权对任何违反与设备有关的要求的人民事罚款。除此以外， 根据法案 303（f）（1）（B），民事罚款不适用于以下情形。

（1）任何违反法案 519（a）（例如医疗设备报告）的要求或法案 520（f）的要求（质量系统规范）的人，除非违规行为重大或故 意背离要求或危害公众健康；

（2）任何有轻微违反法案 519（e）（设备跟踪）或法案 519（g（只有关校正报告）的行为的人，如此人能证明实质上遵守这些条款。

（3）违反涉及一个或多个没有缺陷的设备的法案 501（a）（2）（A）的人。

＊因为在 1990 年立法的时候的混淆，本条款已被不同地看做是法案 303（f）和 303（g），2007 年 FDAAA 的注释澄清了此条款现在是法案 303（f）。

注意：一个根据法案 704（g）（2）认证为合格，其实质上并不符合那个条款的认证标准、或者其对公众健康构成威胁、或未能以符合该条款目的的方式行为的人被认为已违反了涉及设备的法案的要求。

（五）乳腺 X 线摄影设备

公共卫生服务法案 354（h）（3）和 42 U.S.C. 263b（h）（3）——授权民事罚款（CMPs）对于以下情形。

（1）未能获得 42 U.S.C. 263b（b）所要求的证书。

（2）一个设备的每一次故障，或一个设备每一天的故障实质上符合 42 U.S.C. 263b（f）所确定的、编入法典 21 CFR Part 900 的、42 U.S.C. 263b（d）（1）（B）（ii）要求的质量标准。

（3）每一次不能根据 42 U.S.C. 263b（h）（2）要求通知患者风险。

（4）所有人、经营者或任何需要有证书的设备的雇员每一个违反此条款的任何规定或根据此条款颁布的规章的行为或每一个帮助和教唆违反此条款的任何规定或根据此条款颁布的规章的行为。

（六）烟草制品

1. 法案 303（f）（9）和 21 U.S.C. 333（f）（9）授权对违反烟草制品要求的行为民事罚款（CMPs）。

2. 法案 303（f）（9）（A）和 21 U.S.C. 333（f）（9）（A）授权对任何违反有关烟草制品的法案要求的人民事罚款（CMPs），这些人应承担民事罚款的义务，每一个这样的违法行为数额不超过 \$15 000，且在一个程序中所有这样的违法行为总数额不超过 \$1 000 000。

3. 法案 303（f）（9）（B）和 21 U.S.C. 333（f）（9）（B）授权加重民事罚款（CMPs），每一个违法行为数额不超过 \$250 000，且在一个程序中所有这样的违法行为罚款数额不超过 \$1 000 000。

（1）如故意违反下列要求的人

法案 902（5）和 21 U.S.C. 387b（5），其认为烟草制品如果是、或声称是、或表现为受法案 907 条确立的烟草制品标准调整的烟草制品，则为掺假，除非这样的烟草制品在各方面符合这样的标准。

法案 902（6）和 21 U.S.C. 387b（6），其认为烟草制品如果：①根据法案 910(a)要求有上市前的审查且没有根据法案 910(c)(1)(A)(i)的命令生效；②违反了根据法案 910（c）（1）（A）的命令，则为掺假。

法案 904 和 21 U.S.C. 387d，其要求每个烟草制品生产商或进口商或其代理人向部长提交如在这一条款中阐述的健康信息。

法案 908（c）和 21 U.S.C.387h（c），其要求合适的人（包括烟草制品生产商、进口商、经销商或零售商）在部长发现产品含有会带来不利的健康后果或死亡的不常出现在市场上的烟草制品中的制造或其他缺陷的合理可能性时立即停止这样的烟草制品的经销。

法案 911（a）和 21 U.S.C.387k（a），其禁止任何人引入或为引入而运送任何改进的有风险的烟草制品进入州际贸易，除非根据 911（g）发布关于这样的产品的命令是生效的。

（2）如违反下列要求的人

法案 911（g）（2）（C）（ii）和 21 U.S.C. 387k（g）（2）（C）（ii），其要求根据 911（g）的命令取决于申请人同意进行上市后的监测和研究以及向部长提交这样的监测和研究结果以决定命令对消费者认知、行为和健康的影响，并能让部长根据部长批准的协议审查作为命令基础的决定的准确性。

法案 911（i）（1）和 21 U.S.C. 387k（i）（1），其要求：关于一个申请人得到根据法案 911（g）（1）的命令的烟草制品，申请人进行这个产品上市后的监测和研究以决定命令对消费者认知、行为和健康的影响，并能让部长审查作为命令基础的决定的准确性，并提供部长确定涉及烟草制品使用或健康风险的必要的信息。上市后的监测和研究结果必须在年度基础上提交给部长。

（七）烟草零售商

1. 家庭吸烟预防和烟草控制法案 103（q）（2）（A）、公共法 111–31（"烟草控制法案"）21 U.S.C. 333——授权对违反根据法案 906（d）（包括 21 CFR Part 1140 中的法规）颁布的限制规定的零售商民事罚款（CMPs），此条款规定了对有已批准教育计划的零售商的减轻处罚。此时并直到 FDA 颁布规章设立已批准的教育计划的标准，所有可适用的民事罚款将在减轻处罚的要求下进行。

2. 法案 303（f）（8）和 21 U.S.C. 333（f）（8）授权对屡次违反根据法案 906（d）（包括 21 CFR Part 1140 中的法规）颁布的限制规定的特定烟草零售商实施不得销售烟草的命令禁止其销售烟草制品。（烟草控制法案 103（q）（1）（A）条款定义"屡次违反"为：一个特定的烟草零售商在 36 个月的时间期限内至少 5 次违反特定的要求构成屡次违反）。不得销售烟草的命令可以和民事罚款一起适用。

二、对小企业的减轻民事罚款

1996 年的小企业监管执法公平法案（SBREFA）（公共法 10–121）于 1996 年 3 月 29 日颁布，除了其他的事项之外，旨在改善小企业的监管环境，要求机构建立减轻小企业处罚的政策。

FDA 已根据小企业监管执法公平法案（SBREFA）和 1995 年 4 月 21 日的总统备忘录发布减轻小企业民事罚款的最终指南（处罚减

轻指南）。指南可以在 FDA 的互联网网站上获得：http://www.fda.
gov/OHRMS/DOCKETS/98fr/010049gd.pdf

三、民事罚款建议

当确定民事罚款是合适的行为时，地区合规官员应向合适的中心
提交建议（烟草零售商除外）。

（一）地区职责

地区向中心提出民事罚款的建议，至少要向中心传送一份建议此
行为的备忘录、一封草拟的给调查对象的附函和附随支持证据的
指控。

（二）中心职责

中心负责地区民事罚款建议的技术、监管、政策和科学的审查。
只有在与地区的合规人员商讨以后方能改动提出的建议。

注意：烟草制品中心（CTP）启动对烟草零售商的民事罚款行为。

传送到执法部门（DE）的已批准的建议应包括完整的原始案件文
件（整理得和地区提交上来的一样）、中心对于给调查对象的信
件和指控提出的改动以及包括中心的联系方式信息、实施民事罚
款处罚的理由和其他审查和处理此行为所需要的信息的中心的批
准备忘录。

（三）执法部门的职责

执法部门（DE）的执行和进口管理办公室（OEIO）将审查行为的适当性以及草拟信件和指控的充分性以确保符合目前的程序、政策、规章和法规。只有在与中心和地区的合规人员商讨以后方能改动提出的建议。

传送到首席律师办公室的已批准的建议应包括执法部门的传送备忘录、执法部门对给调查对象的信件和指控的建议改动以及由地区和执行提交的原始材料。

（四）首席律师办公室的职责

首席律师办公室批准的建议将按照 21 CFR Part 17 概述的程序来处理；或者，在根据法案 307（a）授权民事处罚的情况下，按照法案 307（b）的程序来处理。

第九节 | **剥夺临床研究者资格**

一、目的

此程序描述了包括时间期限在内的启动剥夺资格程序的过程——从检查的完成到向临床研究者发布启动剥夺资格程序和解释的机会的通知（NIDPOE）。另外，它包括通过发布听证机会的通知（NOOH）* 作为答复启动剥夺资格程序和解释的机会（NIDPOE）通知的后续行动的过程和时间期限。此程序旨在为中心生物学研究监控单位、监管专员办公室的人员、监管事务办公室和首席律师办公室所使用，遵守此节描述的程序将帮助机构实现剥夺资格过程的统一。

---

* 启动剥夺资格程序的标准在 FDA 合规程序指南手册（CPGM）——临床研究者的检查 7348.811，V. B（获得网址：http://www.fda.gov/ICECI/EnforcementActions/BioresearchMonitoring/ucm133562.htm）

二、启动剥夺资格程序的标准

启动剥夺资格程序的标准可见于 21 CFR 312.70，511.1（c）和
812.119 且在临床研究者 FDA 合规程序指南手册（CPGM）有所
论述，如脚注中指出的在合规程序指南手册（CPGM）17348.811，V.
B。启动剥夺资格程序的决定通常从把企业检查报告（EIR）列入
指示为官方行为（OAI）的决定开始。

三、启动剥夺资格程序

当一个临床研究者的检查显示严重的违规，因为合适的支持证据
的收集很关键，所以与中心的沟通是至关重要的，如合规程序指
南手册（CPGM 7348.811 Part II，B.3.）所指出的那样。另外，如
果看起来剥夺资格的建议可以被考虑，这将允许中心提供预先通
知给首席律师办公室和其他合适的办公室。同样建议地区调查人
员联系政策和风险管理办公室（OPRM）、监管事务处（ORA）的
医疗产品和烟草政策工作人员中的生物学监控专家，他们能为这
个过程提供帮助和作为额外的资源。作为结果的企业检查报告，
将违法行为编入支持证据索引并贴上适当标签展示出来以方便查
阅，其应在检查完成的 30 日内转交给中心生物学研究监控项目
单位。

因为中心的生物学研究监控项目单位需要加快审查，会启动剥夺
资格程序的检查结果，所以中心的生物学研究监控项目单位应在
收到所有企业检查报告和地区办公室的指示为官方行为的建议
（有或没有剥夺临床研究者资格的建议）后 14 日内审查和优先处
理。中心的生物学研究监控项目单位应审查和优先处理企业检查
报告和供中心参考的建议，在相似的时间期限里确定是否有理由

作出指示为官方行为的决定和可能启动剥夺资格的程序的决定。企业检查报告和地区办公室的建议而不是指示为官方行为（OAI）或供中心的参考（RTC）可以支持启动剥夺资格程序。当中心的生物学研究监控项目单位审查人员确认这样的检查报告，下面论述的时间期限将适用。

一旦启动剥夺资格程序的可能性被确定，指定的中心生物学研究监控项目单位审查人员分析检查报告并确定结果是否得到监管意义上的足够的证据支持。中心生物学研究监控项目单位审查人员同样需确定地区办公室是否收到任何对于 FDA 483 表格的答复并要求所有答复的副本。在审查完有关最近检查的所有材料和在中心的检查档案和数据库的任何信息后，中心生物学研究监控项目单位审查人员起草他 / 她同意还是反对启动剥夺资格程序的理论根据，在审查过程中与办公室 / 中心的监管人员和 / 或首席律师办公室律师商讨可能是必要的。

如启动剥夺资格程序被认为理由不正当，中心生物学研究监控项目单位审查人员准备一份文件说明此结论以便他 / 她的管理者审查，并启动其他的合适行为。如启动剥夺资格的程序被认为是必要的，中心生物学研究监控项目单位审查人员为行政记录准备合适的文件记录，其将支持过程中后面的所有步骤。支持启动剥夺资格程序和解释的机会的通知（NIDPOE）的行政记录部分将包括这些文件，如：

（1）一份图标和 / 或备忘录总结检查报告的重要结果和支持剥夺资格行为的违法行为；

（2）一份临床研究者的大事记录 / 检查历史；

（3）一份启动剥夺资格程序和解释的机会的通知（NIDPOE）草案。

（4）一份同意协议的草案。

启动剥夺资格程序和解释的机会的通知（NIDPOE）文件应适当编排索引以方便中心管理人员、首席律师办公室和监管事务办公室审查，例如，引用在启动剥夺资格程序和解释的机会的通知（NIDPOE）中的违法行为应与企业检查报告一并被编入支持证据。在准备启动剥夺资格程序和解释的机会的通知（NIDPOE）的文件过程中，中心生物学研究监控项目单位应提醒相关的中心和机构办公室文件已准备好以确保及时审查。启动剥夺资格程序和解释的机会的通知（NIDPOE）的文件的审查应按照中心明确的程序进行，启动剥夺资格程序和解释的机会的通知（NIDPOE）的文件应在收到企业检查报告的4个月内准备好供首席律师办公室审查。如考虑不同意的话在收到启动剥夺资格程序和解释的机会的通知（NIDPOE）草案的4个月内，首席律师办公室应同意或安排与合适的中心生物学研究监控项目单位的人员进行商讨（必要时提供意见/建议修改）。

在收到首席律师办公室同意的基础上，中心生物学研究监控项目单位结合任何对启动剥夺资格程序和解释的机会的通知（NIDPOE）信件的改动和/或增加并发送全部启动剥夺资格程序和解释的机会的通知（NIDPOE）文件给合适的中心官员以在通知上签字，签字应在收到首席律师办公室的同意14日内完成。启动剥夺资格程序和解释的机会的通知（NIDPOE）文件和签名的启动剥夺资格程序和解释的机会的通知（NIDPOE）要返回到中心生物学研究监控项目单位，中心生物学研究监控项目单位应在收到和向合适的机构单位分发副本后的 1 日内向临床研究者发布签名的通知，附随同意的协议，如下面所描述。

启动剥夺资格程序和解释的机会的通知（NIDPOE）指示临床研究者可以在 15 个工作日内写信或打电话给中心要求安排一个非正式会议或者以书面形式表明意图回应指控，如临床研究者选择提交书面答复,启动剥夺资格程序和解释的机会的通知（NIDPOE）指示其在收到通知的 30 天内答复。

四、启动剥夺资格程序和解释的机会的通知（NIDPOE）

（一）通知的交付

启动剥夺资格程序和解释的机会的通知（NIDPOE）应以认证邮件（要求回执）或其他可以记录传送和接收的方式发送。如果这样的交付没有成功，中心应联系在合适的地区办公室的调查处主任(DIB)并要求启动剥夺资格程序和解释的机会的通知（NIDPOE）由机构工作人员面交，中心将把交付的地址和可选择的地点提供给地区。

（二）通知的分发

启动剥夺资格程序和解释的机会的通知（NIDPOE）的发布是一个重大的监管行为，且合适的机构单位应被告知通知的发布，这些包括以下部门。

（1）首席律师办公室（OCC）：WO31/WO32。

（2）信息自由部门（DFOI）：ELEM-1029。

（3）良好临床规范办公室（OGCP）：WO32-5129。

（4）监管事务处（ORA）的执行部门（Division of Enforcement）：WO32。

（有关的地区办公室 – 地区工作人员，包括地区主任；调查处；和地区调查人员）

（5）药物评价与研究中心（CDER）的科学研究办公室（OSI）：WO51。

（6）药物评价与研究中心（CDER）的生物学研究监控项目（BIMO）组：HFM-664。

（7）兽药中心（CVM）的生物学研究监控项目（BIMO）组：HFV-234。

（8）医疗器械与放射卫生中心（CDRH）的生物学研究监控项目（BIMO）组：WO66，BIMO@cdrh.fda.gov。

（9）食品安全与应用营养中心（CFSAN）的生物学研究监控项目（BIMO）组：HFS-205。

中心将转交启动剥夺资格程序和解释的机会的通知（NIDPOE）给中心的信息自由办公室以供编辑和在 FDA 网站上发布（www.fda.gov/DisqualificationProceedings）。

五、同意协议

在发布启动剥夺资格程序和解释的机会的通知（NIDPOE）后，临床研究者可以选择与 FDA 达成同意协议，最终在 FDA 和临床研究者之间达成的同意协议终止在此事项上的行政程序。选择与机构达成同意协议可在剥夺资格程序过程中的任何时候进行，取决于监管专员根据 21 CFR 16.95 发布的决定或根据 21 CFR 312.70，511.1（c）或 812.119 发布的剥夺资格的通知。同意协议可以是工作人员指导手册 1410.21 列出的 FDA 官员（http://www.fda.gov/downloads/AboutFDA/ReportsManualsForms/ StaffManualGuides/UCM273783.pdf）。

六、与临床研究者的非正式会议

在启动剥夺资格程序和解释的机会的通知（NIDPOE）中，中心将提供研究者提交解释的机会，可以书面形式，或根据研究者的选择以非正式会议的形式。如临床研究者提交书面答复，规章不要求中心进行非正式会议但是中心可以选择这么做。如请求非正式会议，中心应尽快安排，通常在提出请求的 30 日内安排。

在非正式会议中，临床研究者可以选择有代理人陪同并可以提供文件供记录，临床研究者可以在非正式会议后 15 日内向 FDA 提交书面材料。

至少，出席非正式会议的 FDA 工作人员将包括中心生物学研究监控项目单位的人员和首席律师办公室审查启动剥夺资格程序和解释的机会的通知（NIDPOE）的律师，FDA 可以包括其他的有合适的专业知识或有案件相关经验的人员（如涉及研究审查团队的医疗官员、FDA 在临床研究者的地点进行检查的地区调查人员）。中心应安排非正式会议，通知所有相关方详细情况并安排讨论的行政记录。这些非正式会议应安排到 2 个小时。因为会议是非正式的，所以没有指定的形式，但是会议必须针对列入通知中的所有指控。

非正式会议后，中心将向临床研究者提供书面记录的副本，中心经与首席律师办公室磋商，应立即审查由临床研究者提供的任何新的解释和证据。如看起来剥夺资格不再是必要的，替代方案如具体的改正行为计划可以被考虑，中心生物学研究监控项目单位应在非正式会议 30 日内以书面形式通知临床研究者这一决定，剥夺资格程序不再进行，包括任何替代的改正行为计划的详情。

如临床研究者的解释不被中心所接受，剥夺资格仍然是必要的且中心应向临床研究者发布听证机会的通知（NOOH）。

七、听证机会的通知（NOOH）

如临床研究者未能答复启动剥夺资格程序和解释的机会的通知（NIDPOE）或中心确定临床研究者的书面或口头解释不充分，规章规定根据 21 CFR Part16，应给予临床研究者一个监管听证的机会，听证的内容是关于研究者是否有资格接收试验项目和是否有资格进行任何支持 FDA 监管产品的研究或上市许可申请的临床研究的问题。中心生物学研究监控项目单位应准备一份听证机会的通知（NOOH）。听证机会的通知（NOOH）应在中心作出临床研究者的书面或口头解释不充分的决定后或在确定临床研究者选择不答复启动剥夺资格程序和解释的机会的通知（NIDPOE）后 30 日内准备好。依照中心的程序，在准备听证机会的通知（NOOH）

的过程中，中心应与首席律师办公室商讨并明确听证机会的通知的内容。中心批准的听证机会的通知（NOOH）和行政记录 [包括启动剥夺资格程序和解释的机会的通知（NIDPOE）文件和所有后续行为的信息 / 文件] 应被转交给首席律师办公室审查和批准，在收到材料的 30 个工作日之内，首席律师办公室应作出同意或向中心生物学研究监控项目单位就获得通知的同意哪些是必要的提出意见。

在首席律师办公室同意的 5 个工作日之内，中心生物学研究监控项目单位在结合首席律师办公室的任何增加 / 改动后，转交这些文件以及听证机会的通知（NOOH）和行政记录的电子副本给执法部门，执法部门有 5 个工作日的时间审查和签名批准听证机会的通知（NOOH）。如执法部门在审查过程中对听证机会的通知（NOOH）提出了实质性的改动，执法部门必要时将同首席律师办公室明确他们的改动，首席律师办公室将与中心生物学研究监控项目单位商讨。在 5 个工作日之内，执法部门在与首席律师办公室明确实质性的增加 / 改动（必要时首席律师办公室将与中心商讨并通知中心任何改动的情况）后，执法部门转交听证机会的通知（NOOH）和行政记录给监管事务处（ORA）的监管事务助理专员（ACRA）以审查和签名，并请求中心信息自由办公室编辑和在 FDA 的网站上发布编辑后的听证机会的通知（NOOH）。在收到材料的 5 个工作日之内，监管事务助理专员（ACRA）应在听证机会的通知（NOOH）上签名，或向执法部门就获得他 / 她的签名哪些是必要的提出意见。在收到已签名的听证机会的通知（1 日之内）后，执法部门记下日期并通过认证邮件（要求回执）或其他备有证明记录的传送方法向临床研究者发布听证机会的通知（NOOH）。如通知的交付不能被确认，执法部门主管将联系当地的地区办公室并要求通知由 FDA 工作人员面交，中心将把交付的地址和可选择的地点提供给地区。在发布听证机会的通知（NOOH）后，执法部门提供一份已签名的通知副本给中心生物学研究监控项目单位，其负责将通知的副本在 FDA 内部适当地分发［见上述"启动剥夺资格程序和解释的机会的通知（NIDPOE）的分发"］。中心将转交通知给中心的信息自由办公室以编辑和发布到 FDA 网页上（www.fda.gov/DisqualificationProceedings）。

听证机会的通知（NOOH）规定研究者从收到听证机会的通知起有 10 个工作日的时间请求听证。如临床研究者在此时间期限内没有提出请求，则被认为已放弃监管听证的权利且机构将基于机构获得的事实就此事项作出决定。

执法部门将在 10 日后将研究者对于通知的答复（或没有答复）告知中心生物学研究监控项目单位，随后的行动如听证机会通知中所述由中心生物学研究监控项目单位、首席律师办公室和执法部门讨论并决定。中心生物学研究监控项目单位负责准备一个关于剥夺资格概括决定的备忘录。

听证机会的通知（NOOH）发布后，要遵循的过程详情见工作人员指南手册（SMG）7711。（http://www.fda.gov/downloads/AboutFDA/ReportsManualsForms/StaffManualGuides/UCM252821.pdf）。

FDA

第六章

司法行为

注意：对于由现行生产实践管理规范（cGMP）或质量体系（QS）引起的对国内的或国外的药品、生物制品或医疗设备设施的检查行动，在现场执行和合规跟踪系统（FACTS）中，企业的文件状态资料应该在审查过程中的每一个阶段进行适当地更新。（更多的信息参见第四章有关FACTS中企业文件更新）。

第一节 | 没收

一、目的

依照 21U.S.C.334，本部分为没收行为的开始、审查、批准、发生、监测和结束提供程序和指导。

美国作为原告，依据特定的海事索赔补充规则（补充规则），通过提出没收投诉、获得拘留许可证，来指导美国联邦执法局对货物进行没收（取得所有权或执行法院推定的监护权）。没收投诉的观点是没收的货物是被告的，政府要求法院宣布货物不能使用并且声明没收是因为货物本身违反了法律。任何利益相关的团体、个人或机构可以通过提交一份已确认的索赔声明，陈述其对货物的所有权而索回货物。

只有代表被没收货物的合适的原告可以提出诉讼。如果没有合适的原告，美国有权根据弃权而定罪并没收货物。

二、没收的一般原则

在启动没收案件前，合规办公人员和行政区管理人员必须考虑以下几个要素。

（一）预先警告

参见"预先通报"和"警告信"，以及具体的合规程序和政策指南。

（二）所在地行政区同意

FDA 的一个行政区打算没收在另一个行政区的物品时，该行政区要负责联系所在地行政区以确定该行政区是否同意建议的没收，以及获得关于企业的背景资料：违规行为、预先警告、当前的状态和涉及同一指控的未决的和已判决的行为。提议没收的行政区也要负责确保没收遵循现行的指导原则。

1. 所在地行政区

所在地行政区是指涉嫌违规行为发生的区域，或是对该违规行为负责的企业或个人实际上位于的区域。

就货物的没收来说，当货物被引入或提供引入州际贸易中时就是违规的，所在地行政区即是州记录中记载的货物装运或提供货物装运的地区；记录中的货物的承运商通常被认为是涉嫌违规者。

就货物的没收来说，经过州际运送后或到达目的地后就变成违规的货物（即当在州际贸易中或州际贸易运送后销售时），取样时拥有货物的经销商通常被认为是违规者，经销商所在地即为所在地行政区。

2. 执行没收行政区

实际完成没收的地区被称为执行没收行政区。执行没收行政区不必是本地行政区。也不必是抽样行政区，如在运送样品的情况下或当抽样者穿过该行政区的分界线从邻近的行政区采集样品时。

3. 监管行政区

在纠正与没收相关的货物时执行监管的行政区即是监管行政区。

（三）自愿扣留或禁运

如果考虑到产品在没收前将被分销，FDA 将确定经销商是否会自愿扣留产品或是否有必要禁运。只有当确信机构会批准没收或者满足直接的参考标准时才能请求国家禁运令。

对于假药及用于生产假药的设备，FDA 可以先没收，然后再提交诉状。参见 21U.S.C.334（a）（2）和 372（e）（5）。

法规中也有对于医疗器械或烟草制品 [21U.S.C.334（g）] 和食品 [21U.S.C.334（h）] 执行行政扣留的相关规定。第五章中"食品行政扣留"和"设备行政扣留"部分包含行政扣留程序的细节。

（四）被没收批次产品的规模

当有问题的批次产品的零售价值低于 $2000 并且当违规行为无关健康风险时，尽可能将与违规产品相关的事实交给州或地方政府官员。

在某些情况下，批次产品的价值超过 $2000 的也可能由州或地方进行处置，低于 $2000 的产品也可能被没收。例如，当有记录证明危害健康时；违规产品被混入其他产品时，因此更广泛分销时（如含农药的面粉作为制备烘烤物品的原料）；或当没收是建立法律先例所必须时，没收价值 $2000 以下的批次产品是合适的。

某些程序和政策指南，如合规政策指南（CPG）手册"120.500 条健康欺诈——考虑监管行为的要素"，对于没收行动也可能具有管理局限性。

（五）容易纠正的违规行为

有时，对于违规现象易被货主纠正的货物可以采取没收措施而不需要诉讼，例如违反合理包装和标签法（FPLA）。如果联邦检察官和法官质疑这种类型的没收，那么可以指出违规者在接到预先通报后拒绝纠正，并且当采取后续非正式程序时，为确保物品达到合规产生的费用将由政府承担而不是违规者。另外，当尝试非正式纠正时，违规者可以装运货物而无需使之合规。

《联邦食品、药品及化妆品法》的 21U.S.C.334（d）条阐述了尝试纠正违规物品应遵循的程序。要求原告的保证金和在原告支付费用时赋予 FDA 监管权，其目的在于减少被没收的货物在没有合规之前流向市场的机会。

（六）当机构有其他方法控制时的违规行为

当机构有其他方法控制产品时，没收可能不是最合适的控制方法。例如，由于可能会干扰正在设法获取许可证的行为而阻止担保人非法装运未经许可的生物制品。

（七）自愿纠正（未批准的药品除外）

在没收前自愿销毁违规产品的行为应该得到鼓励；然而，应该让销毁产品的个人明了国家环境政策法（NEPA）的要求。该要求的复印件可以从 ORA 安全管理工作人员处获得，HFC-21。

在任何情况下，不管违规的性质或产品的规模，FDA 都应该见证不合格商品的自愿纠正。如果一批产品被纠正，则不建议没收，除非检查证实产品仍然是违规的。如果货物是未获批准的药品，则不考虑纠正。

（八）持续的违规行为

当考虑有证据（或可能性）证实存在反复或持续违规行为的没收案件时，行政区也要考虑公众是否能够通过替代的或同时进行的禁令行动获得更好的保护。启动没收时应考虑尽快获得对货物的控制，并且设法在同意判决书中获得禁令救济，或者通过修改控诉获得禁令救济。

（九）法条 702（b）样品

法案 [21U.S.C.372（b）] 的 702（b）条款要求必须提供供分析的食品、药品或化妆品的样品中的一部分给在标签上有名字的任何人或货主、或他的律师或代理人。

法规 21CFR2.10（c）对这种要求提出一些例外，要求提供两倍的样品，除非被豁免。未能提供一部分样品可能会危及没收行动以及基于样品分析的任何未来的行动。

（十）运送记录的保存

州际商务委员会法规（49 CFR 1220.6）要求公用运输公司保留记录 1 ～ 3 年即可，具体时限取决于运输公司和被保存记录的种类。

有争议的没收案件或没收后的起诉经常被推迟并且直到被装运超过 3 年后才可能进行审判。在涉及公用运输公司的装运这样的情况下，应采取措施保存记录，这些记录是在审判时证明州际运输所必需的。

（十一）依照《联邦食品、药品及化妆品法》执法的审判地

"Venue" 意思是审判的地点或地区。在依据《联邦食品、药品及化妆品法》产生的所有没收行为中，案件最先被带上货物所在地的法庭。完成没收的法院具有管辖权。

《联邦食品、药品及化妆品法》的 21 U.S.C.334（a）部分声明物品可以被对该物品有审判权的美国任何行政区法院没收和宣判。

依据 28 U.S.C.1404（b）的规定，在司法行政区内无需政府同意可获得对物诉讼从一个部门到另一个部门的转移。

21 U.S.C.334（a）和（b）描述了改变审判地的情形。21 U.S.C.334（a）适用于法律限制诉讼数目的情形，即假冒商标。21 U.S.C.334（b）适用于涉及同一个原告或组织的两个或更多的诉讼未解决时，主要考虑到案件的合并审判。

在所有的改变审判地的请求中，知道这个变化的任何一个 FDA 工作人员应该立刻通知首席法律顾问办公室（OCC）指定负责该案件的律师。

三、没收的类型

（一）大规模的无限制的没收

FDA 用术语"大规模的"和"无限制的"来区分这些没收和"指定批号的没收"，"指定批号的没收"是指没收指定批号或批次的产品。这些都是没有独立的法律地位的内部分类。它们不会出现在给联邦检察官的信件中或诉状中，仅仅是允许机构通过规模和 / 或影响去跟进没收行为。

大规模没收是指对 FDA 监管的一个企业 / 工厂的所有产品的没收。当所有的产品在相同的环境中保存（例如肮脏的仓库）或在相同的条件下生产（例如不符合 cGMP）时可能会进行大规模没收。肮脏的仓库中产品的没收被认为是大规模没收，尽管它不包括那些由于产品的包装（如罐头食品）或场所（例如产品放在冰箱中或放在没有啮齿类动物或虫子出没迹象的工厂的地板上）不易受污染的产品。对大规模没收的特殊考虑在随后介绍。

无限制的没收是指对一个特定产品或全部产品，不管批次或批号，当预计会持续违规时进行的没收。当某个产品没有被批准或使用违规的标签时，或者当违规现象扩展到某个产品的所有批次或批号，但是没有扩展到企业的所有的产品时，可以执行无限制的没收。例如：没收生产其他种类气体的医疗气体工厂中所有批次或批号的氧气，属于无限制的没收而不是大规模的没收。对该工厂的大规模没收包括没收由该企业生产的所有的气体。推荐无限制的没收同推荐特定批次没收一样处理。

（二）多重没收

术语"多重没收"用于描述同一个产品在一个以上行政区区法院的没收。启动多重没收以阻止违规产品在该地区以外的地区继续分销或使用，尤其是危险的产品。

法案 304（a）（1）部分对某些多重没收实施限制，如果它们同样是因为假冒商标或其他没有遇到的情况。在继续实施涉及假冒商标产品的多重没收的策略之前，可以咨询法案的这部分（和 OEIO、DE，如果有必要）。

（三）大规模没收的特殊考虑

"大规模没收"不同于"指定批号的没收"，因为相关的事件和证据随着调查员记录违规情况开始至完成没收经常变化；例如，新的批次货物的到达、FDA 记录的批次已经被分销以及可能采取了纠正措施。这些因素会使案件复杂化并且干扰及时处理或其他的处置。因此，当新证据能准确反映货物生产或储存的情况时，机构与司法部及时完成没收行动是必要的。

因此，一般来说，支持大规模没收的违规证据 [该证据通常在建立企业检查（EI）的最后一天确定] 在案件转交给美国检察官办公室备案时不应该超过 30 日。如果偏差是不可能在 30 日内纠正的错误时，则 30 日规则不适用，例如，不可能批准一个特殊程序或不可能获准新药上市。必要时在建议中提供该规则不适用的原因。

由于大规模没收可能会给一个公司造成影响，因此应该格外注意以确保证据能够保证针对所有被没收的物品建议采取的措施。负责案件的合规办事员应该非常熟悉案情。另外，根据行政区和中心提供的材料，OCC 将准备一份同意判决，包括禁令救济条款。在 21U.S.C. 342（a）（4）中基于污物的大规模没收所需的有关证据的特殊考虑如下。

1. 必须有明显不卫生情况的有力证据（例如当前在被没收食品的存放地有活的老鼠、昆虫、鸟类或其他害虫的活动）。不必提供每批被没收食品上污物的实物证据。

2. 证据显示害虫出没已经造成广泛的 342（a）（4）中规定的掺假，或者活虫足够多可以合理预期在大规模没收的食品中扩散。

涉及 342（a）（4）规定的情形的大规模没收案例可以从执法部门（DE）获得。

四、直接引用没收权

当有明确的机构政策时，例如，基于被污染的某些商品的措施，可以选择直接引用。中心已经同意提供直接引用的文件中所述的政策。当 CPG（依据特定的商品指南），或其他的指南提供直接引用时，建议书应该直接交给 DE。在提出建议之前，行政区应该确定货物可供没收，并且所有的样品和费用符合直接引用的标准。

五、没收和禁令案件的审批程序

下面提出的审批程序适用于没收和禁令案件。建立该程序的目的是在案件发展的早期阶段加强合作和共享证据、减少文书工作、排除未经证实的案件以及缩短所有案件的审批时间。该程序并不意味着削弱任何参与者的作用或责任，也不是降低对质量的期望。在参与者之间的交流先于初评（PA）电话会议之前不要求行政区执行司法行为。

（一）初评（PA）电话会议

如果所有的参与者经过交流并一致同意推进案件，那么可以略过PA 电话会议。在这些案件中，提议行动的当事人将准备一份文件让所有参与者进行电子签名，并且在 MARCS–CMS（CMS）中上传该签名文件，以记录没有进行 PA 电话会议而一致同意推进案件。如果涉及到不止一个当事人时，提议行动的当事人将有关决定通知 OEIO。提供了该记录，提议行动的当事人可以在 CMS中继续上传案件起始备忘录（CIM）和支持证据。

1. 时间安排

在实施没收或禁令的可能性被先确认后，建议禁令或没收的当事人应该尽快在涉及没收或禁令的行政区、相关的中心、OEIO 和 OCC 或他们指定的人员之间安排一次 PA 电话会议。必要时，电话会议应该在检查结束前进行。在没有正式检查的案件中，例如当证据是通过在线调查的方式进行时，电话会议应该在证据收集之后进行。

2. 关键文件

在 PA 电话会议前，发起电话会议的当事人应该在 CMS 中创建一个初步评估工作活动。CMS 在 FDA 的内部网站 ORA 应用程序下可找到。当事人上传支持没收或禁令的任何证据（例如司法证据、照片 / 视频、分析工作表、FDA-483 表格、产品标识及标签），并清楚地标记每一条目。可能的话，电话会议参与者在电话会议前应该审核 CMS 中的这些信息。

3. 参会人员

电话会议应该包括行政区、相关的中心、OEIO、OCC 当地的法律顾问和其他合适的当事人。行政区将在 CMS 上选择每一个参会人员。当事人可以指定一位经授权的代表作为参会人员参加会议；例如，中心可以指定合适的合规办公室代表中心。合适的地方法律顾问可以代表 OCC。

4. 主题

主题可能包括：企业的身份、涉及产品的类型、检查揭示的问题、公众健康风险、司法权和州际贸易、可能的违规、支持证据、相关的合规政策文件、以前的合规历史、科技支持以及公司范围行动的可能性。建议的 PA 电话会议议事日程检查表将包括但不限于以下内容：

（1）PA 电话讨论的电话号码及密码；

（2）行政区出席者名单（希望合规工作人员和调查人员参加）；

（3）来自中心、OEIO、OCC 地方法律顾问和必要时其他的行政官员出席者名单（以及他们的电话号码列入 CIM）；

（4）企业名称、FEI 号码 / 注册号码、城市 / 国家以及对企业生产 / 工艺流程的简短的描述；

（5）产品描述（详细的），包括包装和标签类型；

（6）全部的和最重要的问题；

（7）相关的风险和影响；

（8）需要专家评估和 / 或健康风险评估；

（9）建议的行动；

（10）总体的控诉方案（例如，21U.S.C. 342（a）（4）或 355）；

（11）关于目前发现的重大违规和日期的总结；

（12）企业合规历史的简短的总结，包括召回和异常事件；

（13）相关的合规政策；

（14）敏感的或有争议的问题和关注的事情；

（15）适当的通知和与部落、国家、地区或当地政府的合作；

（16）CMS 中的支持证据，由命名约定确认；

（17）对决定案件是否继续起重要作用的参会人员拥有的其他证据（例如 HACCP 计划、工艺流程、平面图、照片、批记录、投诉记录、SOPs）。

5. 决议

在电话会议期间，电话会议参会人员应该决定是否进一步执行没收或禁令或者应该确认额外的证据（例如待定的抽样结果或者需要专家）。如果参会人员在 PA 电话会议中确认决定不再进行没收或禁令，该事件将不会被处理除非一个临时委员会决定使用下面描述的程序和在《FDA 监管程序手册》第四章第八节中的临时委员会叙述的程序。参会人员的决议不是最终决定，随着案件基于新的信息、证据或观点发展时可能被改变。

6. 电话会议记录

建议该行动的当事人（通常是行政区）将记录在电话会议期间参会人员表达的观点，并通过电子邮件或其他非正式的交流方式分享参会人员的那些观点的简要总结。如果决议是继续进行该案件，那么该总结和任何随后的评论也可以被插入到案件起始备忘录（CIM）的相关部分。请注意这些材料可能作为证据接受审核。如果对应该分享或不应该分享的内容存在任何疑问，请联系 OCC。

7. 确定首席协调员和专家

遵循决议继续执行没收或禁令，行政区、中心、OEIO 和 OCC 应该各自任命一位首席协调员并在案件始终保持首席协调员的角色。首席协调员不必是电话会议的参会人员。对于 OCC，首席协调员将是指定的地方法律顾问。对于中心，首席协调员可以来自于合规办公室。在需要专家支持的所有案件中，中心必须确认、聘用或任命一位专家。电话会议之后，任何新的证据应该上传至CMS 并创建一个任务，首席协调员们应该通知参会人员审查新的信息。

当向项目办公室请求一位专家或请求要一位外面的专家时，中心必须：

（1）明确建立需要专家能够去证明的内容；

（2）审核专家的资格决定就案件的事实来说专家是否具有相应的知识和经验；

（3）一旦专家有机会审查证据，和专家讨论关于案件的他的 / 她的见解，并确认案件的优点和缺点。如果专家确认案件中存在缺点，中心必须明确告知 OCC 并建议是否中心认为该案件应该继续进行下去。

8. 新证据

电话会议之后，任何新的证据或信息应该上传至 CMS 并创建一个任务；首席协调员们应该通知参会人员审查新的信息。在 Outlook 中使用 "OC OCC Case." 邮箱通知 OCC。

（二）案件起始备忘录（CIM）

尽快地，最迟自检查的最后一日起 10 个工作日内，为收到样品分析的日期或收集证据的日期，提议该行动的当事人应起草一份包括参会人员观点的 CIM。并将 CIM 和支持证据上传至 CMS 同时通知参会人员。在 Outlook 中使用 "OC OCC Case." 邮箱通知 OCC。行政区应该将 PA 工作活动转变成 CMS 案件供中心、DE 和 OCC 同步审查。无需中心、DE、OCC 及其他的参会人员各自书写备忘录，但是需要得到一位专家的意见，并且如果有应该加进 CMS。

（三）同步审查及 CMS 的使用

通常，首席协调员们应该同步审查 CIM 和支持证据。他们应该使用 CMS 去传递、储存和检索相关的文件，创建任务和记录活动。为了在缺少临时诉讼程序时推动案件发展，每一位参会人员必须赞同自己负责范围内的活动。如果一位首席协调员或任何参会人员相信案件不应该向前推进，他或她应该尽快通知指定给该案件的其他协调员。如果不能达成共识，则持有不同意见的参会人员应该写一份简短的备忘录要求临时委员会审查。在请求了临时委员会时，启动审查直到争议被解决。委员会将立刻为审查案件制定一份时间表。临时委员会制定的时间表和决议说明应该在 CMS 中可得到。

如果首席协调员们或临时委员会决定继续执行没收，DE 将准备最终的信件和法律诉状并上传供 OCC 审查。一旦 OCC 批准，DE 将发送法律诉状和联邦检察官信件给执行没收的行政区，该行政区将把这些文件连同一份证据包呈递给联邦检察官办公室 / 司法部（DOJ）以便提交法院。如果首席协调员们或临时委员会决定继续执行禁令，OCC 将起草 DOJ 推荐信和法律诉状并上传至 CMS。OCC 将把信件、法律诉状和证据包呈递给消费者保护诉讼办公室（OCPL）/DOJ 进行进一步的审查并赞同。最后签字的 USA 检察官信件和提起的诉讼由行政区上传至 CMS。

对于没收行动，为了确保对于没收行动的范围和依据有一个清晰的理解，希望执行没收的行政区通过 CMS 呈递一份草案信件给联邦检察官以及按照地方司法行政区要求的格式的没收投诉状。DE 将根据行政区的草案准备最终的文件。对于禁令行动，OCC 将起草法律诉状。

除了 CIM，不需要正式的备忘录。然而，希望有时候会需要另外的书面文件或意见来推动行动进展。至于书写形式参会人员可以行使他们的自主决定权，文件应该简洁并在制定的时间表内完成。对这些文件的需要将视情况而决定。虽然目标是尽可能地保持所需要的书面文件最少。

所有的书面意见能够在 CMS 中可得到。

（四）截止日期

这两步程序的默认时间表分别是从建立检查或样品分析或为行政区搜集证据递交一份 CIM 的最后的日期开始 10 个工作日，以及从开始 CIM 直到案件和所有的材料或重要证据包括专家意见呈递交给 DOJ 时的 13 个工作日。在需要延期的情况下截止日期可视情况延长（例如因为实验结果需要增加时间，尤其是复杂的或大量的证据，或不可避免的物流延迟）。

如果截止日期延长，申请人为案件制定一份时间延长计划（TEP），包括具体任务的截止日期并上传至 CMS。在紧急情况下，根据需要截止日期将被缩短。可能的话，常规案件的审查应该尽可能以最迅速而有效的方式完成，常规案件总办案时间不超过 23 个工作日。

1. 行政区

行政区应该在检查的最后日期、收到样品分析结果的日期或收集证据的日期开始 10 个工作日内呈递一份 CIM 和所有可得到的材料及证据。

2. 其他参会人员

在呈递 CIM 之后的 13 个工作日内应该同步审查并把案件和所有的材料或重要的证据包括专家意见提交给司法部或与企业的法律顾问协商同意判决书。

六、没收行动职责

（一）行政区职责

在 CMS 中创建 PA 工作活动之前，合规人员应该咨询 DCB 和其他的行政区管理人员以获得对提议的行动的支持。之后，行政区应该在 CMS 中创建 PA 工作活动，并上传支撑最严重违规的关键文件、发起 PA 电话会议和 PA 工作活动，以及上传描述 PA 电话会议期间所表达的观点的总结性文件。

如果参会者同意批准没收，行政区负责书写并上传 CIM 至 CMS 并通知参会者。在 Outlook 中使用地址 "OC OCC Case" 通知 OCC。CIM 的内容描述如下。

附加责任包括：

1. 在发起 PA 电话会议后，如果事实的类型发生了显著的变化应该尽快与首席协调员沟通。行政区首席协调员负责尽快上传新的信息和证据，创建一个新的任务并且将有关变化通知参会者。

2. 提议没收另一个 FDA 行政区货物的行政区负责确定货物所在地行政区是否同意没收，以及本案件是否遵循现行指南，包括必要时的预先警告。在 CMS 中，提议行动的行政区应该为其他行政区创建任务使它们在行动中发挥作用，并且和其他行政区协调收集的证据和信息。

3. 执行没收的行政区必须确定没收时能否得到该批货物。直到该批货物可以得到时没收建议书才能送给联邦检察官。行政区必须准备适当数目的诉讼复印件和印有 OCC 抬头的信件给联邦检察官。联邦检察官信件由合规部主任签上他 / 她姓名的首字母于印章的旁边后送给首席法律顾问。如果可行，这些文件将亲手送交给联邦检察官。所有的文件应在 CMS 中可获到，并且当这些文件可得到时应该通知当事人。

4. 当收到即将执行没收的通知时，执行没收的行政区负责立刻通知相关的中心、DE、OCC 以及可能涉及该案件的任何其他的行政区或其他部落、国家、地方或区域的官员。执行没收的行政区也负责在 CMS 中添加行动记录及更新日期。行政区、中心和 DE 一起工作来决定是否需要起草新闻稿。如果发布了新闻稿，应该上传至 CMS。

5. 执行没收的行政区负责确保没收行动的相关的后续工作直至完成没收，并负责立刻通知所在地行政区、相关的中心、DE 和 OCC 案件当前的状态。执行没收的行政区应该使用行动日记记录其活动。

6. 执行没收的行政区负责在 CMS 中上传"归档的法律文件"和确认文件归档的日期。

（二）中心职责

1. 相关的中心负责提供和获得案件的技术的 / 科学的审查和支持，确保案件符合监管政策的要求并为每一项收费和每一个条款的科学支持提供明确的指导。

2. 中心负责准备和参加 PA 电话会议，负责任命首席协调员（保留这一职位至审查过程始终），负责指定并聘用一位技术 / 科学专家，必要时同时聘请一位外面的专家，负责为行政区在 CMS 中纳入 PA 电话会议总结提供意见，在上面所述期限内负责为 CIM 录入那些可获得支持的诉讼、不能支持的诉讼的具体内容及其理由。

3. 中心连同相关的行政区与 OCC，负责决定是否需要外面的专家支持一个案件，如果需要，立刻采取行动获得这种支持。更多的信息参见《FDA 监管程序手册》第四章第十节 "专家支持的案例"，包括支付专家报酬的信息。

4. 在需要一份专家备忘录或声明以推进该行动的情况下，例如在 GMP/HACCP 或类似的复杂案件中，专家将提供一份简短的备忘录。被聘用的专家，无论来自中心还是外面，应该准备一份简短的声明：他们已经阅读过 EIRs、CIM 和分析工作表，并且基于这些他们能够支持下面所列出的结论。如果他们不能支持任何特定的结论，也应该列出来。文件中应该声明他们准备好为上述结论作证（在法庭上以及通过宣誓）。中心首席协调员应该上传专家的 CV 和参考书目至 CMS 案件档案。同时进行的审查程序促进了增强的沟通与合作，并且应该考虑到对于书面意见 / 评论早期鉴别的需要，和需要其他的要求一样推动案件进展。

注意：如果没有找到专家，中心也不能延误案件的转送。然而，中心必须积极地继续寻找专家并且将情况报告给 OCC。如果在处理 FDA 批准聘请一位外面的专家时有困难，中心应立刻通知 OEIO 和 OCC。然而,没有专家意见的支持 OCC 可能不能继续推进。

5. 每一个中心负责监控全行业的合规情况以决定是否应该开发或

修订实施策略。可基于优先权、以前相似的行动、企业的性质和范围来进行考虑。必须避免多重没收，因其对于纠正问题作用不大。在涉及普遍存在的问题的案件中，单一的设备没收或多重没收活动应该顺应全面实施策略来纠正问题。

（三）OEIO，执法部（DE）职责

1. 在同步审查过程中协调、审查和咨询其他的参会人员。

2. 保证统一应用 FDA 中心的政策和程序。

3. 审查机构最终行动；根据需要以最终的格式准备没收文件；决定哪些案件需要有效检查或更新检查（与中心一起），在没收诉状中进行任何医学的或技术的改变；获得中心同意 DE 创建的传送函或附属文件。对于没收行动，DE 将在给联邦检察官的信件中加上 FDC 编号，并在文件中做出必要的改变。

4. 一旦批准一个没收行动，DE 将转移最终诉状、传送函及附属文件给执行没收的行政区，并将副本给指定的 OCC 联系人、DOJ/OCPL 以及 FDA 的公众事务办公室。DE 应该在 CMS 中记录诉状、传送函及附属文件提交给行政区的日期，并且在 CMS 中制作一份可用的 PDF 版本。DE 将上传一份签名的 USA 信件和诉状的 PDF 版本至 CMS。通过电子邮件告知 DE 已经收到了 OCC 的批准书并将确认指派给该特定案件的律师。

5. 通过参考 CMS 中批准没收文件中的地址分配没收行动。

（四）首席律师办公室（OCC）职责

1. 对于没收，OCC 将参加同步审查并提供对 DE 准备的法律文件的最终法律审查。OCC 将为陈述该活动提供必要的法律援助，包括对联邦检察官和行政区合规工作人员的直接帮助。

2. 一旦批准，OCC 将发送批准文件（诉状、信函和附属文件）的复件给 DE。

（五）新信息

如果在第一次电话会议后案情发生了显著变化，中心和行政区应该立即通知首席协调员并在 CMS 中指明新信息的位置。例如包括来自监管机构或其法律顾问的信件、会议备忘录、会议要求或增加的证据从提交给总部后即已众所周知。

（六）独立判断

关于一个行动或具体的指控是否应该批准或不批准，希望所有的审查人员（无论是行政区的、中心的还是 DE 的）进行独立判断。

七、更新检查

当对企业持续存在违规现象或被没收违规物品的可利用性产生疑问时，可要求辖区办公室进行更新检查（或者进行购买、样品收集或相似的行动）以确认产品或影响产品的问题仍然存在。如果中心、DE 和 OCC 同意对执行的行动必须更新证据，则 DE 应该更新检查任务并上传任务至 CMS。DE 将为行政区创建一个任务以执行 CMS 中的更新检查并在任务指导文本框中提供指导。

注意：一般情况下，违规证据提交给联邦检察官时不应超过 60 日。对于大规模没收或基于 GMP 违规的没收，从检查的最后日期到案件递交给联邦检察官办公室不应该超过 30 日。如果违规是行政区或中心能够提供担保被没收的货物不能够在该期限内合规，则可以免除更新。

更新（及任何结果报告）将集中在持续存在起初确认的问题的文件编制上。更新结果和行政区意见应该通过 CMS 同时转交给 DE、中心和 OCC。

八、没收完成及结束文件

没收批准后，执行没收的行政区有责任提供诉讼支持、监控和跟踪，鼓励快速而有效地处理没收，跟踪该行动至得出结论，并向所在地行政区、OCC、联邦检察官、中心和 DE 报告当前的状态。

（一）联系联邦检察官

涉及健康危害的没收行动要求立刻行动。联邦检察官手册中阐明："没收行动应该尽可能快的开始，尤其是当商品的持续分销可能威胁公众健康时"。

行政区合规职员应该促使联邦检察官立刻提起诉讼，并将带有民事编号和申请日期的诉讼状副本交给 OCC 和行政区办公室。行政区应发送一份诉状的副本给 DE。

（二）联系联邦执法官

在提起没收控告后，据行政区判断，必要时，行政区与联邦执法官一起安排执行没收以确保没收能够令人满意地进行。在下列情况下，行政区可能得用自己的工作人员以加快没收。

1. 当货物的身份存在问题时（例如混合批次或复杂标签）。

2. 当涉及大规模没收时。

3. 缺少经销商的合作。标题 18，U.S.C.401 规定如下：

"联邦法院有权自行决定对藐视其权威的行为通过罚款或监禁进行惩罚，而不是别的，如……（3）不服从或抗拒法院的传票、处理、指令、规则、判决或命令。"

根据该法规，干扰联邦执法局定位货物可以被指控为藐视法庭罪。应该把该犯罪行为提交联邦检察官和 OCC 处理。

注意：在帮助联邦执法局公务部完成没收及清点货物时会消耗大量的时间。FDA 同意判决书规定政府部门可从原告处收取法院诉讼费用及酬金、保管费和其他相关的费用。21U.S.C.334（e）中的术语"其他相关的费用"包括帮助执法官完成和清点没收货物时的费用。收取的费用应该是调查员的实际小时工资而不是监督纠正的工资。

（三）没收行动报告

货物一旦被没收，执行没收行政区应立刻将每一批没收货物的数量和价值以及执法官返回日期通知 OCC 律师、货物所在地行政区、中心和 DE。行政区应该上传一份电子邮件的复件至 CMS 中的"结局"标签下。

完成这份报告的必要的资料由调查员和联邦执法官一起获得或者直接从执法官获得。使用表格 FDA-487。如果没收没有完成，报告应该声明并简要解释为什么货物不能得到。如果货物仍然违规，提供所有已知的细节关于它的去向及如何追踪或确认。

补充条例 C（4）要求国家在货物被没收前通过公告通知公众。在大部分行政区，执法局办公室在联邦检察官的指导下承办此事。

九、没收货物的处理

（一）可能的原告的处理权

产品没收后原告可有三种选择。原告可以：

1. 什么也不做，涉案货物作弃权处理；

2. 提出货物所有权并同意判决，承认违规，同意支付诉讼费用并设法销毁或修复货物；

3. 提出货物所有权并通过申请对诉讼进行答辩而反驳意见。

无论选择哪一种方法，执行没收的行政区有责任监控所有的行动以确保结束没收行动。案件中的所有事件应该及时通知中心和 OCC。

注意：没收案件中的法令必须包含宣判货物违规的条款。没有该条款，则法院无权下令销毁货物或允许货物进行纠正。

原告可用的另外的途径如下所述。

（二）处理

如果案件中没有原告，则根据弃权判决政府将默认弃权、定罪、没收或销毁。判决书由 OCC 准备。在回应期期满后可进入判决（参见下述"弃权判决和同意判决中的责任"）。

为了防止过早的默认弃权，OCC 给出没收后 30 日期限作为回应期。地方规则可以不同。

当下达弃权令时联邦执法局即对货物进行处理。处理可以采取多种形式，概括如下。

1. 建设性破坏：通过用作建设性目的而销毁货物，例如捐赠假冒商标但合乎卫生的食物给慈善机构。

2. 销售：如果货物可以合法地销售，执法官可以销售以收回费用。通常我们管理的违规产品在没收后不能用于销售。

3. 转换：人类食品通常可以转变为动物食品，而不是销毁。如果采用转换的方法进行销毁，必须要确保产品经过物理处理以防止转变为人类食品。除非产品转换为动物食品的最新的先例有案可查，否则必须由兽药中心许可对产品进行纠正。

4.销毁：货物可以通过焚烧、掩埋或倾倒的方式销毁。依据NEPA的规定确保销毁的方法是合适的，并且货物不能被恢复。

注意：任何弃权令都应该包含一条声明即根据相关法律包括国家环境政策法案（NEPA）对货物进行销毁。当产生了有关影响环境的问题时，联系ORA安全管理办公室（HFC-21）对建议的销毁方法进行评估。

（三）定罪判决书

1.声明：任何可能的原告必须首先向法院提出一份正式的、经过证实的声明，陈述他在财产中的利益。只有提出正式的声明后，才可以就有关没收的处置进行商议。如果提出的声明不止一个，法院必须判定谁是真正的原告。任何FDA工作人员在得知声明后应该立刻通知OCC律师，并且一收到声明就传真一份副本给OCC。

2.同意判决：一旦原告出现，则可允许颁布同意判决书为设法纠正被没收的货物作准备。如果选择这种回应的方法，原告必须遵循几个步骤，讨论如下。

原告（只有原告）可以同意发布没收货物的定罪判决书并为设法纠正或转换作准备。在提出声明并获得OCC的同意前不会进行关于发布同意判决书的讨论。

同意判决书必须提供下列条目：

（1）判定货物违反法律；

（2）违约金大约是没收货物零售价格的 2 倍；

（3）支付产品放行前联邦执法局储存、管理以及 FDA 监管的费用的规定；

（4）原告设法使处于 FDA 监管下的货物合规，并使之符合要求的规定。

注意：如果导致没收的同样的违规现象可能再次发生，那么判决时考虑包括警令在内的条款。

（四）保证金

参加判决后，要求原告邮寄违约保证金。违约金应该是货物零售价格的 2 倍。目的是保证原告服从判决并进行令人满意的纠正。如果保证金设置太低，在产品从执法局获释之后，原告可能未进行合规处理即销售产品并从中获利。

（五）保证金没收程序

当部分没收的产品消失或没有遵守判决的条款时，政府可以申请没收全部保证金。在行政区看来，如果需要请求保证金措施，需提交一份该措施的建议书，连同事实一起交给 OCC 以准备必要的文件。

（六）就没收提出异议

如果由原告选择，原告可以部分或全盘反驳没收行动。这样做原告必须：

1. 提出一份正式的、已证实其在货物中的利益的声明；

2. 在提出声明否认政府控告中任何或全部的指控后 20 日内提交一份答辩。

一旦出现了异议，该事件将会与民事审判一样处理，并在对案件适当的考虑之后由法院作出决定结案。

（七）纠正行动

根据法院的判决允许设法纠正被没收的货物，执行没收的行政区将作出必要的安排监督原告以确保其服从判决。在纠正行动开始前，行政区应该核实原告的货物已经由执法局正式放行了。

可以通过各种方式完成纠正以使货物合规，例如：分离代码、清洁、重做、重贴标签或完全改变为动物食品或肥料等。

1. 通过重做或清洁等再加工：除非行政区有性质相似的近期的先例，否则再加工的提议必须提交给相关的中心进行指导。

2. 重贴标签：所有为药品、设备、烟草制品、化妆品、特殊膳食食品及强化的或婴幼儿食品重新贴标签的申请必须发送给相关的中心进行优先评价，除非有现成的指南。当行政区有明确的先例可用于所提议的贴标签时，其他食品方可重贴标签，否则应该先交给中心以解决疑问。

3. 变性：对于涉及的产品的变性，如果具有明确的指导则一般应该遵守。如果不存在指导，或者如果根据行政区的判定不需遵循指南，则该建议应提交给相关的中心进行考虑。

4. 当颁布法院指令允许被没收的货物放行给原告进行纠正时，FDA应该监督纠正行动，由原告支付费用。如同调查操作手册2.4.8部分所指示的一样，监督操作的调查员需要递交一份详细的报告。

5. 当法院的判决允许被没收的货物转移到另一个行政区进行纠正操作时，执行操作的行政区将监督纠正操作。在这些案件中，执行没收的行政区应确定保证金已经邮寄并且在允许货物装运前货物已经由联邦执法局放行。在被没收的货物开始搬运前，没收行政区将发送一份判决书和其他相关的资料副本给监督行政区。

注意：除销毁外对被没收货物的所有的处理应得到中心的同意，除非另外通知。

（八）邮寄没收样品

当行政区正在考虑一个相关的刑事案件时或当需要额外的分析报告时，应该确定是否留有足够样品可供法院使用。如果没有，在弃权判决或同意判决宣判前以及货物被销毁前应采取措施获得额外的样品。

没收之后，如果原告接到法院的指令从被没收的货物中取样，那么该指令应该规定政府部门应同时抽取一份同样的样品。除非样品需要立刻检测，否则样品应该由没收行政区贴封条保存。

（九）通知原告和联邦检察官

一旦完成修复，准备一份通知给原告，列出需要支付的费用。如果 30 日内未收到回复，发送第二份通知。一旦收到支付的款项（支票支付给"美国财政部"），没收行政区将通知联邦检察官在 FDA 涉及的范围内的可以取消保证金。该信件的副本发送给 OCC 但是不发送给原告或其律师。

（十）合规专员和 OCC 律师在弃权判决和 同意判决中的责任

1. 一般原则

遵循的一般原则（特殊案件例外）有两条。

（1）机构中的每一个人，包括行政区的合规人员、中心的合规人员和 OCC 的律师，在正确地处理没收活动中都享有合法权益。因此，对案件的处理应该充分咨询（"通知"不是咨询），并且每个人应该尊重他人的兴趣和专长。

（2）对于现场和 OCC 来说与联邦检察官办公室保持良好的工作关系是一件值得关注的事情。应该让联邦检察官办公室了解他们可以要求现场办公人员和总部 OCC 律师的帮助；在与联邦检察官办公室打交道时现场及 OCC 必须一起。

2. 要求

（1）在充分咨询行政区合规人员之后，提交给联邦检察官办公室供在法院提起诉讼的所有的弃权判决和同意判决书以及联邦检察官办公室起草的、递交给 FDA 评论的判决都必须通过指定的 OCC 律师和中心办案人员批准。

①就弃权判决而言，对案件的协商和批准至少应包括律师、中心办案人员和合规人员间的电话交流。如果有，他们将决定需要哪些额外的磋商。

②至于同意判决，判决书的副本应发送给 OCC 律师和中心办案人员。

（2）当行政区办公室或联邦检察官办公室请求 OCC 准备一份判决时，OCC 律师应就判决与合规人员和中心进行充分地协商，在涉案当事人达成一致后，OCC 律师将准备好的判决书直接交给联邦检察官办公室，副本交给合规人员和中心。

（3）关于同意判决书可能的合规形式不会与原告进行谈判，直到原告提出申请。

（4）没有 OCC 律师的预先批准合规人员将不能商定对案件的处置。任何这种磋商将由 OCC 律师同 DOJ 进行。

（5）一旦行政区合规人员发现当地特殊的习俗或礼仪可能影响案件（例如把没收的货物给慈善机构）时，合规人员将告知 OCC 律师有关当地特色。在参与处理涉及弃权或同意判决的案件时，OCC 律师对相关的地方习俗应该敏感，并且应该尊重这些习俗除非他们违反法律或机构政策。

（6）当律师认为一种地方习俗违反法律或机构政策时，该律师应将该问题引起负责官员的关注并尽可能不干扰 OCC、行政区办公室和联邦检察官办公室之间的有效的工作关系。

十、监管费用

依据同意判决书给原告开具的与监管没收货物的纠正、重贴标签或处置有关的监管服务费用清单可使用下列费率：

调查时间：266%GS11/4（根据等级系列 11/4 乘以 266%）；

分析时间：266%GS12/4（根据等级系列 12/4 乘以 266%）。

以上时间按小时间计算。

每日津贴：付给职员的具体费用（41CFR 301 部分），在高消费地区，每天的费用更高；

交通：当前每英里的费用（加上通行费）；

杂项费用：实际的费用。

服务费最少应不低于 1 小时的费用。额外费用按 1 小时的倍数计，忽略少于 0.5 小时的部分，如下：

1 小时至 1 小时 29 分钟：按 1 小时付费；

1.5 小时至 2 小时：按 2 小时付费。

396 | FDA 行政管理指南

十一、监控没收行动

执行没收的行政区应该定期对没收行动进行监控以保证行动迅速而有效地进行。在没收判决过程中采取的行动应该由现场合规人员进行审核，以确保最新的监测、精确的记录和及时的报告。

十二、涉及其他机构的没收

当建议的没收可能涉及联邦政府的另一个机构时，和该机构一起为获得行政许可联系相应的中心。也可参见合规政策指南中的谅解备忘录。

（一）国家海洋渔业局 – 联邦商务部

如果中心通知该批货物涉及国家海洋渔业局 联邦商务部的检查或证明，包括随后的在没收建议中的声明和给联邦检察官的信件中的声明："尽管经过检查（或根据证明 No.___）货物已装箱，食品安全与应用营养中心还是与 NMFS 讨论了该事件，并且该机构对于没收没有异议。"参见谅解备忘录 7155a.02 和 7155j.01。

（二）美国农业部

依据 NMFS 放行后，在没收建议中同样应有一份声明。参见谅解备忘录 7155a.03 和 7155a.04。

（三）联邦贸易委员会

参见谅解备忘录 7155m.01。

（四）环境保护局

参见谅解备忘录 7155b.03。

（五）劳工部

参见谅解备忘录 7155i.01

十三、新闻发布

发布新闻稿的建议由指定给该案件的 OCC 律师、ORA 办案人员（行政区合规人员或 OEIO）和中心（合规办公室）联合提出。由 FDA 的监管事务办公室根据透明度倡议作出发布新闻稿的决定。遵照相关程序和模式起草没收和禁令行动的新闻稿。上传新闻稿至 CMS。

第二节 | 禁令

一、目的

本节的目的是为涉及禁令的提出、准备、处理和跟进的那些部门及总部提供指导和明确责任。

二、一般原则

禁令是发起的一种民事司法程序以停止或阻止违规行为，例如中止违规产品流入州际贸易，以及纠正引起违规的条件。参见21U.S.C.332；规则65，民事程序规则。如果企业有违规史，并且过去许诺纠正但是并没有纠正，则很可能会下达禁令。然而，证据的新颖性极为重要。

对于一个在 DOJ、联邦检察官和法院看来是可信的禁令行动，证据必须是最近的。当考虑禁令行动时，有或没有申请初步禁令，或临时禁止令（TRO），时效性是一个重要的因素。然而，不能为了迎合指南的时间期限而牺牲案件的质量和可信度。指南中的期限（合理预期）目的是为了限制更新证据的需要（更新在案件的开展和审查过程各个层面带来额外的工作，更重要的是耽误旨在停止在贸易中对产品的安全和质量带来不利影响的违规行为的禁令的获得）。

一旦美国提出禁令诉讼，听证会可在任何时候通过一条非常短的通知编入法院的日程表中。为了清楚有关FDA活动的任何听证会，行政区合规人员与OCC律师及联邦检察官助理保持密切的联系是非常必要的。

当禁令被批准时，FDA具有持续的责任去监控禁令，并且如果被告不能遵守判决的条款时负责通知法院。

一旦违反判决，机构必须及时考虑民事的或刑事的藐视法庭罪，或其他的监管措施，像启动禁令时一样。因此，强制负责启动禁令的FDA工作人员也必须坚持落实"合规跟进"中的程序。

三、定义

（一）临时禁止令（TRO）

临时禁止令是法院提出控制紧急情况的强制命令。在初级禁令听证会前TRO进行即刻、临时性救济（为期10日，可以再延长10日）。

当FDA认为违规已经严重到必须立刻控制时建议TRO。请求TRO对于加速法院审核正在进行的禁令案件也有影响。一个未充分记录的 TRO 申请可能因缺乏可信性导致法院审查整个禁令行动。

通过审核文件及询问政府法律顾问、FDA 调查员、行政区合规职员或其他的 FDA 工作人员，法院可自行决定 TRO 申请需进行一场单方面的（被告不出席）听证会。

（二）初级禁令

无论是否获得了 TRO，提议初级禁令要进行全面听证，包括宣誓作证或者证人证据，取决于法院的诉讼手续。一旦批准该提议或者被告同意判决条目，初级禁令正式生效。

在审判或进一步的新闻发布会后，初级禁令可以无限期地保留在法院记录中直到结案或进入永久禁令。任何时候、任何当事人请求时，初级禁令可能被驳回或由法院作出永久禁令后继续执行。

（三）永久禁令

继听证会或者经谈判得出结论后，只要提出诉讼任何时候都可发出永久禁令判决书。实施禁令中的被告可能同意永久禁令判决，正如他们同意没收行动中宣布有罪的同意判决一样。

如果被告不同意这样的判决，则要进行审判，为了取胜，审判时政府必须利用大量的证据来证明案件中的每一个部分。正如名字所暗示的一样，永久禁令判决书在法院下令解除前始终有效。

四、总则

（一）考虑禁令的情形

在明显不合规的情况下可以考虑禁令，尤其是当已经确认存在健康危害时。执行禁令并不妨碍制定其他的或者同时进行的行动，例如召回、公开、没收、配合官方禁止贸易或刑事诉讼等。

考虑禁令时，机构必须评估违法的严重性、违法对公众的实际的或潜在的影响、是否其他的行为一样有效或更加有效、有没有必要立刻采取司法行动以及当没有法院命令时是否能证明存在持续违规的可能性。当在下列情况下应选择禁令行动。

1. 当前具有明确的健康危害或显而易见的消费者欺诈，需要立刻采取行动以阻止违规现象并且没收是不切实际的。

2. 同一个人拥有大量的违规产品，企业的自主召回被拒绝或明显不足以保护公众，并且没收是不切实际的或不划算的。

3. 长期违规没有造成健康危害或消费者欺诈，但没有通过自愿或其他监管方法进行改正。

4. 除了上面的 1. 和 2.，证明以往有违规记录以及以前试图通过警告或处罚的方式纠正违规现象但没有发挥作用是有帮助的，但不强制。应该尽可能展示违规记录，尤其是在迫近的健康危害还无法断言的案件中。

（二）多个行政区禁令

当发现处于同一公司管理下的两个或更多工厂存在相似的违规操作时，公司办公室所在地行政区应该评估位于其他 FDA 行政区的公司工厂的合规历史，确定是否有证明存在系统问题的违规类型或违规倾向，这些违规现象应该基于多个行政区进行处理。

中心、行政区和 OEIO 在对这些情况进行评估以及在指定和协调监管方法中起到非常重要的作用。在多个行政区禁令中不同办公室的最初的和持续的作用在标题为"禁令（多个行政区）"的规程中描述。制定这些规程是为了促进规划、及时准备、处理和审查这类案件。一旦潜在的多个行政区禁令被行政区或中心确认则必须遵守。推荐的行政区可以自行决定援引这些规程用于涉及多中心的单个行政区禁令。

五、禁令行动前的充分的通知

FDA 在其诉状中加强了禁令行动，并且记录了在没有法院参与下对有异议的产品或做法的自觉纠正。例如，被告收到违规通知（通过信件、FDA483、会议、电话）并且，尽管有机会纠正违规行为但没有这么做。预先通知不是法律上的要求，但是能证明被告对合规的抗拒并促进机构请求法院介入。

尽管法律上不要求在禁令诉状中说出个人的姓名，但是机构认为，在诉状中没有说出姓名的个人起初将更倾向于预防违规的发生（一般威慑），而那些说出姓名的个人将更倾向于采取直接的和积极的措施以终止违规（特别威慑）。同样，对负责人的确认也将阻止他们不受制于禁令的借口，并将有助于阻止通过改变公司名称而规避禁令。因此，那些有权利和责任去纠正或阻止违规的人应该被称为被告。

因此在案件正常发展过程中，FDA 将努力确认有权力采取纠正措施并阻止未来的违规的人，去寻找证明个人的权限和职责的证据。这些人可能居住在实际的或潜在的违规地、在其他的办公室和地点，或二者都有。在审查过程中关于个人的职责有疑问时，应该发布任务要求进一步的证明文件。这些工作的主要目的是保证为处在违规情况中权力位置上的人员提供有关 FDA 发现的证据的通知。FDA 相信在一个组织中具有最高级别权力的行政管理人员应该不断地收到通知。

通知应该采取多种形式包括来自其他政府机构的信件和通告、召回、发布 FDA 483s、检查后的讨论、会议和电话。应该记录接收通知的所有人和通知的详细内容（日期、时间、地点和内容）。确认 FDA 控制下的企业包括从自有经营者到大的联合企业不等，并识别各种各样的违规类型；所谓"充分的通知"将随案件的不同而不同。判定充分性时考虑的因素包括但是不限于：组织结构的复杂性、认定为责任人的职责和权限、违规的类型、合规历史、在发出通知和案件归档之间消耗的时间。同时参见《FDA 监管程序手册》第四章"预先通报"和"监管会议"。

下面列出的因素将用于判断通知的充分性。在案件进展过程中的某一时间机构记录显示。

1. 已经给予有权阻止或纠正违规行为的个人关于违规的基本情况的相关通知。

2.有充分的资料可以断定没有采取或没有立即采取适当的措施去
纠正违规行为。

3.机构方面做了合理的努力，并记录了没有法院参与的情况下使
有争议的产品和做法得到纠正。被告纠正问题的任何尝试也应该
报告。

注意：可能存在例外的案件需要通过因素 1 ~ 3 证明通知是正当
的。这些例外案件的论据必须随同案件一起提交。

六、TRO 或初级禁令的先决条件

注意：包括申请 TRO 在内的禁令在所有的法律诉讼中具有最高的
优先权排序。为确保符合 TRO 标准以及制定终止违规行为的策略，
通常需要了解 FDA 的问题和经验。鉴于此，在所有 TRO 建议案
中推荐有经验的合规人员和法律工作人员。

这些人员也可来自每个审查单位，负责审查案件至始至终。

（一）时间表

一般来说，对 TRO 的申请应该由机构处理，以便其在 FDA 获得
发生违规的最新证据之后不迟于 30 日内提出。

同样，一般来说，如果一个初级禁令的申请其支持证据是申请时
间 60 日以前的证据，则该申请是不合时宜的。案件包括初级禁
令的提议，证据的新颖性很重要，因为由于案件的紧迫性政府会
要求将该案件移到法院其他案件的议事日程前面。

（二）违规的严重性

除了要考虑时间表之外，更应该强调的因素是对公众健康的威胁。我们不需要证明潜在的危害，但是一旦该因素出现了，就是不可抗的，记住这一点很重要。如果危害足够严重，法院将考虑 TRO 来紧急救援。

违规的级别是要考虑的另一个因素。如果被告是一个仅有几个雇员的小公司并且违规行为几乎不引起公众健康危害，法院可能不同意初步救济措施，但是能接受批准一个永久禁令。如果违规行为很严重并且被告是行业中的主要领军者，违规可能具有深远的影响，这个事实可能是支持初步救济的一个重要的因素，即使没有关于危害的直接证据。

（三）充分的通知

为避免在申请 TRO 或初级禁令时需要更新证据，当所有的先决条件都满足时机构会立即进行审查。先决条件的缺乏或不足可能会妨碍申请的审查，并且直到得到相关材料才能将案件移交给 DOJ，除非对此能提供充足的理由。

当启动 TRO 禁令申请时及执行合规跟进时，全体人员将刻不容缓地进行调查、分析和管理工作。有必要预先通知所有涉及的单位，以便加速处理和审查计划可以达成一致并得以完成。

TRO 或初级禁令的申请必须连同行政区主管（DD）的具结书一起，并且在适当的时候（例如新药违规），连同中心工作人员的证明某一事实的具结书。应该由行政区或中心尽快获得专家的支持宣誓书。

在所有案件中专家的证据支持是必需的，除非违规行为如此严重和明显以至于一个公正的法官即使不熟悉案件中技术的和科学的问题，在没有专家证词的情况下都会毫不犹豫同意救济措施。由于专家证词需要时间去得到，行政区或中心应该在第一时间确认合适的候选人并把必要的背景材料提交给他们。请注意提供给专家的任何材料必须与被告共享。如果对于哪些应该分享或哪些不应该分享存在疑问，请联系 OCC。

七、更新证据 – 更新检查

在取得违规的最近的证据（通过检查证据、实验室分析或者私下购买）后，或者在最后就其继续违规行为与原告沟通之后应及时提交禁令诉状给 DOJ。通过及时的重新检查、购买以及类似的行动可以将违规控制在一定的限度之内。

请求重新检查、私下购买或类似的行动应该与中心和 OCC 协调。在与 OCC 协商后，中心将直接发布更新检查的任务。基于最新证据的更新结果和行政区的建议应该同时发送给 OCC 和中心。

八、没收和禁令案件的审批程序

禁令案件包含的步骤参见本章第一节。

九、禁令行动职责

（一）行政区职责

在 CMS 中创建 PA 工作活动之前，合规人员应该咨询 DCB 和其他的行政区管理人员以获得对提议活动的支持。之后，行政区应该在 CMS 中创建 PA 工作活动，并上传支持最明显的违规行为的关键文件、发起 PA 电话会议和 PA 工作活动，以及上传描述在 PA 电话会议期间表达的观点的总结性文件。

注意：如在第一节"五、没收和禁令案件的审批程序"中描述的一样，当参会人员已经围绕一个将可能导致禁令案件的合规议题紧密地工作时，提议禁令的当事人可以在 CMS 中创建一份禁令案件记录并上传 CIM 和支持证据至记录中，而不是创建一份 PA 工作活动。

行政区与中心一起负责找到他们用于起诉的相关条例和规则以及寻找具体的救济途径。

如果参会人员同意授权一个禁令，行政区负责书写并上传 CIM 及支持文件至 CMS。通过使用地址为"OC OCC Case."的 Outlook 邮箱通知 OCC。

在发起 PA 电话会议后，当案情发生了明显变化时，应该尽快与首席协调员沟通这些变化。行政区首席协调员负责尽快上传新的证据，创建一个新的任务并且将这些变化通知参与者。

（二）中心职责

1. 相关的中心负责提供和获得案件的技术的、科学的审查和支持，确保案件符合监管政策的要求并为每一项收费和每一个条款的科学支持提供明确的指导。

2. 中心负责准备和参加 PA 电话会议，负责任命首席协调员（保留这一职位至审查过程始终），负责指定并聘用一位技术的、科学的专家，当必要时同时聘请一位外面的专家，负责为行政区在 CMS 中纳入 PA 电话会议总结提供意见，在所要求的期限内负责为 CIM 录入那些可获得支持的诉讼、不能支持的诉讼的具体内容及其理由。

3. 中心连同相关的行政区与 OCC，负责决定是否需要外面的专家支持一个案件，如果需要，立刻采取行动获得这种支持。更多的信息参见《FDA 监管程序手册》第四章 "专家支持的案例"，包括支付专家报酬的信息。

4. 在需要一份专家备忘录或声明以推进该行动的情况下，例如在 GMP、HACCP 或类似的复杂案件中，专家将提供一份简短的备忘录。被聘用的专家，无论来自中心还是外面，应该准备一份简短的声明；他们已经阅读过 EIRs、CIM 和分析工作表，并且基于这些他们能够支持下面所列出的结论。如果他们不能支持任何特定的结论，也应该列出来。文件中应该声明他们准备好为上述结论作证（在法庭上以及通过宣誓）。中心首席协调员应该上传专家的 CV 和参考书目至 CMS 案件档案。同时进行的审查程序促进了增强的沟通与合作，并且应该考虑到对于书面意见、评论早期鉴别的需要，和需要其他的要求一样推动案件进展。

注意：如果没有找到专家，中心也不能延误案件的转送。然而，中心必须积极地继续寻找专家并且将情况报告给 OCC。如果在处理 FDA 批准聘请一位外面的专家时有困难，中心应立刻通知 OEIO 和 OCC。然而，没有专家意见的支持 OCC 可能不能继续推进。

5. 中心负责审查行政区的关于被禁止的行为的建议，保证建议是充分的和合理的。

6. 中心负责找到他们用于起诉的相关条例和规则以及寻找具体的救济途径。

7. 每一个中心负责监控全行业的合规情况以决定是否应该开发或修订实施策略。

这包括一个多工厂的企业可能导致一个多个行政区的禁令行动。

应该基于优先权、以前相似的行动、企业的性质和范围来进行考虑。

（三）OEIO 和执法部门（DE）职责

1. 在同步审查过程中协调、审查和咨询其他的参会人员。

2. 保证统一应用 FDA 中心的政策和程序。

3. 审查机构最终行动并决定哪些案件需要更新检查（与中心一起）。

4. 一旦批准一个行动，DE 将以电子形式转交最终诉状、传送函及附属文件给执行行动的行政区，并将副本给指定的 OCC 联系人、DOJ/OCPL 以及 FDA 的公众事务办公室。DE 应该在 CMS 中记录诉状、传送函及附属文件提交给行政区的日期。行政区将上传一份签名的 USA 信件和诉状的 PDF 版本至 CMS。通过电子邮件告知

DE 已经收到了 OCC 的批准书并将确认指派给该特定案件的律师。

（四）首席律师办公室（OCC）职责

对于禁令，OCC 将参加同步审查并提供法律审查、准备诉状和其他的法律文件，为陈述活动提供必要的法律援助，包括对消费者诉讼办公室和 / 或联邦检察官办公室以及行政区合规工作人员的直接帮助。

十、给司法部门（DOJ）的附函

转送案件给司法部 / 消费者诉讼办公室、民事庭的附函由 OCC 准备，并将确认诉讼要求（TRO、初级禁令或永久禁令），简短总结该案件，突出值得注意的法律上的、证据上的及战术性的问题包括重要的证据。

十一、诉讼禁令

OCC 将根据《联邦民事诉讼规则》和相关行政区法院的任何特定的要求准备诉讼禁令。

诉讼一般包括司法权涵盖的部门、案发地点、确认被告、对涉及到的产品性质的解释、被违反的法律的宗旨、指控违规的证据总结、先前的检查的简要参考、预先警告、不合规记录；以及一份简易格式的诉讼请求。

十二、声明

大部分司法管辖区将接受支持初步救济或 TRO 提议的声明。如果法院要求当庭作证支持 TRO 或初步禁令，则该声明可以转变为证据。请注意该声明为宣誓证词。声明者应该准备好在法院上为一份声明中作出的所有的陈述作证。

注意：28U.S.C.1746 规定可选择使用声明代替宣誓书，从而可以不需要公证人。这对于专家和常驻调查员来说在无法得到公证人的情况下是特别有用的。依据 28U.S.C.1746 提出的声明具有和宣誓书完全相同的法律分量和意义。28U.S.C.1746 声明应该说明："依据 28U.S.C.1746，我宣誓上述所有内容都属实，没有触犯伪证罪条款。执行（日期）。"

如果法院需要调查人员或分析人员或其他拥有事件的第一手资料的人员的宣誓书，应该由行政区或从事该工作的人员提供。然而，当在检查过程中发现了重要的信息并且该信息不包含在 FDA 483 或其他文件中，但是在调查人员的个人知识范围内时，那么对事件的观察、评论或者偶发事件应该成为调查人员简短声明的主题。当调查人员使用独立的声明时，该调查人员发布的相关的 FDA 483 应该附在附件里。在一些案件中，也需要调查员提供一份声明以他 / 她作为一名 FDA 调查员的经验来总结和解释最新调查结果的重要性。

通常被用于支持禁令的声明来自于：①行政区主管或指定人员；②调查人员（对于支持诉讼中的不包含于 FDA–483 中的信息或总结调查结果的重要性是必须的）；③相关的中心工作人员（记录诸如缺少 NDA 或未能登记的产品或设备之类的事情）；④专家。

声明应该是真实的、不包含结论或意见，专家的声明除外。在所有的案件中，每一个声明必须为诉讼提供清楚、简洁以及强有力的事实的支持。

声明应该阐明声明者的身份；在 FDA 中他的 / 她的职位及在该位置上的职责。如果是一份专家的声明，他的 / 她的作出结论或提供意见的资格必须在声明的开头概述，并且应该附上专家履历表的副本进行支持。

由于批准或拒绝一份 TRO 或初步禁令可能依赖于随诉讼一起提交的声明的充分性，因此应该想办法确保诉讼中的每一份陈述都应该同样或更具体地涵盖在声明中。不应该包括和诉讼无关的违规情况。不应该包括不起眼的违规情况，然而，若干不起眼的违规情况集中到一起就可能变成令人印象深刻的违规而产生潜在的危害作用。

注意：罗列一系列小的违规行为会在法庭上降低案件重要性，并把焦点从重要的问题上转移开。

在行政区主管的声明中应该说明所有证据来自于对行政区档案中的文件的审核。行政区主管或调查员不可以依赖其他机构工作人员对他 / 她的口头陈述。在声明中应该涵盖以下的具体信息。

1. 声明者担任的职位。

2. 声明者在该职位的职责。

3. 被告企业的法律状态或业务。

4. 业务地址。

5. 被告个人的身份、在哪儿履行职责，至少和在诉讼中一样详细，他们的权限和责任。

6. 对被告正在做的（或做的）一个称作（品牌名称）产品的州际业务的说明。

7. 产品商标和标签（如果能得到标签，经适当确认后贴在声明中。如果得不到物证，适当时应在诉讼的指控中引用标签的相关部分）。

8. 如果和指控相关，据此应执行机构检查并揭示证据。

9. 对从最近的州际货运中得到的样品的说明，如果相关，暂时引用货物上的标签。

10. 样品证据（包括抽样产品的名称，和证实所谓的违规的实验结果）。

11. 先前行动例如警告、通知、没收、FDA试图获得纠正、失信或其他不守信用的证据，例如被告的声明清楚地表明有继续违规的意向（因与每个被告有关要尽可能详细）。

12. 不管先前行动，被告仍然从事违规行为的声明。

注意：所有的声明应该以终稿的形式进行准备，但是不要签名，并且双倍行距。它们代表了个人宣誓的证据。然而，随着审查过程中案件的变化要求在声明中做相应的变化。

为确保声明的准确性，以下将适用。

1. 在案件提交前，声明者将仔细地审查最后的副本。

经过签名者同意、审查和明确所有的变化后，唯一的签名版本应该是最终的版本。

2. 如果在声明中有了大量的变化，审查办公室建议将由行政区核实变化，以确保个人能够证明增加的材料的真实性和准确性。OCC 负责将所有核准的变化纳入最后的声明。

3. 没有声明人的知晓和表示同意无论如何都不能修改声明。

十三、同意判决书

OCC 通过利用在行政区的 CIM 中以"违规"为标题的部分，和中心提供的另外的材料来准备提议的同意判决书。

行政区和中心共同负责为 OCC 提供必要的信息以支持具体的实质性的救济途径。

起草同意判决书时，对于与原始的审查有关的材料 OCC 将会寻求中心的核准，包括纠正和再加工计划、cGMP 要求、对被告纠正行为的审查、召回、停止产品生产或分销以及能够影响医疗必需产品的适用性的措施。对于需要行政区后续活动的材料 OCC 将寻求行政区核准，例如重新检查的频率和速度、如果中心要求对被告的纠正行动的审查以及见证货物的销毁和处理。

在诉讼期间，在案件中有直接影响的那些办公室的代表们将保持联系相互通知案件的进展，包括由 DOJ 律师提出的改变，以确保提交的同意判决书可被机构（行政区、中心和 OCC）接受。

FDA 不应该寻求无法获得的救济（例如如果不能够实现则不建议同意对产品的纠正）。同样，如果救济是给公司提供一名顾问，则不需要作为救济的一部分由 FDA 批准。

十四、监管费用

禁令应该规定被告在接受到法院的指令恢复运营之前要支付费用以确保他们能始终遵守法院发出的指令中的条款。

下列费用可用于所有的禁令：

调查时间：266% GS 11/4（根据等级系列 11/4 乘以 266%）；

分析时间：266% GS 12/4（根据等级系列 12/4 乘以 266%）；

实际支付给 FDA 雇员的每日津贴将按照在 GSA 联邦旅行指南中表示的当前现有的利率支付。

杂项费用：实际的费用；

服务费最少应不少于 1 小时的费用。额外的费用按 1 小时的倍数计，忽略少于 0.5 小时的部分，如下：

1 小时至 1 小时 29 分：按 1 小时付费；

1.5 小时至 2 小时 29 分：按 2 小时付费。

在通过信件通知企业可以恢复运营之前应咨询 OCC，以及在发送初步的账单阐明为促使公司合规所做的工作产生的费用之前应咨询 OCC。

不要使用信件通知企业或联邦检察官费用已经支付，因为这将可能导致禁令不慎被取消。

十五、合规后续工作

一旦禁令被批准，法院和公众依据 FDA 要求去认真监控被告的依从性并通知法院有关遵守禁令中条款的情况。

行政区负责确保对下面的情况给予及时关注。

1. 有关法院的判决书副本的处理咨询 OCC。

2. 确定使企业运营合规的计划，以及必要时销毁、纠正或召回市场中现有的和库存商品的计划。

3. 禁令中规定企业要指定一名专家来监督对判决书中条款的遵守情况，此时应该具体说明专家必须以书面形式向 FDA 证明在 FDA 进行任何检查前已经遵守了判决的条款，并且企业必须向 FDA 提交一份书面的纠正清单。

4.查明企业是否聘请了一位有资历的专家，并确定他的 / 她的资格。当同意判决书要求被告聘请专家顾问时，FDA 不作出是否同意被告选择的专家。然而，FDA 可以选择不接受顾问的调查报告。如果揭示了一个明显的利益冲突，或者顾问的能力不符合监管标准（例如在药品 cGMP 规章 21CFR 211.22 中要求的一样），那么 FDA 对顾问的调查结果的接受可能基于对这些因素的考虑：提交的报告的充分性、完整性或准确性。行政区应该通过电子邮件或电话与中心分享随后的调查结果。

5. 监控上述内容的完成状态。有关不遵守判决的任何问题应立刻通知 OCC 和相关中心。保持紧密的联系，包括必要时的访问，以确保企业在遵从禁令恢复营运前合规。

注意：在相关法案和由法院作出的判决的监管下执行依禁令进行的检查。当访问企业时，提供一份判决书和 FDA 482 副本给管理人员并进行记录。这将有助于必要时提出藐视法庭罪。

随着行政区确定被告似乎遵从判决书"除非和直到"条款的要求，应书面通知被告，告知这样的决定并不能解除他们遵守法案或其他持续生效的判决的条款的责任。在通过信件通知企业可以恢复营运之前，以及在发送初步的账单阐明为促使企业合规所做的工作产生的费用之前应咨询 OCC。

注意：如果上述信件的副本提供给了联邦检察官，那么可能无意中会导致驳回，除非提醒联邦检察官禁令中存在持续生效的其他条款。

如果行政区的后续工作显示企业已经符合判决的条款并已发布通

知，那么行政区将安排一个 3~4 个月的跟踪检查并且以后每季度一次，直到企业保持持续合规状态 1 年。之后将至少每年检查一次该企业。对于那些按季节运营的工厂可以有所不同。那样的话，将安排在下一个生产季节开始检查该企业。

如果样品的重新检查或分析结果显示被告不符合判决的条款，那么 FDA 可采取多种监管措施，包括以下方面。

1. 恢复判决。基于被告从合规状态（如同正式的通知证明的那样）退回到不合规状态的事实，可以请求法院执行判决中的停工条款。结果就是再一次关闭企业直到纠正违规现象并得到证实。根据 FDA 的要求，如果判决允许召回，这也是可以考虑的。

2. 没收。

3. 民事上藐视法庭罪。民事上藐视法庭罪是强制合规的前瞻性行动，要求法院根据被告的持续性不合规进行强制惩罚。对被告每一天或每一个违法行为的惩罚可以是罚款也可以是监禁，直到符合判决条款。

4. 刑事上藐视法庭罪。刑事上藐视法庭罪不是为了强制服从，而是为了惩罚以前的行为。惩罚不取决于未来的行动。

5. 起诉。

6. 民事罚款（例如对于医疗器械或烟草制品）。

7. 行政处罚（例如撤销申请）。

注意：上述的监管行动可以单独应用、顺序应用或同时应用。考虑任何监管行动时应该与中心、DE 和 OCC 进行讨论。

根据本章中的程序，对因违反判决而建议采取措施进行处理时应该同原始禁令一样紧迫。行政区合规办公室将准备一份建议书。对于刑事上藐视法庭罪，参见本章第五节"八、藐视法庭罪和缓刑违规"部分。对于起诉，参见本章第五节"六、305 条款通知后的刑事诉讼"部分。如果选择藐视法庭罪，行政区也要准备一份请愿书以说明为什么被告不能因藐视而被拘押的原因。

应该关注被告企业所有权或身份的改变。一旦企业的所有权或公司的身份改变，应向中心和 OCC 报告详细的实情，以决定禁令是否覆盖新的所有权人或公司实体。《联邦民事诉讼规则》规则 65（e）中讨论了禁令涉及到的人员。

如果禁令管制下的企业破产了，采取下面的步骤。

1. 保持公开的禁令文件 1 年。

2. 在报告破产之后的 6 个月末和一年末分别检查企业的状况。

3. 尽力确定企业是否搬到了另一个地点和另一个地区，并且通知该行政区企业的状况。告知该行政区有关禁令情况。

4. 除了企业之外如果禁令也针对个人，应确认此人的现职业，以及现职业是否与他 / 她被禁止的职业相似。如果相似，应通知中心和 OCC。

5.如果一年后企业保持破产状态，那么通知 OCC 和相关中心计划在 60 日内关闭该文件，除非其他的成员有更多信息需要考虑。

6.60 日的等待期之后，如果没有收到更多的信息，并且禁令只是一个初步禁令，则书面通知联邦检察官企业已经停止生产，政府提议关闭禁令文件。

十六、撤消禁令

无论是根据同意判决书还是法院指令发布的禁令，通常 FDA 不申请撤消。FDA 也不会联合被告提出申请要求这种解除。然而，如果符合下列情况，FDA 可同意这样的申请：① FDA 有被告遵守法案、相关的规章和判决或指令的最新的证据（例如在过去的 6 ~ 8 个月内）；②在日落条款期限内被告持续遵守法案、相关的规章和判决或指令（实际上一直是 5 年）；③被告已经给予 FDA 一次机会考虑是否反对该申请。被告长期违规史或缺乏合作也将影响 FDA 对于试图撤消禁令的申请的答复。

如果被告联系相关的行政区讨论撤消禁令的可能性，应该指导被告准备一份书面申请具体描述证据以说明该证据是如何符合上述的每一个标准的。行政区和中心不应该和被告或其律师讨论他们的关于撤消判决的观点。申请应该连同行政区的观点包括对最新的检查结果的描述和自从禁令生效后被告的全部的检查记录等一起提交给 OCC（诉讼的副首席顾问和助理副首席顾问）、相关的中心和 OEIO。如果 OCC、行政区、中心和 OEIO 不反对撤消禁令，OCC 将通知被告律师 FDA 不反对该解除申请。

此后，被告的律师应该准备起草一份简短的申请简述日落条款、被告随后的合规以及 FDA 已经阅读了该申请且不反对该救济途径的事实。如果 OCC 同意该申请，将采取措施联系司法部以便在没有来自美国反对的情况下提出该申请。

十七、新闻发布

发布新闻稿的建议由指定给该案件的 OCC 律师、ORA 办案人员（行政区合规人员或 OEIO）和中心（合规办公室）联合提出。由 FDA 的公共事务办公室根据透明度倡议作出发布新闻稿的决定。这些办公室在作出决定及起草、批准和发布新闻稿中所起的作用及承担的职责在"关于强制行动发布新闻稿的程序（没收和禁令）"里描述。遵照这些程序和相关模式起草没收和禁令行动的新闻稿。上传新闻稿至 CMS。

第三节 | **检查许可证**

一、目的

提供获得检查许可证的程序。

搜索许可证的程序在本章第四节讨论。

二、检查许可证

为了实施对监管企业的调查或检查，FDA 一般不要求检查许可证。然而，收集已经被不正确地拒绝的资料时使用许可证是有效的。在遇到拒绝之后应该尽快推荐检查许可证。以往的拒绝并不是寻求检查许可证的先决条件（注意："检查许可证"和"行政检查许可证"意义相同。）

当检查被完全拒绝时或在局部区域内遭拒绝时可以争取检查许可证，例如，当拍照或样品收集被拒绝时。

有些情况下 FDA 会争取优先检查许可证，例如当有来自企业的拒绝记录和 FDA 预料到会出现现场拒绝检查时。当在某一特殊范围内有公司政策强制拒绝时（例如拍照、样品收集或复印记录等），或者有充分的理由认为要求的资料将被拒绝并且在获得检查许可证之前该资料将被销毁时，FDA 在启动一个检查计划之前也可以寻求一个优先检查许可证。

在争取检查许可证之前，FDA 需要确保：

1. 法规或规章授权 FDA 检查设施并且可以接近已经被拒绝的资料；

2.FDA 紧急需要该资料；

3. 尽管相关法定机构的明确的说明和解释，企业 / 个人拒绝允许检查或接近该资料。

三、职责

检查许可证的建议被给予高度的优先权并由所有涉及到的办公室迅速处理。一般情况下，OCC 不参与决定检查许可证是否需要的工作，直到负责的中心和 OEIO 决定申请应该继续。

（一）行政区职责

1. 准备阶段

当不清楚申请检查许可证的标准时，行政区在提交检查许可证的申请前应该咨询 OEIO/DE。DE 位于 10903 New Hampshire Avenue，Silver Spring，MD，20993。电话 301-796-8200；传真 301-847-8635。

当行政区决定建议检查许可证时，行政区应该电话联系 DE、提前通知、确定 DE 联系人、获得额外的指导，并上传下面列出的文件至 CMS（合规管理系统）。

根据 CMS 程序，行政区通过将当前的所有权人改变为 DE，然后把案件转交给 DE。当案件已经提交给 DE 办公室时，CMS 将自动地发送电子邮件给 DE 指定的接收通知的人员。在改变所有权人提交案件之前，根据 CMS 中的法案 /CFR 表，行政区应该确认在主体活动中引用的所有的可能或可疑的掺假和 / 或假冒商标的指控。

2. 内容范围

（1）附属备忘录。附属备忘录应该概述证明需要检查许可证的情况。备忘录必须包括下列要素：

①实施检查或获得资料的法定权限或监管权限；

②为什么急迫需要进行检查或获得资料；

③清楚描述遭遇到的拒绝或如果预期到拒绝，理由是什么。包括描述我们尽力解释所拥有的法定权限但企业不顾这种解释继续拒绝；

④寻求并被拒绝的每种类型的资料，以及解释为什么这些资料不能通过其他方式得到；

⑤检查的状态（正在进行，已结束或预先考虑中）；

⑥检查的理由、以前获得的许可证以及如果可以的话，观察到的违规行为；

⑦导致拒绝或延迟授权下进行的检查的情况；

⑧任何其他的相关资料，例如个人居住的地址及行政区在依法执行检查期间预料到的阻力，概述在案件中处理预计的阻力的策略；

⑨那些已知的对公众有危险的因素，正在检查的人员或其他（例如武器、警犬或有害的化学制品）。

（2）起草检查许可证申请。申请检查许可证是 FDA 向法院提出请求的基础。如果同一企业有多个经营场所，应为每个场所准备独立的申请和许可证。申请必须包括下列要素：

①被检查企业的经营场所的准确地址。如果检查延伸到车辆，精确地描述车辆，包括车辆的颜色、样式、型号和车牌号码；

②检查设施和检查项目的法定权限；

③在当前调查过程中或最近的检查过程中发现的任何违法行为，要引用被违反的法案的特定的语言和条款。当违规发生时，为了

获得检查许可证的批准，尽管不需要但是司法部（DOJ）还是要求可以的话应在申请中包含这样的资料；

④对相关拒绝的详细描述，包括但不限于，例如作出拒绝决定的人员、他们的职务、拒绝的日期、涉及到的或就拒绝咨询过的其他责任人、给出的理由、关于拒绝的任何书面的企业政策、被拒绝的调查人员的姓名；

⑤在被拒绝期间详细说明检查或调查的理由，强调检查是在合理的时间以一种合适的方式进行的，并描述授权这次检查的机构的指令或方案及其日程安排；

⑥描述在执行指令期间将被检查的项目；

⑦描述依照指令进行检查的方式，例如由一名或多名调查人员或者美国执法官陪同请求调查员进行检查、样品采集、照相和适当的时候复印记录。

（3）许可证草案。包括一份检查许可证草案副本。

（4）其他的资料和文件。包括任何相关的支持文件或背景资料。

注意：最新的许可证申请和许可证样式可以从 ORA/DE 获得，电话 301-796-8200。

3. 程序

根据 CMS 程序，行政区通过将当前的所有权人改变为 DE，然后把案件转交给 DE。当案件已经提交给 DE 办公室时，CMS 将自动地发送电子邮件给 DE 指定的接收通知的人员。在改变所有权人提交案件之前，根据 CMS 中的法案 /CFR 表，行政区应该确认在主体活动中引用的所有的可能或可疑的掺假和 / 或假冒商标的指控。

行政区将立刻告知 DE 上传至 CMS 中的批准并归档的许可证副本，并随时告知 DE 依据许可证检查的进展。

DOJ 喜欢并且 FDA 也鼓励在执行指令时由美国执法官陪同 FDA 调查人员。如果行政区为难的话，应该立刻通知 DE。行政区应该在附属备忘录中预期并指出可能导致拒绝或延迟依据许可证进行的检查的情况。只要可能，关于在执行检查许可证期间预期的阻力、可能的扣押或使用武力，应该考虑机构的决定和实施的策略，并应在执行许可证之前作出。

如果在申请或在执行许可证期间遇到问题，应该立刻联系 DE。如果存在法律上的问题，立刻联系 OCC 和 DE。完成检查后 10 日内必须完成一份报告（依据许可证完成检查的声明）给法院。报告书是作为许可证草案申请的一部分准备的一份独立的文件。报告书仅仅是一份来自于授权在一定时期内进行检查的调查人员的声明。文件填写检查日期、调查人员签名并送回法院。报告的副本也应该上传至 CMS 并应该送一份复印件给 OCC。

（二）执法部门（DE）职责

当转交了检查许可证的建议书时，DE 保持所有权但是将在 CMS 中发送一个任务给负责的中心进行同步审查。中心和 DE 将审查建议书和所推荐的文件以评估行动的必要性、机构的法定权限、完整性、准确性、格式以及与现行的 DOJ 要求的一致性。中心通过上传相关的文件至 CMS 以示审查完毕，并根据 CMS 中的程序关闭"任务"。DE 将校正文件的复印件提供给 OCC。在整个过程中，DE 将监督并协调与行政区、中心以及随后与 OCC、DOJ 的同步审查及对检查许可证的处理。如果许可证申请没有被批准，则对该决定的书面解释将上传至 CMS，并且 DE 将在内部决定区域指明"不同意"，添加完成的日期并将当前的所有者改为行政区。当案件所有权已经改变成行政区办公室时，CMS 将自动发送电子邮件给行政区指定的接收通知的人员。根据 CMS 程序，行政区应该关闭该案件。

如果通过由中心和 DE 的同步审查，许可证申请被批准，DE 将根据需要校正文件然后上传至 CMS 并在内部决定区域显示"同意"，添加完成日期并将 FDA 的最终决定更新为批准。DE 将发送校正文件的复印件给 OCC 的诉讼副首席法律顾问。在通过 OCC 审核和批准许可证申请之后，DE 将来自于 DE 主管的备忘录寄给 DOJ 并上传该文件至 CMS。

DE 通过传真、电子邮件、通讯员或通宵快递将 DE 主管批准的许可证文件送给 DOJ，并协调与 DOJ 和 OCC 一起对许可证申请文件的最后的校正和审核。DOJ 审查后，DE 上传 DOJ 批准的（或拒绝的）许可证申请文件至 CMS，包括对许可证申请和执行给予必要的指导。所有权诉讼由 DE 来结束。

在发送许可证申请给行政区去向法院提交后，DE 应立即将有关策略和即将采取的行动通知监管事务副专员（ACRA）和指定的外部事务办公室的联系人。DE 上传所有的许可证建议书文件至 CMS。

（三）中心职责

责任中心立刻审核 DE 提交给它的所有的许可证申请文件，确保中心的支撑文件（或提供不同意的理由）以及法定的参考文献的精确性，特别强调接近那些寻求被检查的项目的权限。可能的话，应该着重对文件的修订并上传至 CMS。书面记录否决意见并经合规办公室主管或其指定人员签名后上传至 CMS。

（四）首席法律顾问办公室（OCC）职责

OCC 立刻审核许可证和申请文件的法律资格。修订本发送给 DE 打印并传送给 DOJ。任何否决意见应该以书面形式记录并由 DE 上传至 CMS。

第四节 | 搜索许可证

一、目的

提供获得搜索许可证的程序。

检查许可证程序见本章第三节。

二、搜索许可证

搜索许可证是获得犯罪行为证据的有效工具，是没收禁运品或犯罪的成果、在犯罪过程中已经使用的或打算使用的财产的有效工具，或者是根据可能的原因逮捕人的有效工具。参见《刑事诉讼程序的联邦规则》规则 41。也可参见联邦检察官手册（http://www.usdoj.gov/usao/eousa/foia_reading_room/usam/index.html）。

当有理由相信有关的证据可能被隐藏或破坏时，刑事搜索许可证尤其有用。

三、程序

刑事调查办公室（OCI）负责审查 FDA 推荐刑事调查的所有材料，并且这些材料是所有犯罪材料的重点。在要求刑事搜查许可证之前，行政区管理人员必须与当地的 OCI 办公室进行交流，这点将在第五节"转送给刑事调查办公室 OCI 的犯罪材料"部分中介绍。

第五节 | **诉讼**

一、目的

本部分为统一提交和审核诉讼建议书建立指导原则，包括推荐刑事调查。依据明显的案件特征，为了除去不必要的审查和加速案件审查过程，包括若干不同的程序。

如下所述，所有的刑事推荐，无论是否由行政区、中心或另一个 FDA 总部机构发起的，根据本章相关部分的要求都必须送至 OCI 进行初步的审查。如果 OCI 拒绝了该推荐，根据本章相关部分以及下列所述，中心或行政区可以通过准备一份总结和建议继续该项工作。

二、转送给刑事调查办公室（OCI）的犯罪材料

刑事调查办公室（OCI）负责审查 FDA 推荐刑事调查的所有材料，并且这些材料是所有的犯罪材料的重点。FDA 工作人员必须把所有的犯罪材料提交给 OCI，不论这些材料有多复杂或涉及面有多

广。包括刑事搜索许可证、轻罪诉讼、重罪诉讼、刑事调查推荐书、和 305 会议部分。

在追踪犯罪材料之前，行政区管理人员必须和本地的 OCI 办公室进行交流。指定的中心和 ORA 以及 FDA 总部联络点必须与他们各自的 OCI 高级营运经理（SOM）进行交流。这种交流对于排除其他正在进行的刑事调查可能产生的干扰，以及防止负责处理 FDA 刑事案件的 OCC 成员和 DOJ 相互间的干扰是绝对有必要的。在交流过程中，案件的所有的证据以及任何与案件相关的或者能够影响案件的额外的资料都将提供给 OCI。根据 SMG9111，行政区管理人员应该用电话将推荐书通知本地的特别主管、助理特别主管或常驻主管。至于"Park Doctrine"诉讼建议，参见下面的程序。对于所有的刑事推荐，OCI 将立刻决定是否继续进行该案件。OCI 将决定传达给委托办公室。如果 OCI 拒绝继续该案件，OCI 将立刻传达其决定给委托办公室，该办公室则可以继续调查该案件，并提交一份正式的诉讼总结和建议。

三、"Park Doctrine"诉讼的特殊程序和考虑因素

没有证据证明该公司领导故意这么做或者甚至是渎职，并且即使该领导实际上一点都不了解，也没有参与具体的罪行，依据《联邦食品、药品及化妆品法》（法案）由《最高法院判例法》建立的"Park Doctrine"诉讼规定责任公司领导对第一次的轻罪（可能的随后的重罪）负有法律责任。"Park Doctrine"诉讼其目的是指对轻度违反法案的责任公司领导建议的诉讼。

法案中的轻罪诉讼是一个很有用的强制工具。这样诉讼被提交给

DOJ 处理。根据法案一旦一个人被宣判轻罪，任何随后的违反法案都是重罪，即使没有证据证明被告是故意欺诈。

轻罪诉讼，尤其是那些针对责任公司领导的，对于被告和其他的被监管的机构具有强烈的威慑作用。在一些案件中，个人的轻罪定罪可以作为 FDA 禁令的依据。

当考虑是否建议针对公司领导的轻罪诉讼时，应该考虑个人在公司中的职位、和违法的关系以及该领导是否有权纠正或者阻止违法。了解和实际参与违法不是轻罪诉讼的先决条件，但是却可能是决定是否建议起诉轻罪违法的相关因素。

考虑的其他因素包括但不限于：

1. 违法行为是否涉及对公众的实际的或潜在的危害；

2. 违法行为是否明显；

3. 违法行为是否反映了一种非法的行为模式和 / 或未能注意到以前的警告；

4. 违法行为是否是大面积的；

5. 违法行为是否严重；

6. 建议起诉的法律上和事实的支持质量；

7. 提出起诉是否慎重地使用了机构资源。

当最高法院已经确认时，再试图通过说明违法责任人的部门或是导致违法的行为方式来进行解释都是无用的。此外，这些因素只是单纯用于对 FDA 工作人员的指导，并不给任何人带来或授予任何权利或利益，也不对 FDA 施加约束。而且，当其他的因素非常显著时，缺少某些因素也不意味着不合适推荐。

当行政区办公室考虑推荐"Park Doctrine"诉讼时，要求行政区咨询相关的中心以确保该建议与机构的优先权一致，并且中心会支持该建议并在必要时提供专家证据或其他的诉讼支持。鼓励中心和行政区办公室在早期阶段咨询 OCC、OCI HQ 特别主管（SAIC）和 / 或助理特别主管（ASAIC）调查工作处（IOD），以获得关于最佳地点的指导和建议。

依照"Park Doctrine"，如果行政区或中心正在寻求一个轻罪起诉，给 OCI 的最初的推荐书应该清楚地说明正在寻求"Park Doctrine"诉讼，并且说明进行"Park Doctrine"诉讼是有益的理由。同时行政区把"Park Doctrine"诉讼提交给 OCI 现场办公室，提交的通知也应该送给 SAIC 和 / 或 ASAIC、OCI HQ IOD，以及合适的中心。所有有关"Park Doctrine"建议的通知，无论是由行政区办公室或是中心发起的，也应该送给 OCC 进行起诉的副首席法律顾问和助理副首席法律顾问以及 OEIO/DE 的主管。

一旦接收到"Park Doctrine"建议，OCI 将立刻审核该建议并和 OCC 及提交文件的办公室进行交流，获得提出诉讼所必需的资料或帮助。在相关的案件中，指定的 OCC 律师和 / 或来自于 OEIO 或其他部门的代表应该参加"Park Doctrine"事件的最初的报告。

四、OCI 与其他 FDA 部门之间的交流

员工手册指南（SMG）在 OCI 与其他 FDA 部门之间交流上提供了额外信息。

1.SMG 9111 分享与刑事违法相关的信息。

http://www.fda.gov/AboutFDA/ReportsManualsForms/StaffManualGuides/212504.htm。该 SMG 要求如果有潜在的犯罪活动即将对公众的健康产生威胁，要立刻通知 OCI，在其他情况下要在 10 个工作日内通知 OCI，并且要求 OCI 在 10 个工作日内评估该信息并将初步评估通知行政区办公室。SMG 也在 OCI 和其他的 FDA 部门之间分享信息。

2.SMG 9110 加强与 OCI 的交流和提高刑事 / 监管优先权与行动的调整。

http://www.fda.gov/AboutFDA/ReportsManualsForms/StaffManualGuides/212503.htm。该 SMG 为在 OCI 与中心、ORA 与其他 FDA 部门之间确立定期会议提供一般程序。

如果你收到一条来自于执法机构（联邦、州 / 地方或国外的）对与刑事案件有关的非公开资料的请求，通知 OCI。通知应提供给 SAIC 和 / 或 ASAIC、OCI HQ IOD。这是非常重要的如果请求关系到大陪审团信息、基于《联邦食品、药品及化妆品法》的司法程序或者与 OCI 和其他执法机构一起进行的关于违反《联邦食品、药品及化妆品法》的联合调查。当 OCI 主动寻求非公开资料或者答复上述请求时，应将资料提供给 SAIC 和 / 或 ASAIC OCI HQ

IOD 进行审查并在公开前确定有关的书面保密承诺。指出哪些资料是非公开的。

五、整理一份总结和建议

在 OCI 拒绝继续执行诉讼建议的情况下，以总结和建议（S & R）的格式准备一份以刑事指控为目的的起诉或调查建议书。该建议书是一份包含允许对行政区的建议进行审查和评估的全部资料的备忘录，包括不包含在 305 通知（当通知被发布时）部分引证的样品或个人的理由、在案件中考虑的任何潜在的弱点的资料、预期的辩护或者为什么可能决定不起诉一个人的原因（例如年龄过大或非常差的健康状况）。

在 S & R 中包含与建议书有关的全部事实是非常重要的，因为将依靠它决定一个案件是否可以提起公诉以及是否值得发送给司法部门（DOJ）。在起诉案件中 FDA 通过资料或起诉状发送起诉理由（当刑事调查推荐被驳回时），S & R 应该提交被起诉犯罪的每一个要素的证据。

在行政区提交原始的推荐信或者与检查过程相关的推荐信的情况下，每一个建议必须附有行政区主管（DD）和地区的食品和药品主管（RFDD）的书面同意书。DD 的同意书必须阐明为什么选择起诉，并且 RFDD 必须同意。同意书将放在 S & R 的最后一页。当中心提交原始的推荐信或者与中心程序相关的推荐信时，每一个建议必须附有中心合规办公室主管的书面同意书。

准备一份 S & R 的详细的指南。

六、305 条款通知后的刑事诉讼

对于 FDA 已提供过通知书和答复机会的刑事推荐，根据《联邦食品、药品及化妆品法》（法案）的 305 条款，应该遵循下述程序：

1. 当一个行政区没有直接的引用权威发布一份 305 条款通知时，在联系 OCI 之后行政区将提交一份引用建议给相关的中心进行审查（像在上述"刑事调查办公室"中描述的一样）。

通常，引用建议包括：

（1）每一个人的姓名和职责及在通知中提出的指控；

（2）通知接收通知书的人员的全部背景历史；

（3）支持提出的指控的证据，包括州际文件的保证。所有相关的证据，例如工作表、标签和调查报告，应该和建议一起提交。如果存在一种特殊的需要要对洲际文件进行审查则可以要求提供州际文件。

2. 如果行政区或中心确认一个问题需要同 DE、OCI、OCC 或临时委员会进行咨询，那么确认该问题的部门将在审查过程中尽可能早地获得迅速解决的办法。

3. 在对 305 条款通知作出答复而召开的会议之后，如果证据上没有明显的变化，像在行政区的引用建议中阐述的一样，那么行政区将通知中心，中心将立刻转交行政区的引用建议给 OEIO/DE。同时，最终的 S & R 将由行政区发送给 DE，副本发送给中心。

如果提议的案件在证据或强度上有明显的变化，行政区将单独提交起诉建议给相关的中心以决定在考虑新的资料后是否仍然批准起诉。如果批准了起诉，中心将立刻发送起诉 S & R 给 DE，中心的同意备忘录将呈现根据新的资料作出决定的基础。

注意：当行政区有足够的证据满足直接引用权威来发布一份305条款通知的要求时（"直接参考引用权威"），上面的程序1不适用。（除非必须联系OCI，像在上面"行政调查办公室"中描述的一样。）在305条款程序完成后，如果没有影响直接引用权威的依据的新的资料出现，行政区应该立刻直接提交起诉 S & R 给 DE 进行限制性审查。行政区应该同时发送 S & R 的副本给中心。

如果对于305条款通知的答复显示了影响直接参考引用权威依据的新的资料，那么在将该通知提交给 DE 之前行政区必须获得中心对于建议的影响的审查和同意。

4.DE 将进行限制性审查以决定提议的起诉是否符合 FDA 政策、执法策略和目的。如果 DE 同意该起诉建议，将提交所有相关的材料连同一份关于它已经考虑过该问题的备忘录一起发送给OCC，并且 DE 认为 OCC 应该审查。

5. 如果 OCC 同意起诉是可支持的，OCC 将审查该建议并准备一份推荐信和形成一份通知或者起诉状。

七、没有305条款通知的刑事诉讼

依据法案的规定 FDA 不需要发布305条款通知的那些情况编纂在21 CFR 7.84中。不需要305条款通知的案例可在《美国法典》

标题 18 中获得——与在《法案》中引入的案例相反——或除了 21CFR7.84（a）（2）和（3）中的案例，基于 FDA 认为通知可能导致证据的变化或销毁或者逃避起诉。当 FDA 建议深入调查时通常也不提供 305 条款通知。

之前没有 305 条款通知的刑事推荐应该遵循下述程序。根据在上面的"刑事调查办公室"中所述的程序，在该过程中必须尽早联系 OCI。

1. 行政区咨询 DE，DE 与 OCC 协商，来决定是否发布 305 条款通知或者是否需要临时委员会来决定该发布。如果 DE 和 OCC 同意不应该发布 305 条款通知，DE 将此通知行政区。然后行政区将准备一份 S ＆ R 并且在提交 S ＆ R 给 DE 之前获得管辖区的批准，同时把副本发送给中心和 OCC 进行审查。行政区将在"不需要 305 条款通知"的标题下解释为什么不需要该通知。（如果 DE 和 OCC 决定应该发布 305 条款通知，DE 将此通知行政区，那么行政区接着将遵循 RPM 中的程序"305 条款通知后的刑事诉讼"。）

2. 如果中心和 DE 同意建议书，那么要各自准备一份反映自己对相关问题观点的备忘录。中心将把它的备忘录发送给 DE。

3.DE 发送所有相关的材料和备忘录给 OCC，如果 OCC 同意支持起诉，OCC 将准备一份推荐信和形成一份通知或起诉状。

八、藐视法庭罪和缓刑违规

行政区将准备一份列出违法行为的证据的 S ＆ R，并通过 CMS 和相关的法院指令的副本一起发送给 DE。因为希望 DE 和相关的中心进行同步审查，因此 S & R 应该包含一个请求，即请求 DE 根据 CMS 程序发送一份任务转交给中心要求中心进行审查。

中心和 DE 均有 10 个工作日来审查提议的行动并上传他们的意见至 CMS。

如果中心或 DE 没有提出反对的意见，或者提出了反对的意见但是达成共识继续执行，行政区将通过 CMS 发送 S & R 和支持证据给 DE，DE 立刻转交给 OCC 进行审查。如果 OCC 同意支持该行动，将会准备一份推荐信。

九、重罪违法进展

依据《美国法典》标题 18 或者标题 21 中的 333（a）（2），一些调查可以揭示支持潜在的重罪控诉的证据。关于这些案件的主要的问题是确定调查的终点。当遇到这样的情况时，应该考虑成立临时委员会。这是因为一些潜在的案件应该在早期阶段转交给大陪审团调查，而在转交前，FDA 能够完成其他案件的调查。

此外，在这些情况下还应该考虑下面的问题。

1. 调查范围。

2. 目前的调查转态，包括目标和可能的合作人员的确认。

3. 完成调查的策略和时间安排。

4. 在本领域中存在争议的 FDA 合规政策。

5.故意违法的初步证据。

6.检查或调查问题的确认。

7.刑事搜索许可证的使用。

8.需要或者理智引用 305 条款通知。

9.建议大陪审团调查（参见下述"大陪审团调查和保密"）。

对于服从临时委员会监管的调查，每当调查取得重大进展时或至少每 90 日，无论哪一个先出现，管理组织单位的合规部将准备一份状态报告，并且把状态报告分发给 DE、OCC、相关的中心以及受影响的地区 / 行政区办公室。

十、刑事调查推荐

行政区或中心给 DOJ 进行进一步的刑事调查推荐，包括调查大陪审团，应该遵循下述的程序。

1.发起单位、行政区或中心，将根据 RPM "刑事调查办公室"部分所述通知 OCI。如果 OCI 选择不继续执行该案件，那么行政区或中心可以通知 DE 并请求召开一次临时委员会会议，准备一份现有证据的 S & R。发起单位收集相关的经过整理并做上标记的背景材料和 S & R 一起上传至 CMS。根据 CMS 程序，行政区通过将当前的所有人改变为 DE 把案件转交给 DE。当案件的所有权改变给 DE 时，CMS 将自动发送一封电子邮件给 DE 指定的接收通知的人员。起诉书应该交叉引用和引用背景材料中具体页的内容。

2.安排会议日程前，DE 将审查背景材料，确保它的格式便于问题的审查和确认。

3.DE 将立刻通过电子邮件通知委员会关于 CMS 中可获得的背景材料，并在电子邮件中提供会议的时间和地点以及确认待定的重要议题。绝大多数情况下会提供给成员至少 10 个工作日的时间来审查背景材料；给予中心审查高度的优先权，并且直到中心准备好参会才能安排会议。该电子邮件的副本应该上传至 CMS。

4.委员会成员应该做好准备对有关的议题作出决定，包括以手头的证据为基础是否作出推荐书，委员会是否应该先发布、完成及审查另外的任务，或者是否应该考虑以非刑事的处置来代替起诉或作为起诉的补充。

（1）如果委员会成员同意转交建议书并认为不需要收集更多的证据或者召开进一步的会议，DE 将立刻准备决议备忘录，上传至 CMS 并发送一份复印件给 OCC 作为机构的建议。DE 将保持案件的所有权。必要时 OCC 将修订行政区推荐信的草案。DE 应该上传该草案至 CMS。

（2）如果委员会认为需要另外的调查，委员会将发布相关的任务，在备忘录中记录并上传至 CMS，并设定一个重新召开会议的临时日期。执行额外工作的办公室将负责提供结论的书面总结，当适当的时候，在下次会议前把建议书提供给委员会。这些相关的文件应该上传至 CMS。DE 将监控任务的状态并通过电子邮件安排随后的会议日程。在会议前应该至少给成员 5 个工作日来审查新的资料。DE 将为随后的会议准备一份备忘录并上传至 CMS。

无论是基于最初的审核还是基于在随后的会议上讨论的额外的资料，如果委员会决定刑事调查的申请应该提交，DE 将连同书面申请一起立刻发送给 OCC 以前没有提供的任何相关的材料，OCC 转交该材料给 DOJ。

注意：当 FDA 参加另一个联邦机构负责的调查并打算申请刑事调查时，行政区将直接和该领导机构一起工作来开发证据和辅助调查。在这样的案件中，行政区应立刻告知相关的中心、DE、OCI 和 OCC 有关调查的情况、行政区在其中的角色以及是否要考虑大陪审团调查。

一旦行政区决定想要寻求标题 21 或标题 18 的起诉，起诉是依据在另一个联邦机构负责的调查中涉及 FDA 监管的货物的违规，行政区将立即通知 DE、FDC 成员、中心和 OCC 它打算这么做，并立刻发送建议给 DE、中心或必要时直接发送给 OCC，以获得批准继续执行该案件。

在某些案件中，成立一个临时委员会可能是必要的。如果由于其他机构的参与适合制定特别的时间限制，那么建议书应该如此申明。除了可能的时间限制，应该采用与其他 FDA 案件同样的方式进行联合调查。

十一、检察官起诉书和起诉状

这些文件通常由首席法律顾问办公室（OCC）准备。

检察官起诉书是正式的法律文件通常用于指控轻罪违法。起诉状是指控重罪违法的文件，随后提交给大陪审团。这个文件也被称为正式起诉状。被告同意的话，检察官起诉书即使仅指控轻罪违法也可以提交给大陪审团。

十二、大陪审团调查和保密

大陪审团调查服从于联邦刑事诉讼规则中的规则 6。大陪审团调查的证据和联邦大陪审团的行动是保密的。依据规则 6（e）只有那些名字在法院归档的人可以了解关于大陪审团的行动，例如大陪审团是否给某人发出了传票等。由于这个原因，给大陪审团的证据的副本只有依据规则 6（e）指定的人员能够看到或一起讨论。大陪审团行动的内容既不能告知 FDA 的同事也不能告知 FDA 监管人员，除非他们是依据规则 6（e）被指定的人。

对于任何即将来临的调查，关于大陪审团及其活动不应该对媒体或普通群众有任何评论。即使在新闻界已经存在关于大陪审团的猜测或者有从传去在大陪审团前作证的证人那得到传闻（那些人不受大陪审团保密规则约束），也不应该对大陪审团作出任何确认或其他的评论。

严格遵守大陪审团保密规则不仅保护政府的调查资料的完整性和大陪审团送回的任何起诉状的有效性，而且保护被指控者的权利。违背规则 6（e）是一件非常严重的事情，并可能导致指控的驳回、隐瞒有价值的信息、和 / 或对违法规则 6（e）的人以藐视法庭而被传讯。

DOJ 和联邦检察官可以要求 FDA 提供调查的支持来进行面谈、陪同联邦执法官去扣留证据等。涉及该类调查的人员将被给予一个 6（e）指定的行动，这些行动涉及在大陪审团前发生的事件。

十三、总结和建议的准备

总结和建议备忘录参见规定的范例格式，食品卫生案件的例子也可参见规定的格式。样品索引是和诉讼相关的支持样品的一个提纲。

（一）样品编号、产品、运输日期

在一份检察官起诉或起诉状中罪状的顺序是可变的，但是应该由违法的重要性或严重性决定，而不是由样品编号的次序或者样品收集的日期决定。然而，当所有的样品或计划具有同样的严重程度时，按时间顺序依次列出（最近的犯罪归为罪状Ⅰ，接下来最近的犯罪归为罪状Ⅱ，以此类推）。标题栏可以改变以提供行政区认为重要的信息。样品编号下面显示建议的罪状编号。倘若不需要支持样品时，则描述犯罪计划或违法行为并概述犯罪的要素。

（二）根据法案 305 条款的引用文献

列出发布 305 条款通知的所有人员完整的姓名和住址。准备简短、精炼的文字解释自从提交推荐的引文之后获得的重要的新证据。也包括自从中心批准发布 305 条款通知或在直接参考引用权威情况下发布 305 条款通知以后，负责人或企业的状况发生的任何变化。如果这是一份没有 305 条款通知的建议书，则准备一份简短的文字解释证据，包括确认同意这种方法的依据，例如"临时会议"。

（三）法律状态

准备一段简短的文字描述截至 S & R 日期和违法时企业的法律状

态。如果在中间时期法律状态有变化，提供关于变化的完整的资料。一旦作了决定建议起诉一个公司，立即要求经核准的公司条例的副本和最新的年度企业注册。年度企业注册在提交日期内可列出现任的公司领导。该要求可以用书面的形式提出，或者本人亲自去以便收到以恰当格式引入证据的记录。如果在提交建议书前已经收到了公司条例，那么在这部分应声明并随建议书附上条例的影印本。如果没有收到，那么影印本一旦收到就要提交，包括一个已经要求公司条例的声明。

当准备核准的副本的影印本时，任何要素的移除将使证明无法律效力。——关于这点要提醒法律秘书/技术人员注意。

如果企业被解散了，在大多数情况下国家规定它仍然可以合法地存在一段时间，在此期间它是合法的组织，可以被起诉。假如解体了，则要提交国家归档的所有通知的副本并报告国家就解体采取的任何措施。

（四）宣称违规

准备一份关于案件情况的总结。包括有关该问题是如何引起 FDA 注意的声明。在此标题下列出违规行为。万一提议的罪状很多并且违规涉及法规的几个不同的部分，可以利用大纲或表格的形式。掺假和假冒商标指控应该以不同的罪状进行起诉。在涉及欺诈的案件中，应该准备一份与该计划有关的所有资料（谁、什么、什么时候、在哪里、为什么及如何）的详细说明，从有想法开始到真正实施犯罪。应该考虑下列问题。

1. 最初什么时候实施该计划的？由谁？

2. 主要的目标是什么？

3. 实施的方法是什么？

4. 在哪儿实施的、进行了多长时间？

5. 计划的类型是什么？涉及的商品或者服务的类别是什么？

6. 描述计划的重要性、类型和属性（例如装运的单位数量和涉及的金额）。

7. 描述受害者有关的健康、经济状况或其他特征。

8. 确认每一个提名的被告或对象所有的反映其错误是在知情的情况下或蓄意（故意地）犯的证据。

9. 确认潜在的合作证人。

10. 描述遇到的任何重要的调查问题。

（五）历史

简单地说明企业和个人被告的监管历史。指出 FDA 与州或其他联邦机构一起已经进行的合作工作。指出针对被提名的被告先前采取的联邦行动和州际合法的行动以及先前的对物诉讼。

（六）提前通报

当与 FDA 的公众保护责任一致时，并且如果违规情况没有呈现出健康危害或者没有构成故意的、公然的或名目张胆的违规时，那么在强制行动开始前，FDA 的政策给予个人和企业一个主动采取合适而迅速的纠正措施的机会。如果不能做到主动纠正，那么通过确定尽管机构已给过警告但责任人依然持续违规，来说明提前通报足以加强机构在强制行动中的地位。

必须指明提前通报是如何给的、给谁的。如果没有给正式的提前通报，那么必须指出被告是如何知晓他们的违规行为的后果的，或者解释在这种情况下为什么提前通报不需要或者不合适。

（七）其他的信件

提供机构（行政区、中心或其他的总部的部门）和州有关处于建议的行动中的事件的任何信件的参考及其副本。

（八）检查和分析结果的证人

根据收集调查员和分析员列出的所提出的罪状编号安排样品（如果有）。确认和每一位证人有关的书面证据和实物证据并描述该证据是如何获得的，例如采访、检查、监视或其他方法。

（九）其他证人

列出其他已知证人的姓名、地址、电话号码和职称，包括调查的合作对象、来自于中心的 FDA 代表及带有他们预期的证据总结的非政府机构的专家证人。

（十）建议书

列出被建议起诉的人员和相关的样品编号（如果有）或方案，这是起诉的基础。如果这些人员中的任何人以前曾经被宣判有罪或者正处于其他的法律行动中，那么应该提供一段文字说明包括指控的类型、案件结束的日期、案件的处理、征收的罚金、司法权和案件编号（以及 FDC、最重要的样本或者其他的 FDA 确定的编号，如果有的话）。指出是否给予了警告并概述提议的被告的答复或纠正行动。指出代裁决的犯罪行为有什么危害或者会造成什么样的危害，例如，损失的种类和总数量、受害者的数目和类型以及相似的资料。也可参见《FDA 监管程序手册》第四章预先通报部分。

（十一）样品的永久搁置或者排除个人

如果行政区决定将在 305 条款通知中列出的样品永久搁置或者决定排除传唤的个人作为提议的被告，那么在本部分应该给出这些决定的理由。排除的样品直到行动以请求或审判的形式结束才能被销毁。如果在 305 条款通知中列出的所有的样品和个人都包括在诉讼建议中，本部分可以忽略。

（十二）样品资料

本部分用于提供关于每一个样品在文件中可得到资料的简短的概述。通常，一个刑事案件应该包括多个罪状，只有在非同寻常的情况下，才会将一条罪状资料转交给 DOJ，这点必须在备忘录中进行解释。

充分讨论有关样品的任何潜在的问题，例如分析期间官方分析方法的更改，在采集样品时与正常的程序之间的偏差，必须纠正在采集记录中、封条、分析记录中的错误，或者宣誓书与记录之间的不一致。

1. 装运 / 接收货物的日期：对于 301（a）和（d）的违规，阐明被告运输货物的日期或者交付货物去装运的日期。对于 301（k）的违规，阐明被告接收货物的日期，对于 301（c）的违规阐明货物被接收的日期以及被交付或被提供交付的日期。偶然情况下，无法得到 301（k）的违规中的接收日期。在这样的案件中，违规的日期就是调查者能够证明他 / 她在所提及的被告的经营场地发现目标货物的那一天。有时候，305 条款通知将发布的运输日期是经销商签字的宣誓书中提供的日期，但是随后的调查发现记录显示该批货物实际上是在另一个日期被运输或交付的。只要 305 条款通知关于该日期声明"在或者大约在"，这就是可以接受的。正确的日期将被列在检察官起诉书或起诉状中，即使和 305 条款通知中列出的日期不同。关于自相矛盾的日期的完整的资料应该在标题"州际贸易文件"下提供。

2. 抽样日期 / 谁抽取的：如果货物的抽样持续了几天的时间，应该在此阐明。就 301（k）的违规来说，如果货物作为可销售的货物保持在合格的区域，那么起诉书或起诉状应指出它在接收日期和检查的最后日期之间供销售。如果货物被移入隔离区并且明确不被销售，那么将在起诉书或起诉状中使用产品转移的日期（或销毁、变质或禁止贸易）。除了采集样品的调查者的姓名之外，还要指出书写建议时他 / 她所居住的位置。如果调查者已经转移到另一个行政区、辞职或者退休了，当起诉书或起诉状提交给 DOJ 时应该联系他 / 她，通知他 / 她即将起诉，并要求他 / 她将住址告知行政区，以便如果案件进行审判能够联系到该调查员。

3. 描述货物和样品的规模：在 301（k）卫生案件中，应该列出货物的规模和给予货物一个简短的描述。例如，描述应该包括调查者看到的包装袋（数目）、在包装袋（数目）上发现的尿液、被啮齿动物咬过的包装袋（数目），并应该指出是否污物仅存在于货物的外部还是被其他容器覆盖的容器上，货物接收时是否垫有托板，该批货物的容器是否被企业重新堆叠等。

4. 分析人员：与采集样品的调查员一样，应该记录分析人员目前的住处，当起诉书或起诉状提交给 DOJ 时应该联系分析人员。

5. 分析方法：应该给出分析的方法。如果与官方的方法之间存在偏差，应该给出关于修改的完整资料及这么做的原因。（对法定制剂的分析，应该依照手册中的分析方法）

6. 分析的样品数：如果已经分析了每一个样品，仅仅叙述"全部"。（行政区的合规部有义务保证已经做了足够的分析工作）

7. 分析结果：应该列出每一个产品的分析结果。如果遇到需要附加额外的工作的问题，或者与官方方法之间存在偏差，例如为解决分析结果中的偏差采用的新的方法或分析，这些内容应该公开并进行讨论。在涉及食品中污染物的案件中，分析结果应该分成两组，一组说明产品中实际的污染物 [402（a）（3）]，另一组说明 402（a）（4）中的情况。有关实际的产品污染物的调查结果的结论应该大体上按照下列方式概括。

402（a）（3）部分证实：

二次抽样样品，____， – 咬 – 牙痕 – 确认。

二次抽样样品，____， – 包含小鼠或大鼠排泄物或毛发 – 确认。

二次抽样样品，____， – 昆虫（昆虫的识别，如果可能的话）。

402（a）（4）部分证实：

如果有大量的402（a）（3）证据，从表面和邻近的货物进行的二次抽样样品仅需要简短地概述，涵盖402（a）（4）中出现的每一种污物。包括小鼠或大鼠排泄物、啮齿动物尿液和已经证实的或确认的啮齿动物的筑巢材料。

如果提出的指控与在"分析结果"项下列出的资料不同，或者与305条款通知中的案情记录不同，则应该讨论不同的原因。

8.702（b）部分：在任何涉及分析工作的案件中，通常被告能够获得一部分样品，如果他／她要求的话。应该确认是否可得到702（b）部分的一部分样品，并记录可以得到的量。如果702（b）的一部分样品不存在，应该在显著位置记录这一事实并提供解释。对要求702（b）部分样品的某些例外编纂在21 CFR 2.10中。如果分析了所有的二次抽样样品，应该提交一个可能的702（b）。

注意：污染物展示不需要702（b）部分样品。

9.没收：如果构成一项罪状的基础的货物被没收了，则要列出案件编号和 FDC 编号并说明对没收的处置。

10. 州际贸易证明文件：阐明签署经销商声明和宣誓书的个人的姓名和职务，他们工作的企业的名称和地址，并列出提供的文件，包括订购单、发货单、运货单、装货数量清单以及发货日期等资料。如果案件走向审判，有时候要召唤州际贸易的证人来证实和提供原始资料。

11. 备注：本部分应该包含在个人罪状描述中未涉及到的有关案件中可能存在的问题领域或缺点的详细信息。包括提及的被告的年龄及他们可能有的任何身体问题（如果知道的话）。同时也指明关于本案件已经联系了 OCI。最后，阐述为什么选择起诉。

十四、总结和建议（S & R）文件的提交

根据在可用的案件程序中描述的指南，"305 条款通知后的刑事诉讼""没有 305 条款通知的刑事诉讼"或者"刑事调查推荐"，S & R 文件应提交给中心、DE 和 OCC。

（一）起诉需要中心批准

通过上传至 CMS 来提交 S & R（按照在"总结和建议的准备"中描述的一样准备）和下面列出的支持文件。

1.305 条款通知和案情记录。

2.305 条款通知会议记录和在会议上提交的任何文件。

3. 对 305 条款通知的书面答复（如果没有召开会议）。

4. 自从提交了举证建议后与提及的被告之间的任何信件交往或电话交流的备忘录。

5. 保证书（如果合适）。

6. 公司条例（影印本提交到 CMS，行政区保留原件。不要破坏原文件）。

中心应该上传他们的同意备忘录至 CMS。

注意：如果建议符合在"总结和建议的准备"中列出的情况并且不需要中心进一步的审查，提交 S & R 和支持文件给 DE 如同在下面的"直接提出起诉"中描述的一样。

（二）直接提出起诉

根据在"总结和建议的准备"中描述的一样准备的 S & R 应该上传至 CMS。根据 CMS 程序，行政区通过将当前的所有权人改变为 DE，从而把案件转交给 DE。当案件的所有权人已经改变为 DE 时，CMS 将自动发送一封电子邮件给 DE 指定的接收通知的人员。S & R 应该包含上面列出的支持文件。

第六节 | 民事处罚——《电子产品辐射控制法》

一、目的

本部分为因为违反《联邦食品、药品及化妆品法》第 V 章的子章节 C——《电子产品辐射控制法》(原来的 1968 年的《健康和安全放射性控制法》)的民事处罚建议提供程序和指导。

请提醒这一事实,即依据法案 539 部分对电子产品处罚的规定不能与依据法案 303 部分对设备的处罚的规定相关联。(参见处罚部分)

本章中出现的包括"装配工"和"进口商"等用词仅指"生产商",因为那些用词都包括在法案 531(3)[21U.S.C.360hh(3)] 部分对"生产商"一词的定义中了。

本章中提到的产品指的是电子产品,这一术语在法案 531(2)[21 U.S.C.360hh(2)] 部分给出了定义。

二、范围

尽管这些程序主要对建议民事处罚行为提供指导；然而也包括民事处罚建议中对公司禁令建议的指导。（参见禁令部分）

包括对禁令的考虑是因为有先例表明建议、许可及实施行动是民事处罚与禁令行动的共同点。

附在附件中的文件仅代表法案中的部分监管考量。设计这些程序是为了依据法案在建议涉及任何违规判处的行动中提供指导。

三、法定权力

法案 539[21U.S.C.360pp] 部分对民事处罚作了规定。可以在美国任何一个行政区法院或者在被告所在地或业务处理所在地的法院，对该地导致违规的任何行为或失职或业务依照该部分采取措施进行处理。对这些案件的审核可以在被告居住地行政区或在发现被告的行政区进行。

四、建议民事处罚的准则

建议民事处罚的基本准则如下。

（一）已证实违规并记录

注意：对于初次行动不需要展示健康危害；这些危害由国会识别并在法案的法规中指出。

1.538（a）（1）[21U.S.C.360oo（a）（1）]——引进或交付不合规的产品进入贸易或者进口到美国。

（1）这种被禁止的行为仅适用于电子产品的生产商，不包括诊断用的 X 射线的生产商。

（2）不合规产品必须已经交付引进或者已经进入州际贸易。

（3）依照本部分对违规的处罚不要求生产商预先了解产品的不合规状态。然而，通常不启动处罚除非在对被告发出通知／警告后仍持续违规。

（4）对生产商而言可以有一个例外，即在违规为一严重的辐射危害时。（如果被告在已经给予通知／警告后仍然继续违规业务，那么发生在通知／警告前的相似的违规情况则成为在民事处罚行动中作为"罪状"的主题）

（5）当由生产商引进或交付引进贸易时，每一个违法都是以产品不符合适用标准的证据为基础。如在 21CFR1003.2 中界定的一样，缺陷不是这类控诉的主题，除非它们被看作是不合规。

2.538（a）（2）[21U.S.C.360oo（a）（2）]——未能给予通知或采取纠正措施。

（1）产品必须是由于设计而呈现出的不合规或缺陷，并由指控的违规生产商生产或装配。没有预先通知／警告的民事处罚应考虑严重的辐射危害。在其他的情况下，必须给生产商一个合理的时间期限去反驳关于产品的不合规或缺陷的任何指控。

（2）如果问题已经提出来了，机构应该能够证明生产商要么是通过 FDA 的通知要么是通过其他途径了解到产品不合规或是有缺陷的。

（3）应该给生产商一个合理的时间期限去证明不合规的或缺陷的产品并没有对任何人造成重大的伤害，并申请免除通知，并且根据 21CFR1003.30 和法案 535（a）（2）部分进行修复。对生产商而言可以有一个例外即在违规为一严重的辐射危害时。在没有预先通知 / 警告的这些案件中应考虑民事处罚。

（4）机构必须能够证明至少存在下面的一种违规行为：

①生产商没有通知机构产品有缺陷或不合规；

②生产商没有通知已知的买方产品有缺陷或不合规；

③生产商未能修复、更换有缺陷的或不合规的产品或者退还产品的费用，这包括未能提交一份纠正行动计划或者未能执行机构批准的计划；

④生产商因修复、更换或退还不合规或缺陷产品而收取买家的费用，包括执行部分批准的纠正行动计划的费用；

⑤本部分适用于电子产品的零售商和批发商，为此有一个适用的执行标准，那就是对那些未能提供给生产商相关信息的人它是一个禁止令，这些信息在 535 部分中对于识别和定位不合规产品的第一买家非常必要。

3. 538（a）（3）[21U.S.C.360oo（a）（3）]——未能坚持记录或允许检查。

（1）如果产品被分销，按照 21CFR1002.1 中的表格 1 所指定的要求保存记录，那么生产商必须坚持记录第一买家的地点。生产商也必须坚持记录由零售商和批发商提供的随后的买家的地点。然而，生产商不负责记录零售商和批发商没有提供给他的后面的买家的地点。依据 21CFR1002.41（a）（1）和法案的 537（f）部分，机构可以要求生产商在纠正行动计划中去要求零售商和批发商提供这种信息。

（2）要求生产商保持证明其生产业务的充分性的记录，以使机构确信生产商的防辐射危害的措施是充分的，并且它的产品遵从适用的执行标准。

（3）电子产品的零售商和批发商要服从分销记录保存的要求，按照 21 CFR 1002.1 中的表格 1 所指定的，必须保持确认产品和全部的第一买家的地点的记录，并且确保可以获得这些记录供机构检查或复印。根据本部分的要求，未能达到这两个要求中的任何一个都将被认为违规。不过，不要求零售商和批发商获得或保持随后的买家的这些信息。

（4）被给予合理的通知之后，要求生产商、零售商或批发商提供全部的要求的记录给机构检查。不需要机构说明这个要求的原因，在本部分，负责人或公司未能服从则属于违规。

（5）如果有正当的理由，机构可以要求生产商许可检查其设备和要求的记录。确立正当理由的依据包括：

①生产商把不合规的或有缺陷的电子产品引进贸易；

②不批准生产商的产品试验方案，因为存在一个适用的标准；

③生产商未提交确保产品能充分防护电子辐射的报告。在本部分中，当出示了正当理由未能允许检查属于违规行为。

除了也被认为是生产商者，零售商和批发商仅被要求允许检查在上面的第（3）段落中描述的记录。

4.538（a）（4）[21U.S.C.360oo（a）（4）]——报告。

（1）对于相关的生产商来说这是被禁止的行为，即根据 21 CFR 1002.10，1002.11，1002.12 和 1002.13 未能提供产品以及补充的、简短的年度报告给机构。通常，当产品有适用的执行标准时，或者在公然违规的情况下没有发布产品的标准时，应该继续监管行动。

（2）对于相关的生产商来说这是被禁止的行为，即未能提供与指南或指令一致的报告，这在 21 CFR 1002.7（b）中已经作了规定。

（3）对于任何电子产品的生产商来说这是被禁止的行为，即根据 21CFR 1002.20 未能报告其产品的意外的辐射事件。

（4）对于任何诊断性的 X 射线设备装配工来说这是被禁止的行为，即根据 21CFR1020.30（d）（1）未能提供 X 射线设备或部件的组装报告给机构。需要该装配工的报告代替上面 2（1）段落中引用的报告。

（5）对于电子产品的零售商或批发商来说这是被禁止的行为，因为存在一个适用的执行标准，即当法案的 535 部分要求时以及当生产商或者器械与放射卫生中心（CDRH）主管已经要求时，根据 21 CFR 1002.41（a）（1）未能报告 21CFR 1002.40（b）要求的信息给产品的生产商。

（6）对于生产商或装配工来说这是被禁止的行为，即根据 21 CFR1003.20 未能报告一个电子产品存在的缺陷或者不合规。

（7）538（a）（5）[21U.S.C.360oo（a）（5）]产品证明。依据 538（a）（5）（A）部分的规定，对于生产商来说这是被禁止的行为，即未能证明其产品符合适用的执行标准。根据 21 CFR1010.2 中的规定，生产商必须提供商标或标牌形式的证明。

（8）依据 538（a）（5）（B）部分的规定，对于生产商或进口商来说这是被禁止的行为，即给一种不符合适用的执行标准或者根据法案的 534（h）部分产品的实验方案未被批准的产品贴上认证标签。如果谨慎使用了，机构必须能够证明生产商已经知道这样的认证实际上是假的或伪造的。

（二）应该给予负责人预先通报／警告

预先通报可以采用的方式有警告信、不合规信件通知、项目未批准信件，或根据《FDA 监管程序手册》第四章的其他方式。

五、处罚

法案规定任何人违反任何被禁止的行为应该受到每一罪状不超过

$1000 的民事处罚，对于任何人的任何相关的系列违规最高罚款 $300 000。当无法证明个人的责任时，建议民事处罚仅针对公司。一条罪状是基于有关涉及到的每一个电子产品的一种违规行为，或者根据 538 部分关于每个作为或不作为导致的违规。这意味着罪状并不仅仅是由产品决定的，而且是由与每一产品相关联的犯罪行为数量决定的。

实例：

XYZ 公司的一名员工为诊断性的 X 射线系统安装合格的部件，根据执行条例（21 CFR 1020.30（d））未能提交安装报告（FDA 2579 格式）。未能准备或提供依照 537（b）要求的报告属于法案 538（a）（4）中规定的被禁止的行为。这些报告要求分送给：① FDA；②安装地点的国家机构；③该系统的货主或使用者；④部件生产商或 XYZ 公司。报告的分发要求从安装之日起 15 日内完成。完成报告的责任由执行安装的个人（员工）和负责复核标准的主管或公司总裁承担。另外，公司有义务和责任把要求的文件进行归档和保存。因此，在此具体的案件中能被指控的罪状如下：

公司违反 538（a）（4）——1 条罪状；

员工违反 538（a）（4）——1 条罪状；

经理 / 总裁违反 538（a）（4）——1 条罪状；

总数 =3 条罪状。

因为未能提交要求的报告这一事件,该具体的实例处以最多 $3000 的民事处罚。决定罪状数目的关键是"根据 538 部分作为或不作为导致的违规"[即在上面引证的例子中 3 种违规情况(罪状)和涉及的一种产品相关。对于每一事件,涉及相同违规时每增加一个产品将增加 3 条罪状]。

当提交报告超过 15 日的时间范围时,根据法案的同一部分(538(a)(4))装配工公司也可能被起诉。报告迟交超过 30 日将导致 FDA 不能去检查企业为合规新安装的系统。企业可能试图阻止对他们的系统的合规性检查。然而,对于每一个违规的产品,起诉要么是因为未能提交报告要么是因为提交报告太迟。同一安装不可能同时收到这两种类型的起诉。

六、职责

(一)行政区职责

1. 行政区负责确定什么情况下建议民事处罚。应该尽力去确定已经得到了所有必须的文件,包括所有相关的样品,以及完整的检查报告(EIRs)。

2. 行政区应该尽可能充分地证明谁对违规行为负责。

3. 行政区负责查看所有记录的违规行为。

(1)每一种违规产品的证明文件应该由以下部分组成:

①样品收集报告;

②法案 538（a）（1）部分指控的完整的州际文件；

③如果可能，零售商、买方、用户等的相关的宣誓书；

④如果可能，相关的销售证明或者设备安装记录的副本；

⑤相关的标签副本；

⑥如果可能，清晰的、明确的标签和设备的照片；

⑦通知或警告前能考虑到的所有文件的副本。

（2）推荐的数据包应该包含以下的内容：

①给 CDRH 用来解释案件细节的建议备忘录。备忘录应该包含选择民事处罚的理由，并应该提出交易的规模和违规的严重性。

②给联邦检察官的草案信件，包括案件的背景、预先通报／警告的声明、继续采取这种行动的理由以及指控的违规行为。

③提出民事处罚投诉。投诉应该详细说明建议的行为的合法权，每一个违法行为或违法行为的方式，谁、什么时候违法的，以及所违反的法案的条款。投诉必须表明要求进行民事处罚的每一条罪状的依据。可能的情况下，根据具体的禁令法案，使用图表表明被投诉的多条罪状。投诉也应该包括要求民事处罚的罚款总额以及对计算方法的简要描述。

④相关的样品记录的副本，报告违法行为的 EIRs 的副本。

⑤如果在同一投诉中被要求使用禁令，应该准备和提交一份宣誓书，如在 RPM 禁令章节中引用的一样。

4. 行政区应该通知 CDRH 的现场项目部（HFZ-306）提交一份建议书，建议书应该通过最快的方式提交。建议书应附带一份磁盘存储的电子拷贝。

5. 如果提交给联邦检察官的批准函和民事处罚投诉电子稿退回了行政区，行政区要负责确保信件及投诉被送到了联邦检察官办公室。（如果投诉包括禁令，应该以最快和最实用的方式把文件转交给联邦检察官办公室）

6. 行政区将直接与联邦检察官办公室联系有关投诉提交的时间表，以及任何听证会的日程安排等。

7. 在行动中如果需要听证会，行政区负责安排需要出现的证人、财政支持、并确保可得到所有必需的文件。

（二）CDRH 职责

1.CDRH 负责及时审核建议书以及保证所有的证据和支持文件是充分的。如果需要额外的资料,行政区将提供资料,或者如果必需,可以派人拜访 CDRH。CDRH 将提交一份行政区的原始建议书的副本给 OEIO/DE，尽管 CDRH 可以准备一份它自己的包括任何删除或增加的修改建议书的副本。

2.CDRH 将准备一份备忘录给 DE，反映在审查案件中 CDRH 考虑的问题并提供支持案件的科学保证。在提交备忘录给 DE 的同时，

CDRH 同意备忘录的副本应该发送给建议的行政区。假如不批准，CDRH 将清楚地说明不批准的原因，以及包括对行政区递交可接受的案件的必要的指导。如果指出需要后续工作以得到额外的资料，CDRH 将明确指定需要什么，并通知行政区。如果案件未被批准，未批准的备忘录的副本将发送给 DE。

3.CDRH 将为任何法院案件确认一位有资格的专家。

4.CDRH 将为依据 538（a）（2）和（a）（4）部分指控的每一份通知和报告提供一份来自 CDRH/OC 记录管理员的宣誓书。

（三）DE 职责

DE 将负责保证建议书符合机构的政策。将审查给联邦检察官的建议信和民事处罚投诉。如果 DE 发现这些文件或者任何其他需要的文件不符合要求，将负责获得必要的、合适的文件并呈递给首席法律顾问办公室（OCC）。

当 OCC 相关的办公室批准后，DE 将负责确定最终文件的必要的分配。提交给联邦检察官批准的行动将通过电子传输发送给行政区。

（四）OCC 职责

OCC 将对案件中所有的文件进行最终的法律审查，并将决定证据的法律充分性。OCC 将负责投诉和 / 或给联邦检察官的信件中的任何进一步的变化，如果有的话。酌情与 DE、CDRH 及行政区磋商后将作出重大的改变。OCC 将指定一名律师负责案件。

该律师将在案件的处理中为联邦检察官办公室和行政区提供法律援助。

七、上诉

任何否决的上诉将根据《FDA 监管程序手册》第四章中上诉程序的规定进行处理。

八、民事处罚同意判决

对于每一罪状被告可以寻求谈判低于最高值的罚款。这种谈判的协议应该采取民事处罚同意判决的形式。提出的所有的协议将被呈送给 OCC。与被告律师的所有谈判将由代表机构的律师与 DE、行政区和 CDRH 协商后进行处理。

九、案件终止

根据法院职员的通知，处罚的金额由法院确定，如果被告已经支付了罚金，案件可以关闭。

十、禁令和民事处罚

根据本法案，禁令由 539（a）部分提供。

如果条件允许，禁令建议应包括民事处罚建议。考虑禁令救济的准则包括但不限于以下方面。

1. 生产商重复性地犯同样的违规行为，或者同样的违规类型。

2.违规产品可能会对任何人造成显著的伤害风险。

3.在机构发现并提出建议及要求终止和停止后,生产商继续犯同样的违规行为(例如把不符合要求的产品引入贸易中)。

4.违规者拒绝纠正以前列举的有缺陷或不合规产品。可以建议用禁令去组织某些行为如把违规的产品引入贸易中,或者要求违规者停止违规,通过采取积极的行动去纠正已存在的违规行为(例如纠正不合规的或有缺陷的产品、通知购买者、提交报告和信息、提供检测机会、产品的证明等)。

给 CDRH 的建议备忘录包含与民事处罚的建议同样的信息,但是还将包含禁令建议的声明并给出提出建议的理由。

给联邦检察官的信件和投诉包含同样的背景信息,但是还将包括对禁令的额外的要求。建议的主题将同时提出民事处罚和禁令;投诉的标题是"禁令和民事处罚投诉。"

无论什么时候民事处罚建议包括禁令要求时,建议书将包含本章要求的信息,但将根据 RPM 的子章节"禁令"进行处理。行为中涉及的罪状和本章中描述的一样。

本书缩略语表

A

AAFCO（Association of American Feed Control Officials）：
美国饲料管理官员协会

ABI（Automatic Broker Interface）：自动代理交接界面

ACRA（Assistant Commissioner for Regulatory Affairs）：
监管事务助理专员

ACS（Automated Commercial System）：自动化商务系统

ADUFA（AnimalDrugUserFeeAct）：动物药品使用者费用法案

B

BTCB（Blood and Tissue Compliance Branch）：血液和组织合规处

C

CAP（Corrective Action Plan）：矫正行动计划

CBER（Center for Biologics Evaluation and Research）：
生物制品评价与研究中心

CBP（Customs and Border Protection）：美国海关与边境保卫局

CDC（Centers for Disease Control and Prevention）：疾病控制和预防中心

CDER（Center for Drug Evaluation and Research）：药物评价与研究中心

CDRH（Center for Devices and Radiological Health）：
医疗器械与放射健康中心

CFR（Code of Federal Regulations）：美国联邦法规，联邦规章典集

CFSAN（Center for Food Safety and Applied Nutrition）：
食品安全与营养中心

cGMP（Current Good Manufacturing Practice）：现行良好生产规范

cGTP（Current Good Tissue Practice）：现行良好组织管理规范

CMS（Compliance Management System）：合规管理系统

CPSC（Consumer Product Safety Committee）：消费品安全委员会

CRU（Center RecallUni）t：中心召回部门

CSO（Consumer Safety Officer）：消费者安全官员

CTP（Center for Tobacco Product）：烟草制品中心

CVM（Center for Veterinary Medicine）：兽药中心

D

DACRA（Deputy Associate Commissioner for Regulatory Affairs）：
监管事务副助理专员

DCMO（Division of Compliance Management and Operations）：
合规管理和运营部

DE（Division of Enforcement）：执行部门

DEA（Drug Enforcement Administration）：美国毒品管制局

DFSR（Division of Federal-State Relations）：联邦 - 州关系部

DHS（Department of Homeland Security）：国土安全部

DIO（Division of Import Operations）：进口业务部

DOD（Department of Defense）：国防部

DOE（Department of Energy）：能源部

DOJ（Department of Justice）：司法部

DOT（Department of Transportation）：交通运输部

DPCPTRA（Drug Price Competition and Patent Term Restoration Act）：
药品价格竞争及专利期限恢复法案

DQSA（Drug Quality and Safety Act）：药品质量和安全法案

DSCSA（Drug Supply Chain Safety Act）：药品供应链安全法案

DSHEA（Dietary Supplement Health and Education Act）：
膳食补充剂健康和教育法案

DVA（Department of Veterans Affairs）：退伍军人事务部

DWPE（DetentionWithout Physical Examination）：自动扣留

E

EIR（Establishment Inspection Report）：现场检查报告，企业检查报告

EOC（Emergency Operation Center）：应急处理中心

EPA（Environmental Protection Agency）：美国环境保护署

EPIA（Egg Products Inspection Act）：蛋类产品检验法案

F

FACTS（Field Accomplishment and Compliance Tracking System）：
现场履行和合规跟踪系统

FALCPA（Food Allergen Labeling and Consumer Protection Act）：
食品过敏原标签和消费者保护法案

FATA（Federal Anti-Tampering Act）：联邦反篡改法案

FBI（Federal Bureau of Investigation）：联邦调查局

FDA（Food and Drug Administration）：美国食品药品管理局

FDASIA（Food and Drug Administration Safety and Innovation Act）：
食品和药品管理局安全和创新法案

FD&C Act（Federal Food, Drug and Cosmetic Act）：

联邦食品药品及化妆品法

FEMA（Federal Emergency Management Agency）：联邦应急管理局

FIARS（FDA's Import Alert Retrieval System）：进口警告检索系统

FNS（Food and Nutrition Services）：食品营养服务部

FOIA（Freedom of Information Act）：信息自由法案

FPLA（Fair Packaging and Labeling Act）：合理包装和标签法案

FQPA（Food Quality Protection Act）：食品质量保护法案

FR（Federal Register）：联邦公报

FSMA（Food Safety Modernization Act）：食品安全现代化法案

FSIS（Food Safety and Inspection Service）：食品安全检查服务部

G

GDEA（Generic Drug Enforcement Act）：仿制药物实施法案

GMP（Good Manufacturing Practice）：良好生产规范

GSA（General Services Administration）：美国总务管理局

GWQAP（Quality Assurance Plan）：质量保证计划

H

HCT/Ps（Human Cells, Tissues, Cellular Tissue-Based Products）：

人体细胞、组织、基于细胞和组织的产品

HHE（Health Hazard Evaluation）：健康危害评估

HHS（Department of Health and Human Services）：

卫生和人类服务部，卫生和公众服务部

HTS（Harmonized Tariff Schedule）：美国关税表

I

IB（Import Bulletin）：进口公告

ICS（Incident Command System）：事故应急指挥系统

IFA（Infant Formula Act）：婴儿配方食品法案

IMS（Interstate Milk Shipments）：州际牛奶运输

IOM（Investigations Operations Manual）：调查操作指南

M

MaPPs（Manual of Policies and Procedures）：政策和程序手册

MDUFMA（Medical Device User Fee and Mordernization Act）：
医疗器械使用者费用和现代化法案

MOU（Memorandum of Understanding）：谅解备忘录

N

NEPA（National Environmental Policy Act）：国家环境政策法案

NIAID（National Institute of Allergy and Infectious Diseases）：
国家过敏和传染病研究所

NIDPOE（Noticeof Initiationof Disqua lification Proceedingsand
Opportunityto Explain）：启动剥夺资格程序和解释的机会的通知

NIH（National Institutes of Health）：美国卫生研究所

NLEA（Nutrition Labeling and Education Act）：营养标签和教育法案

NOAA（National Oceanic and Atmospheric Administration）：
国家海洋和大气管理局

NRC（Nuclear Regulatory Commission）：核监管委员会

O

OASIS（Operational and Administrative System for Import Support）：
进口支持操作与管理系统

OC（Office of Compliance）：合规办公室

OCAC（Office of Cosmetics and Colors）：化妆品和颜料办公室

OCBQ（Office of Compliance and Biologics Quality）：
合规和生物制品质量办公室

OCC（Office of the Chief Counsel）：首席法律顾问办公室

OCI（OfficeofCriminalInvestigations）：刑事调查办公室

OCTGT（Office of Cellular, Tissue and Gene Therapies）：
细胞、组织和基因疗法办公室

OE（Office of Enforcement）：执行办公室

OEIO（Office of Enforcement and Import Operations）：
执法和进口运行办公室

OFFO（Office of Food and Feed Operations）：食品和饲料业务办公室

OIP（Office of International Programs）：国际项目办公室

OLA（Office of Legislative Affairs）：立法事务办公室

OMPTO（Office of Medical Products and Tobacco Operations）：
医疗产品和烟草经营办公室

ONADE（Office of New Animal Drug Evaluation）：新兽药评估办公室

OPA（Office of Public Affairs）：公众事务办公室

OPRM（office of policy and risk management）：政策和风险管理办公室

ORA（Office of Regulatory Affairs）：监管事务办公室

ORO（Office of Regional Operations）：地区运营办公室

OSHA（Occupational Safety and Health Administration）：
职业安全与卫生管理局

OTC（Over the Counter）：非处方药

P

PAHO（Pan American Health Organization）：泛美卫生组织

PAHPRA（Pandemic and All-Hazards Preparedness Reauthorization Act）：
流行病和危险预防法案

PDMA（Prescription Drug Marketing Act）：处方药营销法案

PHS Act（Public Health Service Act）：公共卫生服务法案

PMIA（Pesticide Monitoring Improvement Act）：农药监测改进法案

R

RES（Recall Enterprise System）：召回企业系统

RFDDs（Regional Food and Drug Directors）：地方食品药品主管

RPM（Regulatory Procedures Manual）：监管程序手册

Rx（Recipe）：处方药

S

SBREFA（Small Business Regulatory Enforcement Fairness Act）：
小企业监管执法公平法案

SFTA（Sanitary Food Transportation Act）：卫生食品运输法案

SMDA（Safe Medical Devices Act）：医疗器械安全法案

SMG（Staff Manual Guide）：工作人员手册指南

T

TRO（Temporary Restraining Order）：临时禁令

U

U.S.C（U.S Code）：美国法典

USCG（United States Coast Guard）：美国海岸警卫队

USDA（United States Department of Agriculture）：美国农业部

USDC（United States Department of Commerce）：美国商务部

USDI（United States Fish and Wildlife Service）：

美国鱼类和野生动物管理局

USP（United States Pharmacopoeia）：美国药典

V

VA（Veterans Administration）：退伍军人管理局

W

WHO（World Health Organization）：世界卫生组织

名词术语总表

A

ADUFA: Animal Drug User Fee Act,《兽药使用者付费法案》

AGDUFA: Animal Generic Drug User Fee Act,《动物仿制药使用者付费法案》

AMQP: Animal Model Qualification Program, 动物模型认证项目

ANDA: Abbreviated New Drug Application, 仿制药申请

APEC: Asia-Pacific Economic Cooperation, 亚太经合组织

API: Active Pharmaceutical Ingredient, 药用活性成分, 原料药

B

BARDA: the Biomedical Advanced Research and Development Authority, 生物医学高级研究和发展管理局

BE Test: Biological Equivalence Test, 生物等效性试验

BIMO: Bioresearch Monitoring, 生物研究监测

BLA: Biologics License Applications, 生物制品上市许可申请

BPCA: Best Pharmaceuticals for Children Act,《最佳儿童药品法案》

BPD: Biosimilar Biological Product Development, 生物类似物产品开发

BsUFA: Biosimilar User Fee Act,《生物类似物使用者付费法案》

C

CBER: Center for Biologics Evaluation and Research, 生物制品审评与研究中心

CDC: Centers for Disease Control and Prevention, 疾病控制与预防中心

CDER: Center for Drug Evaluation and Research, 药品审评与研究中心

CDRH：Center for Devices and Radiological Health，器械与放射卫生中心

CDTL：Cross Discipline Team Leader，跨学科审查组长

CEO：Chief Executive Officer，首席执行官

CFDA：China Food and Drug Administration，国家食品药品监督管理总局

CFR：Code of Federal Regulation,《美国联邦法规汇编》

CFSAN：Center for Food Safety and Applied Nutrition，
食品安全和应用营养中心

COTR：Contracting Officer's Technical Representative，
合同缔约人员技术代表

CPI：Consumer Price Index，消费价格指数

CPMS：Chief Project Management Staff，首席项目管理人员

CR：Complete Response Letter，完整回复函

CTECS：Counter-Terrorism and Emergency Coordination Staff，
反恐和紧急协调人员

CVM：Center for Veterinary Medicine，兽药中心

D

DACCM：Division of Advisory Committee and Consultant Management，
咨询委员会和顾问管理部门

DARRTS：Document Archiving, Reporting and Regulatory Tracking System，
文件归档、报告和管理跟踪系统

DCCE：Division of Clinical Compliance Evaluation，临床依从性评价部

DD：Division Director，部门主任

DDI：Division of Drug Information，药品信息部门

DECRS：the Drug Establishment Current Registration Site，
当前药品登记地点

DEPS: Division of Enforcement and Post-marketing Safety,
药品上市后安全与执行部门

DHC: Division of Health Communications, 卫生通讯部门

DMF : Drug Master File, 药品主文件

DMPQ: Division of Manufacturing and Product Quality, 生产及产品质量部

DNP: Division of Neurological Products, 神经类产品部门

DNPDHF: Division of Non-Prescription Drugs and Health Fraud,
非处方药及反卫生欺诈部门

DOC: Division of Online Communications, 在线通讯事业部

DoD: the Department of Defense, 美国国防部

DPD: Division of Prescription Drugs, 处方药部门

DRISK: Division of Risk Management, 风险管理部门

DSB: Drug Safety Oversight Board, 药品安全监督委员会

DSS: Drug Shortage Staff, 药品短缺工作人员

DTL: Discipline Team Leader, 专业组组长

DVA: Department of Veterans Affairs, 退伍军人事务部

E

eCTD: Electronic Common Technical Document, 电子通用技术文件

EDR: Electronic Document Room, 电子文档室

eDRLS: electronic Drug Registration and Listing,
药品电子注册和上市系统

EMA: European Medicines Agency , 欧洲药品管理局

EON IMS: Emergency Operations Network Incident Management System,
紧急行动网络事件管理系统

EOP Ⅰ Meeting：End-of-Phase Ⅰ Meeting，Ⅰ期临床试验结束后会议

EOP Ⅱ Meeting：End-of-Phase Ⅱ Meeting，Ⅱ期临床试验结束后会议

EUA：Emergency Use Authorization，紧急使用授权

F

FDA：Food and Drug Administration，美国食品药品监督管理局

FDAA：Food and Drug Administration Act,《食品药品管理法案》

FDAAA：Food and Drug Administration Amendments,

《食品药品管理法修正案》

FDAMA：Food and Drug Administration Modernization Act,

《食品药品管理现代化法案》

FDASIA：Food and Drug Administration Safety and Innovation Act,

《FDA 安全及创新法案》

FD&C Act：Federal Food, Drug and Cosmetic Act,

《联邦食品药品和化妆品法案》

FDF：Finished Dosage Form，最终剂型

FSA：Federal Security Agency，美国联邦安全署

FSMA：Food Safety Modernization Act,《食品安全现代化法案》

FTE：Full-Time Employee/Full-Time Equivalence，全职雇员

FY：Fiscal Year，财政年度，会计年度

G

GCP：Good Clinical Practice，药物临床试验质量管理规范

GDUFA：Generic Drug User Fee Act,《仿制药使用者付费法案》

GLP：Good Laboratory Practice，药物非临床研究质量管理规范

GMP：Good Manufacturing Practice，药品生产质量管理规范

GO: Office of Global Regulatory Operations and Policy,
全球监管运营及政策司

GRP: Good Review Practice, 药品审评质量管理规范

GSP: Good Supply Practice, 药品经营质量管理规范

H

HEW : Department of Health, Education, and Welfare,
美国卫生、教育和福利部, HHS 前身

HHS: Department of Health & Human Services, 美国卫生及公共服务部

HPUS: Homoeopathic Pharmacopoeia of the United States,
美国顺势疗法药典

HSP: Human Subject Protection, 人体受试者保护

HUDP: the Humanitarian Use Device Program, 人道主义器械使用计划

I

IHGT: Institute of Human Gene Therapy, 人类基因治疗研究所

IND: Investigational New Drug, 新药临床研究, 试验性新药

IRB: Institutional Review Boards, 伦理审查委员会

IRs: Information Requests, 信息请求

M

MAPPs: Manual of Policies and Procedures, 政策及程序指南

MCM: Medical countermeasures, 医疗措施

MDUFMA: Medical Device User Fee and Modernization Act,
《医疗器械使用者付费和现代化法案》

N

NCE: New Chemical Entity, 新化学实体

NCTR: National Center for Toxicological Research, 国家毒理研究中心

NDA: New Drug Application, 新药上市申请

NDC: the National Drug Code, 美国国家药品代码

NF: National Formulary, 美国国家处方集

NIH: National Institutes of Health, 美国国立卫生研究院

NIMS: the National Incident Management System,

美国国家突发事件管理系统

NME: New Molecular Entity, 新分子实体

NLEA: Nutrition Labeling And Education Act,《营养标识和教育法案》

O

OC: Office of Compliance, 合规办公室

OCC: Office of the Chief Counsel, 首席顾问办公室

OCC: Office of Counselor to the Commissioner, 局长顾问办公室

OCET: Office of Counterterrorism and Emerging Threats,

反恐怖和新威胁办公室

OCM: Office of Crisis Management, 危机管理办公室

OCOMM: Office of Communication, 通讯办公室

OCP: Office of Combination Products, 组合产品办公室

OCS: Office of the Chief Scientist, 首席科学家办公室

OD: Office Director, 办公室主任

ODSIR: Office of Drug Security, Integrity, and Response,

药品安全、完整和响应办公室

OEA: Office of External Affairs, 对外事务办公室

OES: Office of Executive Secretariat, 行政秘书处办公室

OFBA: Office of Finance, Budget and Acquisitions,
财政、预算和采购办公室

OFEMSS: Office of Facilities, Engineering and Mission Support Services,
设备、工程和任务支持服务办公室

OFVM: Office of Food and Veterinary Medicine, 食品及兽药监管司

OGCP: Office of Good Clinical Practice, GCP 办公室

OGD: Office of Generic Drug, 仿制药办公室

OHR: Office of Human Resources, 人力资源办公室

OIP: Office of International Programs, 国际项目办公室

OMB: Office of Management and Budget, 美国行政管理与预算局

OMH: Office of Minority Health, 少数族裔卫生办公室

OMPQ: Office of Manufacturing and Product Quality,
生产及产品质量办公室

OMPT: Office of Medical Products and Tobacco, 医疗产品及烟草监管司

OMQ: Office of Manufacturing Quality, 生产质量办公室

OO: Office of Operation, 运营司

OOPD: Office of Orphan Products Development, 孤儿药开发办公室

OPDP: Office of Prescription Drug Promotion, 处方药推广办公室

OPPLA: Office of Policy, Planning, Legislation and Analysis,
政策、规划、立法及分析司

OPRO: Office of Program and Regulatory Operations,
计划和监管运营办公室

OPT: Office of Pediatric Therapeutics, 儿科治疗学办公室

ORA：Office of Regulatory Affair，监管事务办公室

ORSI：Office of Regulatory Science and Innovation，
监管科学和创新办公室

OSE：Office of Surveillance and Epidemiology，
药品监测及流行病学办公室

OSI：Office of Scientific Investigations，科学调查办公室

OSPD：Office of Scientific Professional Development，
科学专业发展办公室

OSSI：Office of Security and Strategic Information，
安全和战略情报办公室

OUDLC：Office of Unapproved Drugs and Labeling Compliance，
未批准药品和标签合规办公室

OWH：Office of Women's Health，妇女健康办公室

P

PASE：Professional Affairs and Stakeholder Engagement，
专业事务和利益相关者参与

PASs：Prior Approval Supplements，事先批准补充申请

PC&B：Personal Compensation and Benefits，个人薪酬及福利

PDP：Product Development Protocol，产品开发方案

PDUFA：Prescription Drug User Fee Act，《处方药使用者付费法案》

PMA：Premarket Approval Application，上市前批准申请

PMDA：Pharmaceuticals and Medical Devices Agency，
日本药品及医疗器械综合机构

PMR：Premarket Report，上市前报告

PR: Priority Review, 优先审评

PR: Primary Reviewer, 主审评员

PRA: the Paperwork Reduction Act, 文书削减法案

PREA: Pediatric Research Equity Act,《儿科研究公平法案》

R

REMS: Risk Evaluation and Mitigation Strategies, 风险评估及缓解策略

RLD: Reference Listed Drug, 参比制剂

RPM: Regulatory Project Manager, 法规项目经理

S

SEC: The Securities and Exchange Commission, 美国证券交易委员会

SPA: Special Protocol Assessments, 特殊方案评估

SR: Standard Review, 标准审评

T

TL: Team Leader, 审评组长

U

USP: U.S. Pharmacopeia,《美国药典》

V

VP: Vice President, 副总裁

W

WTO: World Trade Organization, 世界贸易组织